Anime
La historia visual

Joe O'Connell

Las películas y series imprescindibles

DK

Índice cronológico

Índice por género

Índice por estudio

Introducción
序論

¿Qué es el anime?

Como eterno defensor de las artes, esta es una pregunta que me hacen a menudo. Sin embargo, la respuesta cambia constantemente. Si bien la animación japonesa no ha dejado nunca de ser tal, el término «anime» es una palabra cargada de significado.

Yo crecí en los 90 y entonces el anime era todavía un medio poco respetable. Los aficionados se prestaban con gran entusiasmo cintas VHS pirata de futuros clásicos como *Akira*, *Ninja Scroll* y *Ghost in the Shell*. Mientras, a los detractores les encantaba describirlo como «dibujos obscenos del Japón más degenerado».

Fue una época de cejas arqueadas y vendedores prejuiciosos. Aún me acuerdo de cómo me avergonzaron públicamente —y me negaron la venta— cuando intenté comprar un ejemplar del primer volumen de *Ikkitousen* en mi librería local. Aquella experiencia podría haberse convertido fácilmente en una lección; algo que me volvería a la mente en momentos de silencio para sentir de nuevo ese rubor en las mejillas, incluso veinte años después; una vergüenza que moldearía mi vida adulta de modo que no permitiría que nadie me hiciera sentir así por algo como aquello nunca más... Pero, como ves, ya casi ni me acuerdo de aquello.

Todo esto es para decir: los fans del anime somos supervivientes.

Con el paso del tiempo, nuestra comprensión del anime fue evolucionando. Ahora, directores como Hayao Miyazaki y Satoshi Kon son aclamados en todo el mundo y sus películas han recibido premios, galardones y un gran respeto. Aunque los críticos siguieron reprobando el anime más visceral y turbio, lleno de generosos pechos y litros de sangre, les costó mucho más meterse con el adorable espíritu de *Mi vecino Totoro*. Por supuesto, el anime se ha mantenido tan deliciosamente extraño como siempre (puede que más, incluso), pero el mundo en general ha empezado a replantearse su visión cuadriculada del que es el producto más exportado de Japón.

Responder a la pregunta de «¿qué es el anime?» se ha convertido en una tarea apasionante: es descubrir una historia de un autor del que jamás habíamos oído hablar, una animación que se atreve a ir allá donde el resto de dibujos animados temen adentrarse. Es asomarse a mil mundos diferentes, cada uno de los cuales ofrece un interesante reflejo del país del que proceden. Es música, lenguaje y voces con algo diferente —e importante— que decir. El anime es una nueva frontera.

Hoy ya no somos supervivientes. El anime es más accesible que nunca, desde los servicios de *streaming* hasta las estanterías de los supermercados. Podemos elegir entre subtítulos o doblaje, verlo en las pantallas de nuestro multicine local y soportar que los pesados de nuestros sobrinos nos pregunten si hemos visto *Naruto*, como si no hubiéramos vivido el momento en que empezó. Lo mejor de todo es que ya no hay vendedores prejuiciosos que «tienen que llamar a su jefe». El anime está en todas partes, y la pregunta ha pasado de «¿qué es el anime?» a «bueno... ¿y qué debería ver?».

Ahí es donde entra *Ultimate Anime*. Embarcarte en tu propia odisea animada puede resultar un poco abrumador, por lo que este libro sirve como hoja de ruta para acompañarte en ese viaje. Repasando desde los clásicos atemporales hasta las rarezas más desconocidas, este libro es una celebración del anime, diseñado para ayudarte a descubrir tu próximo título favorito. Una vez que lo hayas encontrado, cada ficha incluye recomendaciones que te indicarán qué ver a continuación. Espero que te diviertas explorándolas.

Cada obra va acompañada de capturas elegidas para despertar la curiosidad de, incluso, los menos interesados, demostrando de una vez por todas que el anime es mucho más que «ojos grandes y pelos de colores». De hecho, su mayor virtud reside en su variedad, con títulos que no se parecen a ninguna otra cosa que hayas podido ver hasta el momento.

Cuando uno se sumerge por primera vez en las profundidades insondables del anime, tiene la sensación de que cada título que descubre puede estar redefiniendo los límites de todo el medio en conjunto. Incluso después de veinte años, sigo encontrando nuevos favoritos que consiguen eso precisamente. Por supuesto, la verdad es que esos límites nunca han llegado a existir: el anime, como cualquier forma de arte o de entretenimiento, se define por aquellos títulos que desafían todos los límites preconcebidos... y por el público dispuesto a vivir esa experiencia.

Estos dibujos animados japoneses han sido de todo a lo largo de los años en que han pasado por nuestras pantallas: desternillantemente divertidos, desgarradoramente tristes, deliciosamente misteriosos o misteriosamente deliciosos... Algunos rebosan intriga y suspense; otros no contienen nada en absoluto, y son mucho más completos por eso mismo. Los hay que han redefinido el lenguaje cinematográfico, y también que han trascendido a la televisión. Y otros son simplemente porno. Porno muy raro.

Entonces, ¿qué es el anime?
Pues es lo que le dé la gana ser.

Devilman
デビルマン

Estreno: 1972
Formato: TV
Director: Masayuki Akehi, Tomoharu Katsumata
Estudio: Toei Animation
Género: Acción
Basado en: Manga de Gô Nagai

Gō Nagai, el creador de *Grendizer*, es considerado el padre del subgénero Super Robots.

16

Puedes hacer picadillo a más demonios con la sangrienta y absurda *Chainsaw Man*.

282

¡Que conozcan el terror de la tribu demoníaca!

Devilman, el guerrero elegido de la tribu demoníaca, está empeñado en conquistar la Tierra para los demonios. Después de matar a un joven llamado Akira Fudō y de meterse en su cuerpo, se convierte en un diabólico caballo de Troya que plantará la semilla de la gran insurrección demoníaca... Al menos, hasta que conoce a la atractiva —y humana— Miki Makimura.

El traicionero Devilman, un antihéroe que hace honor a la palabra, se convierte por amor en un asesino de los suyos. Esta sangrienta serie de batallas enfrenta al monstruo de cuerpo azul y rojo contra una serie de demonios cada vez más grotescos, siempre al son de la entusiasta canción de la introducción: «¿Quién es ese? ¡Es el diablo! ¡Devilman! ¡Devilman!», un himno que es imposible resistirse a cantar cuando la lucha se pone intensa.

El debut animado de *Devilman* puede parecer un poco soso, sobre todo al compararlo con la impactante violencia del manga o la colorida pornografía de su excelente *remake* de 2018 dirigida por Masaaki Yuasa [→⊙192]. Sin embargo, el anime original de *Devilman* lo compensa con un toque inquietante que nunca decae. Cada enemigo es más extraño y retorcido que el anterior, un bestiario insuperable de criaturas contra las que Devilman desata su propia colección de patadas y golpes epónimos.

Una casa de los horrores que intenta matar a sus habitantes, una muñeca con vida que utiliza sus pequeños tacones de aguja para torturar a una colegiala y Devilman golpeando a un elefante en la cara... Todo eso se puede encontrar en apenas los primeros episodios de la serie. Acompañada de una sorprendente banda sonora, la animación tiene algo de *Fantasía*, aunque este desfile de monstruos es mucho más sangriento y macabro que cualquier cosa que Disney hubiera aprobado jamás. Un triunfo televisivo que sigue el esquema del monstruo semanal, muy querido por el público durante largo tiempo... y que incluso se pone mejor cuando llegan los dinosaurios.

Estreno:	1973	*Estudio:*	Mushi Production
Formato:	Película	*Género:*	Drama
Director:	Eiichi Yamamoto		

Mononoke es igual de surrealista, tan fascinante como bella. 169

Comparado con este delirio medieval, *La rosa de Versalles* hace que la Revolución Francesa parezca tranquila y todo. 17

Belladonna of Sadness
哀しみのベラドンナ

En efecto, esto era solo el principio del sufrimiento de Jeanne...

Como su propio nombre indica, *Belladonna of Sadness* es una película de gran belleza pero igualmente desgarradora. En los breves 90 minutos que pasa ondulando por nuestras pantallas, esta fantasmagórica obra maestra utiliza el erotismo para contar una historia intensa, cruel pero, al final, edificante.

El filme comienza sin miramientos con la violación en grupo de Jeanne, una mujer recién casada. Su idílico pueblo francés esconde una oscuridad que la película no esquiva en ningún momento, sino que te pide que aceptes su desagradable contenido. Que te permitas sentirte incómodo, asqueado o incluso violentado. Pero, a pesar de ese corazón oscuro, *Belladonna* encuentra el equilibrio en su representación de la mujer. Su fuerza, su fragilidad, su poder y su dolor conforman una película que es, a la vez, increíblemente difícil de ver e increíblemente empoderante.

Hay un encanto embriagador en ese festín audiovisual que ofrece, que nunca se corta con su exuberante simbología vaginal ni con la implacable amenaza fálica. Su tapiz de psicodelia, que parece latir y palpitar más allá de los confines de la pantalla, se ve reforzado por una musicalidad que teje toda la producción de manera hipnótica. Ver *Belladonna* es ampliar los horizontes y sobrecargar los sentidos.

A medida que la suerte de Jeanne cambia tras llegar a un pacto con un pene diabólico, la película comienza a deformarse, derivando hacia el trance alucinógeno hasta que uno no puede más que sentarse y dejarse llevar por él. La intrincada, complicada y desesperadamente intensa relación de *Belladonna* con la sexualidad, el poder y la vulnerabilidad es una experiencia que no he vuelto a encontrar en el anime —ni en el cine— y que no puedo dejar de recomendar.

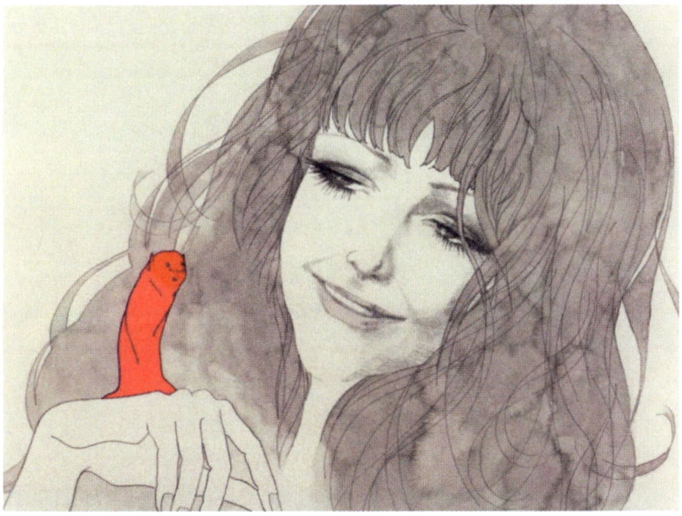

Heidi

アルプスの少女ハイジ

Estreno:	1974	*Género:*	Drama
Formato:	TV	*Basado en:*	Libros de Johanna Spyri
Director:	Isao Takahata		
Estudio:	Zuiyo Eizo		

Ya se ha convertido en una auténtica niña de las montañas...

«Desde la risueña y antigua ciudad de Mayenfield parte un sendero que, entre verdes campos y tupidos bosques, llega hasta el pie de los Alpes majestuosos, que dominan aquella parte del valle. Desde allí, el sendero empieza a subir hasta la cima de las montañas a través de prados de pastos y olorosas hierbas que abundan en tan elevadas tierras. Por este camino subían, cierta mañana de sol del mes de junio, una robusta y alta muchacha de la comarca y, a su lado, de la mano, una niña, cuyo moreno rostro aparecía sonrojado de ardor».

Así comienza *Heidi*, de Johanna Spyri, el cuento infantil cuya adaptación llevaría por primera vez a Isao Takahata y Hayao Miyazaki [Studio Ghibli, [98] hasta los Alpes suizos y, en los años siguientes a su estreno, a un número incalculable de turistas japoneses.

World Masterpiece Theatre fue una colección de seriales televisivos de carácter anual con el objetivo de dar vida a la literatura occidental en forma de anime. Desde *Mujercitas* a *Ana de Tejas Verdes*, los protagonistas de estos clásicos infantiles cobraban vida año tras año; pero quizá la más conocida y querida de estas adaptaciones sea la de *Heidi*, de Takahata: una serie cuyo

Isao Takahata triunfó con Ghibli presentando películas que van desde *La tumba de las luciérnagas* a *El cuento de la princesa Kaguya*. 98

Esos Alpes de estampa parecen un recuerdo lejano en *La cumbre de los dioses*, donde intrépidos alpinistas se lanzan a conquistar el Everest. 280

legado es hoy tan célebre como el de su creador. Ese legado brilla en cada fotograma de la apacible campiña, en cada corte cariñosamente dibujado de las cabritas saltando por las pendientes de las montañas y de esa niña vestida de rojo y amarillo persiguiéndolas.

La siempre sonrosada Heidi saltó directamente de las páginas de la novela de Spyri, con su optimismo vivaracho e inquieto, contagiando no solamente a quienes la rodeaban en el pueblo de Dörfli sino a todos los que veían la serie. *Heidi* se convirtió en un éxito instantáneo, se hizo querer por los japoneses y provocó por sí sola un aumento masivo del turismo en Suiza durante décadas después de su estreno. Incluso ahora, son muchos los japoneses que viajan allí para ver el mundo que contemplaron a través de sus televisores cuando eran pequeños.

A pesar de su carácter optimista, *Heidi* desprende cierta melancolía y sus episodios terminan a menudo con una nota agridulce. No todo es idílico en el campo. La pequeña Heidi experimenta el dolor y la pérdida, ya sea por verse separada de su hogar y de la gente a la que quiere, por el peligro de perder a una mascota querida o simplemente por la muerte de las flores que tomó. La serie le exige mucho como personaje y comprende, de una forma que solo la ficción infantil parece capaz de plasmar, que los niños de cinco años pueden ser tan valientes, decididos y responsables como cualquier otro protagonista, incluso a costa de su propia libertad y felicidad. Es alentador y desgarrador por igual ver a Heidi superando estas dificultades, y hace que la serie deje de ser el sencillo programa infantil que podría haber sido para convertirse en algo más memorable.

Heidi no trata solo de las alegrías de la infancia, sino también de los obstáculos y de la capacidad de levantarse después. En sus momentos más impactantes, muestra los inevitables problemas de perder la inocencia. Es un tema que Takahata continuaría explotando hasta el final de su carrera, y sus historias se volvieron más ricas y conmovedoras gracias a eso. *Heidi* bien merece el amor que todavía se profesa por ella, como tesoro nacional y como una de las mejores obras de Isao Takahata.

•

UFO Robot Grendizer
UFOロボ グレンダイザー

Han construido una máquina colosal con los diseños del planeta Fleed... ¡el Grendizer!

Estreno:	1975	*Estudio:*	Toei Animation Co. Ltd.
Formato:	TV	*Género:*	Mecha
Director:	Tomoharu Katsumata	*Basado en:*	Manga de Gô Nagai

Puedes aliviar esa sed de genialidades mecánicas que te acaba de invadir con la trepidante y divertida *Bubblegum Crisis*. 40

Cambia la espectacularidad de los Super Robots por la cruenta ópera espacial *Macross: Do You Remember Love?* 22

Cuando Grendizer, un avanzado robot procedente de las ruinas de una civilización alienígena, se estrella en el monte Fuji, la humanidad comprende rápidamente que esta arma no puede caer en las manos equivocadas. Por desgracia, esa manos equivocadas lo han seguido hasta allí: en su afán por conquistar la galaxia, el Imperio Vegano (nada que ver con lo que estás pensando) pretende sumar otra arma superpoderosa a su arsenal. Por suerte, el solicitante de asilo intergaláctico Duke Fleed sale de la nave e inmediatamente ofrece una elegante réplica a los belicosos alienígenas, prometiendo proteger a la Tierra del mismo destino que ha sufrido su hogar.

Grendizer es una fascinante evolución de los *mechas* [→⦿46], con un cuerpo de robot de combate y el funcionamiento interno de una elegante nave espacial. Esto favorece una acción dinámica que puede parecer rápida o potente dependiendo del enemigo y, por supuesto, del diseño de los juguetes derivados. Este diseño de *matrioska* se extiende incluso a los villanos de la serie, como el imponente general Gandal, que se vuelve aún más inquietante cuando su cara se abre para revelar a la diminuta «Lady Gandal» en su interior: un auténtico deleite para cualquier aficionado al anime que piense que ya lo ha visto todo.

Como toda ópera espacial que se precie, *UFO Robot Grendizer* está repleta de grandes revelaciones y giros de guion (anunciados por su banda sonora). Pero la mayor sorpresa de la serie puede ser el público internacional al que enamoró. Aunque formaba parte de un relato mucho más amplio (el del robot gigante *Mazinger Z*), se puede considerar un éxito por sí sola, y se volvió un auténtico fenómeno en Francia, Italia y Oriente Medio.

El género *mecha* es uno que ha dado pasos de gigante (nunca mejor dicho) a lo largo de las décadas, pero una evolución tan rápida puede hacer que series como *Grendizer* parezcan anticuadas desde el punto de vista modern o. A pesar de ello, el autor Gō Nagai (*Devilman*, [→⦿12]) no para de traicionar nuestras expectativas. Esas subversiones están presentes en los momentos más melodramáticos, explosivos e incluso en los sutiles, que han hecho de esta serie un gran éxito. Son tan inmediatamente reconocibles como los propios personajes de Nagai, protagonistas imperturbables que anuncian con orgullo cada ataque que lanzan: ¡Taladro giratorio! ¡Bumerán de hombro! ¡RAYO ESPACIAL!

Estreno: 1979
Formato: TV
Director: Tadao Nagahama, Osamu Dezaki
Estudio: Tokyo Película Shinsha Co. Ltd.
Género: Histórico, romance
Basado en: Manga de Riyoko Ikeda

La protagonista andrógina de *Instituto Ouran Host Club* demuestra que lo importante está en el interior. 164

Los roles tradicionales de género quedan igual de traspuestos en el relato histórico *Miss Hokusai*. 232

La rosa de Versalles ベルサイユのばら

Florezca roja o blanca, una rosa es una rosa.

La rosa de Versalles (también conocida como *Lady Óscar* en Hispanoamérica) empieza con el nacimiento mismo de su protagonista. A pesar del desesperado deseo de su padre de tener un hijo varón, Óscar nace niña. Sin embargo, como su nombre indica, el abnegado padre se mantiene firme en su ambición de contar con un soldado en la familia.

Criado como un hombre, Óscar se convierte en una presencia imponente. Uno podría esperar, con cierto cinismo, que *La rosa de Versalles* utilizaría a su andrógina protagonista con fines paródicos teniendo en cuenta la época en que fue emitida. Pero en vez de eso, Óscar resulta uno de los personajes más fascinantes del anime. Al no haber renunciado nunca a su condición de mujer, su secreto no es tal, sino que hace gala de una asombrosa dualidad, un verdadero triunfo de la *mangaka* Riyoko Ikeda.

Ambientada en los años que preceden a la Revolución Francesa, Óscar, consumada duelista, es nombrada guardia real de la joven María Antonieta. Es en este punto donde la ficción y la realidad se encuentran, donde Ikeda relata una historia de amor y heroísmo en un contexto cada vez más turbulento, con el destino de muchos de sus personajes sellado de antemano.

La joven y vanidosa María Antonieta se presenta como otra bienvenida subversión, ni tan insensible ni tan virtuosa como la hemos visto en otras ocasiones. Sus caprichosos cambios de parecer son absolutamente deliciosos, pero su constante ingenuidad supone la espada de Damocles que pende premonitoriamente sobre su cabeza. Aun así, se puede apreciar una hermosa imparcialidad que concede a la noble la compasión que merece: una gobernante en una burbuja… que flota directamente hacia un clavo muy puntiagudo.

La rosa de Versalles suele ser un regalo para la vista, con hermosos bailes, trajes resplandecientes y desenfrenados paseos por el campo acompañados por una orquestación conmovedora. Escenas que vienen contrarrestadas en tono por los frecuentes y emocionantes duelos de espada de Óscar, claro. Sin embargo, estas muestras de aristocracia decadente tienen su significado y, a medida que la serie se aproxima a su dramática conclusión, nunca se olvida del verdadero costo de tales extravagancias.

Lupin III: El castillo de Cagliostro ルパン三世 カリオストロの城

Estreno:	1979	*Género:*	Acción, comedia
Formato:	Película	*Basado en:*	Manga de Monkey Punch
Director:	Hayao Miyazaki		
Estudio:	Tokyo Película Shinsha Co. Ltd.		

Hayao Miyazaki logró cambiar el mundo con *El viaje de Chihiro*. 102

Yasuhiro Yoshiura también ve la estructura de sus mundos como el peor de los villanos. 114

Señorita, ese pillo se ha largado con un valiosísimo tesoro: su corazón.

Lupin III es toda una institución. Cuenta las cómicas y emocionantes aventuras del nieto de Arsène Lupin y, desde su debut en 1967, este superéxito ha aparecido en toda clase de medios: mangas, películas, videojuegos, anime... No obstante, *El castillo de Cagliostro*, de Hayao Miyazaki, es su mayor exponente.

Siguiendo los pasos de su abuelo, Lupin III es un ladrón galante, un pícaro adorable que roba joyas y corazones por igual. Nos unimos a él y a su compañero de fechorías, Jigen, al final de lo que parece haber sido un atraco tan triunfal que dan ganas de reírse a carcajadas. Y a medida que se alejan del lugar del golpe en su vehículo rebosante de billetes, arranca el trepidante argumento de *Cagliostro*. Durante casi dos horas, la película no frena en ningún momento, con peleas, tiroteos y algunas de las mejores secuencias de persecución que he visto jamás en celuloide.

Este ritmo podría haber resultado agotador, pero el ojo de Miyazaki para presentarnos continuamente una acción de lo más ingeniosa te mantiene pegado a la pantalla cada segundo. Su impecable fotografía parece conseguida

sin esfuerzo, y aún le cuesta encontrar parangón casi cinco décadas después. La película se mantiene fresca y capta un mundo que está deseando desmoronarse alrededor de nuestros protagonistas de la forma más espectacular. Puede que la gravedad sea la mejor herramienta de Miyazaki y el mayor villano de *Cagliostro*.

La cinta exuda un júbilo incontenible, y no lo digo solo por nuestro perfecto elenco de personajes. Al igual que sucede en *La princesa prometida*, en la que un grupo de tipos peculiares asalta un castillo para rescatar a una princesa de sus nupcias inminentes, *Cagliostro* sabe exactamente cuándo recurrir a su irreverente comedia para tomar un poco de aire, sin importar lo que esté en juego en ese momento. Ese humor desternillante es una parte esencial del ADN de *Lupin*, y aquí se utiliza con la mayor de las pericias. Además, cada uno de los personajes estelares tiene su momento para brillar, desde el sumiso samurái Goemon hasta la amante y rival de Lupin, Fujiko, lo que supone un punto de entrada perfecto en el amplio mundo de la serie.

Años antes de cofundar el legendario Studio Ghibli [→⦿98], Hayao Miyazaki dirigió esta primera película de animación. Con un debut tan ambicioso, *El castillo de Cagliostro* sirvió como declaración de intenciones de un artista que llegaría a definir toda una industria, pero ese legado nunca juega en contra de la euforia y la belleza que se pueden apreciar en el filme incluso tantas décadas después. La película es tan especial ahora como lo fue siempre, y la impronta que dejó en toda una franquicia continúa siendo imposible de replicar.

•

Lamu
うる星やつら

¡Cariñín!

Estreno:	1981	*Estudio:*	Pierrot, Studio Deen
Formato:	TV		
Director:	Mamoru Oshii, Kazuo Yamazaki	*Género:*	Comedia romántica
		Basado en:	Manga de Rumiko Takahashi

Los mangas de harenes se construyen en torno a una pregunta: ¿cuántas amantes son demasiadas? 160

¡Solo Rumiko Takahashi es capaz de superarse en su propio juego! Disfruta de tu siguiente comedia favorita con *Maison Ikkoku*. 30

A mitad del primer episodio de *Lamu* (también conocida como *Lum* en Hispanoamérica), todas las piezas encajan ya. Esta trascendental serie llegó perfectamente construida, irrumpiendo en los televisores de forma extravagante y divertida a lo largo de todos sus episodios, impulsada por el longevo manga original que ya había revelado exactamente lo que era. En cuanto uno se acostumbra a su ritmo extraño y errático, que no para de lanzar gags irreverentes y desternillantes a velocidades vertiginosas, lo que encuentra es un nuevo y cómodo hogar en sus 200 episodios.

Ataru es un desubicado incorregible: importuna, manosea y observa con total lascivia a todas las mujeres que se cruzan en su camino. Sabemos que no tiene remedio porque hasta su madre se ha rendido con él. «Jamás debí tenerlo», solloza repetidamente a lo largo de la serie. Y, sin embargo, este despojo humano se convierte en el objeto de afecto no de una sino de dos bellezas impactantes. La primera, su dulce y honesta novia, Shinobu, que solo sufre ocasionales arranques de ira como respuesta a su comportamiento pueril.

La segunda es Lamu, un personaje único en su género. Con su bikini a rayas de tigre, su melena turquesa y sus diminutos cuernos, se convirtió en un ícono inmediatamente reconocible, no solo en la serie sino para el mundo del anime en su conjunto. También está el

detalle de que es absolutamente adorable. A medio camino entre dulce y seductora, Lamu se ganó fans en todo el mundo gracias a su arrollador desparpajo y su ingenio diabólico.

Lamu no tarda en olvidarse de su premisa: la ocupación alienígena de la Tierra, truncada solo porque Ataru se declara accidentalmente a Lamu y asegura la paz galáctica a costa de la suya propia. Tener dos mujeres que preferirían verte muerto antes que con la otra hace que la vida sea un dolor de muelas. Y de barriga, por lo divertida. De hecho, a pesar de su antigüedad, la comedia de *Lamu* es muy moderna; sus diálogos son mordaces y crueles, por no decir que su ágil montaje potencia la violencia caricaturesca de la serie. El resultado te hará partirte de la risa con cada episodio.

Una de las muchas introducciones de la serie pide que juntemos lo raro y lo extraño, y que nos volvamos aún más raros. Es un mantra apropiado para este anime, que continúa siendo tan insólito y atípico como lo era hace décadas. Si tienes la impresión de que el anime antiguo es sobrio y pesado, te reto a ver un solo episodio de esta serie tan graciosa y maravillosamente animada. Te aseguro que no será el último.

•

Macross: Do You Remember Love? 超時空要塞マクロス 愛・おぼえていますか

Estreno: 1984
Formato: Película
Director: Shōji Kawamori, Noboru Ishiguro
Estudio: Tatsunoko
Género: Mecha

Gundam contra *Macross*, una de las grandes rivalidades del anime. Descubre más sobre esta compencia entre robots. 46

Interstella 5555 es otro musical de ciencia ficción que bien podría ser la colaboración más inusitada del anime. 118

Zero-G Love! Zero-G Love!

La fortaleza superdimensional Macross hace pequeños todos los planos a los que apenas logra salir. Una nave espacial del tamaño de una ciudad y repleta de lo que queda de nuestra especie se desplaza lentamente a través de los interminables confines del espacio y, en un fallo deliberado de encuadre, casi parece imposible de captar con la cámara. Podría ser una analogía apropiada para describir *Do You Remember Love?* De hecho, con sus gigantescos villanos, sus explosivas escenas de acción y sus tiernos enredos románticos, esta película amenaza con desbordarse más allá de sus modestas dos horas de duración.

Esta grandeza inherente se explica con los orígenes de *Do You Remember Love?* Como versión que adapta y condensa una epopeya mucho más larga (la serie original de ciencia ficción *Macross*), el filme insinúa a menudo una comprensión más contenida de este universo. Con todo, rara vez resulta precipitada, y puedo afirmar sin temor a equivocarme que es una forma magnífica de adentrarse en el intimidante robot colosal que es el género *mecha* [→⦿46].

Hikaru es un joven piloto de Valkyrie, decidido a proteger lo que queda de la humanidad de la gigantesca raza alienígena conocida como los Zentradi. Para combatir a estos gigantes, los

Valkyrie se pueden transformar pasando de veloces cazas a robots de combate del tamaño de un edificio. Las batallas aéreas que componen las numerosas iteraciones de *Macross* ofrecen una acción sin igual. Rápidas, frenéticas e increíblemente animadas, cada guerra que se libra presenta un nuevo y emblemático alarde visual, salpicado por impactantes momentos de intensa violencia. Un encuentro cuerpo a cuerpo en una esclusa de aire, donde los combatientes se ven iluminados apenas un momento por los fogonazos de los cañones, antes de desaparecer de nuevo en la oscuridad, es una escena que perdura sin esfuerzo, tanto en la retina mientras se baten en la oscuridad como en la memoria años después.

Por otro lado, *Do You Remember Love?* es sorprendentemente tierna. Aunque los misiles y los rayos láser gigantes son armas poderosas contra los Zentradi, también lo son el romance, la intimidad física e incluso las canciones. Contra una raza confundida e incluso horrorizada por tales manifestaciones, la humanidad convierte literalmente el amor en un arma. Cuando Hikaru se enamora de una prometedora *idol*, ambos descubren lo poderosos que pueden llegar a ser su incipiente romance y la espectacular voz de ella.

A primera vista, *Do You Remember Love?* parece... vieja. Pero esa estética retro y con estilo esconde una gran habilidad para la emoción y la sutileza, y ofrece algunas de las hazañas técnicas más impresionantes de la animación hasta la fecha, con una escena inicial de antigravedad que impresiona incluso 40 años después. Los detalles hacen la perfección, no solo los visuales, sino también los temáticos. Se podría decir que la película trata sobre una humanidad que ha olvidado... bueno, su humanidad, y es un placer ver cómo redescubre el poder de su pasado. Con tantos momentos sutiles y tranquilos como encuentros explosivos, todo sirve para recordar lo que está en juego... y lo que ya se ha perdido.

Aquí, son la tenacidad y la belleza del espíritu humano las que están a punto de extinguirse, una historia casi olvidada. Los artefactos del pasado aún guardan su poder; la música, la literatura y el cine perdidos en el tiempo siguen siendo importantes. Espero que, pase lo que pase en el futuro, *Do You Remember Love?* nunca se convierta en una reliquia. Es demasiado buena para olvidarla.

•

Destacados: Director

Yoshiaki Kawajiri

川尻 善昭

Cuando se trata de cine de acción, Yoshiaki Kawajiri es único. Por su estilo visual tan emblemático, su sorprendente comprensión de la velocidad y el impulso, y un ojo inigualable para la violencia, es fácil reconocer uno de sus largometrajes. Fue una de las primeras celebridades del anime de importación, y son pocos los que crecieron en los 90 sin ver la legendaria *Ninja Scroll*: una película que, junto con *Akira* [→ ⊙43], ayudó a establecer una puerta de entrada para todo un arte en Occidente.

Kawajiri, que ayudó a fundar el potente estudio de animación Madhouse en 1972, fue un prolífico colaborador mucho antes de sentarse él mismo en la silla de director. Su debut como tal tuvo lugar con *Wicked City* (1987), momento en el que empezó a labrarse un nombre por sí mismo. Adaptando una novela de Hideyuki Kikuchi por primera vez (pero no la última), *Wicked City* es un *thriller* postmoderno con toques de cine negro que se baña en azules tenebrosos y rojos pegajosos. En un mundo al borde de una guerra secreta contra los demonios, *Wicked City* no pierde el tiempo en mostrar sus cartas. Al comienzo de la película, cuando una aventura de una noche se convierte en una pesadilla arácnida, Kawajiri mezcla sin esfuerzo y de forma incómoda un cóctel de horror erótico que impregna el resto del largometraje. Vaya si lo hace.

Las películas de Yoshiaki Kawajiri son de lo más escuetas. No es que sea un rasgo especialmente atractivo, pero lo cierto es que no les sobra nada. El suyo es un currículum breve, lleno de películas cortas y, sin embargo, todas ellas están templadas hasta que su núcleo queda al rojo vivo, mostrando un espectáculo sin igual y una inventiva interminable antes de mostrar los créditos ya sin aliento. Ver un largometraje de Kawajiri es dejarse atrapar por esa inmediatez, tanto en el espectáculo como en la emoción, y sinceramente, no hay nada más sexy que eso.

La economía de la que hablo queda reflejada de forma magistral en *Ninja Scroll*, una obra maestra que demostró ser todo lo que los fans del medio ansiaban y todo lo que aterrorizaba a sus detractores. Esta epopeya de acción sin cuartel es una película implacable que enfrenta a la espada del héroe popular japonés Jubei con una colección de enemigos cada vez más peculiares. En tan solo 90 minutos, grabó a fuego sus sangrientas emociones en los corazones y las mentes de todos los que la vieron, asombrados por la brutalidad de su vertiginoso baño de sangre. ¿Gratuita? Siempre. ¿Superflua? Jamás. En aquella embriagadora época de los VHS piratas, puede que ni siquiera conociéramos el nombre de Kawajiri, pero nuestro *fandom* había encontrado un nuevo mesías. Occidente no tardó en acogerlo con los brazos abiertos, lo que dio lugar a una relación que dio frutos cada vez más emocionantes: las Wachowski le encargaron la dirección de un corto para *Animatrix* [→ ⊙120], y unos años más tarde dirigiría una secuela animada del clásico de culto *Los inmortales*.

Sin embargo, su obra magna bien podría ser *Vampire Hunter D: Bloodlust*: otra adaptación de una novela de Kikuchi —de una serie que abarca más de cuarenta entregas— que procede de un linaje increíblemente rico que plantea una guerra

Vampire Hunter D: Bloodlust

Ninja Scroll
Ninja Scroll

Bloodlust

entre humanos, vampiros y toda clase de bestias. El misterioso «D» es un dhampir, un híbrido de humano y vampiro a caballo entre ambos mundos, pero que no pertenece a ninguno de ellos. Odiado incluso por aquellos que lo contratan para librarles de la amenaza vampírica, resulta una figura imponente, bella pero solitaria. Poderoso y lleno de talento, D es el único capaz de acabar con la nobleza vampírica. Al comenzar *Bloodlust*, acepta un nuevo contrato para rescatar a una joven que ha sido secuestrada por un noble... o para matarla, si ya es demasiado tarde.

Es una premisa sencilla, pero con todos los matices de una historia llena de melancolía que solo se encuentra en lo mejor de la ficción de vampiros. *Bloodlust* comprende la dualidad central del vampirismo, realzando este aspecto no solo en la ascendencia mixta de D, sino también en las criaturas diabólicas que caza. Tal es el corazón inquebrantable de *Bloodlust*, una película que no juega con blancos y negros en lo narrativo, sino con esos complicados tonos de gris. Unos grises que han albergado, durante mucho tiempo, las historias más interesantes que ofrece el género.

Con un crisol de temáticas tan extraño (mezcla elementos del terror gótico, la ciencia ficción y el *western*, entre otros), Kawajiri tenía la abrumadora tarea de encontrar un tono que hiciera justicia al variado mundo de Kikuchi. Y lo encontró, ofreciendo su película más bella hasta la fecha. Cada fotograma de las batallas fantasmagóricas de D es perfecto, clavando cada corte de una *nodachi*, cada flecha de ballesta que silba en el aire y cada ráfaga de un cañón de mano que desgarra la realidad misma. La embriagadora mezcla de las emblemáticas estampas de *Bloodlust* y su recargada partitura gótica te hacen ver la melancólica y atmosférica película de un modo que me pone la piel de gallina todas y cada una de las veces. Al final, *Bloodlust* se reivindica como una de las mejores películas de acción de anime jamás creadas.

Con su atrevido estilo artístico y su inigualable sabor cinematográfico, Yoshiaki Kawajiri —un hombre que ayudó a extender el atractivo del anime por todo el mundo— es una de las voces más importantes de la industria. Su acción es impactante; sus personajes, sencillos, y su narrativa, vital, lo que da como resultado un catálogo de clásicos que se pueden volver a ver sin descanso, danzando por nuestras pantallas durante breves minutos al contrario que el tiempo que resonarán en nuestras mentes, muchísimo más largo.

Animatrix: Programa
Wicked City

Ninja Scroll

Ninja Scroll

Wicked City
Wicked City

Ninja Scroll

♡ Maison Ikkoku
めぞん一刻

Estreno: 1986
Formato: TV
Director: Kazuo Yamazaki, Takashi Annō, Naoyuki Yoshinaga
Estudio: Studio Deen
Género: Comedia romántica
Basado en: Manga de Rumiko Takahashi

Pobrecita mía... ¡Este sitio acabará con ella!

Como máximo exponente del «¿acabarán juntos?» en el anime, *Maison Ikkoku* se convirtió de inmediato en una serie de confort para los fans de todo el mundo. Durante sus casi cien episodios, el anime —basado en el manga de la legendaria Rumiko Takahashi (*Urusei Yatsura* [→ ⦿20])— cosechó un éxito imperecedero gracias a sus entrañables personajes y su comedia desternillante.

El inmaduro y distante Godai es un veinteañero venido a menos que vive sus peores días en un complejo de apartamentos lleno de necios. Acosado por unos vecinos que no conocen el significado de la palabra «límites», no tarda en quedar desilusionado con su vida independiente. Pero cuando su edificio recibe a una nueva encargada, la recién enviudada (y encantadora) Kyōko, Godai se enamora de inmediato. Kyōko es la «chica de al lado» perfecta: amable, atractiva y madura. Al principio,

La tensión de compartir hogar es un elemento presente en muchos animes, pero *Fruits Basket* es de los más raros. 271

Si buscas protagonistas más honestos con sus sentimientos, prueba con la tierna *Kimi ni todoke: Llegando a ti*. 190

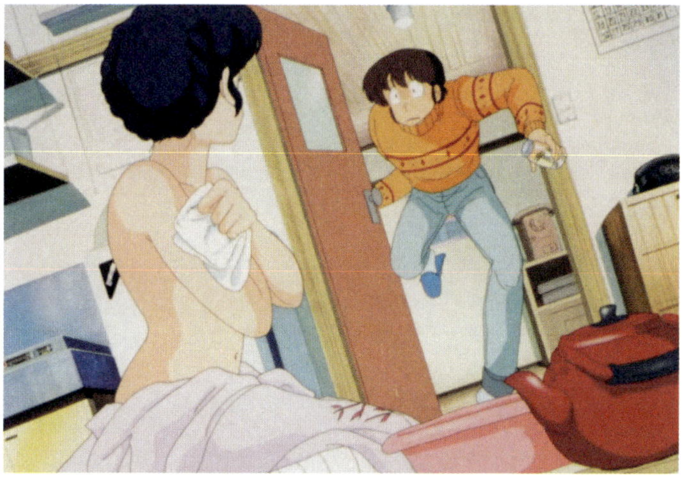

parece que no terminan de llevarse bien, pero la mayor proeza de *Maison Ikkoku* es conseguir que creas que están hechos el uno para el otro.

Como estudio, *Maison Ikkoku* sabe captar el espíritu humano, su naturaleza honesta y sus embarazosas caídas, y es sorprendentemente ecuánime a la hora de condenar por igual a sus confundidos protagonistas. En el fondo, se trata de una serie de malentendidos, fuente de los mejores gags de la serie y de su larga emisión. Durante su romántica evolución como pareja, Godai y Kyōko se precipitan a sacar conclusiones equivocadas. Godai, eterno idiota como es, se encuentra inexplicablemente cortejando a otras mujeres, mientras que Kyōko lucha por ser fiel a sus propios sentimientos. Puede ser frustrante ver a estos dos amantes infortunados bailando el uno alrededor del otro, pero también acaba siendo muy gratificante. *Maison Ikkoku* alberga un gran corazón —y algunos de los mejores personajes del anime hasta la fecha— y sus encantos no tienen fin.

•

El puño de la Estrella del Norte
北斗の拳

Estreno:	1986	*Género:*	Acción, posapocalíptico
Formato:	Película	*Basado en:*	Manga de Buronson y Tetsuo Hara
Director:	Toyoo Ashida		
Estudio:	Toei Animation		

Por desgracia, el legendario anime de boxeo *Hajime no Ippo* se olvida por completo de las explosiones de cabezas. 96

Otro solucionador ambulante, el calmado protagonista de *Mushishi*, es el yin del sangriento yang que es Kenshirō. 138

Tú ya estás muerto.

En el brutal mundo de *El puño de la Estrella del Norte*, los que tienen la mala suerte de seguir vivos lo hacen a duras penas bajo un cielo nuclear. Las continuas guerras han asolado la Tierra, antaño verde y abundante, y ahora sus yermos paisajes son áridos y están llenos de cicatrices, igual que los bandidos que acechan sus páramos. En esta era sin ley, ¿quién defenderá a los débiles? ¿Quién golpeará a los villanos en la cara con tanta fuerza que les estalle la cabeza?

La respuesta es Kenshirō, el único heredero de la escuela divina Hokuto Shinken: ¡el puño de la Estrella del Norte!

Civilizaciones extrañas que renacen de las cenizas del mundo, una sucesión de bandidos cada vez más estrafalarios... Queda claro que el creador de la serie, Tetsuo Hara, se inspiró en el posapocalipsis baldío de *Mad Max*, aunque este homenaje nunca le quita su singular identidad a la serie. Mientras los buenos, los malos y los cada vez más feos se enfrentan en frenéticas peleas de puños, Hara esculpe con seguridad las leyes de sus páramos sin ley y graba en piedra un lenguaje visual de leyenda.

A pesar de ser una de las franquicias de anime más extremas, se aprecia una sinceridad íntegra en *El puño de la Estrella del Norte*. Kenshirō, el maestro errante de las artes

marciales, es un tipo de héroe igual de honesto, que destila una bondad serena cuando no está desatando una violencia desmedida sobre un desfile interminable de matones. En esta epopeya de dos horas, Kenshirō tiene la misión de rescatar a su amante de un malvado rival, pero nunca ignora los gritos de socorro de los más necesitados, y la película, ridículamente sangrienta, no escatima en detalles de sorprendente belleza.

Estas distracciones dan a la película un toque episódico, lo cual resulta apropiado teniendo en cuenta que el filme condensa un manga y una serie de televisión mucho más extensos en forma de metraje repleto de acción. Sin embargo, ahora que está en la gran pantalla, Kenshirō tiene permiso para ser todo lo cruelmente imaginativo en su hiperviolencia como siempre mereció ser *El puño de la Estrella del Norte*. Hay un par de momentos que parecen especialmente brutales, incluso para quienes no conocen la historia: tienen que ver con temibles enemigos que salen a la palestra para ser ejecutados apenas unos segundos después. En cuanto los famosos puntos de presión de Kenshirō hacen que sus extremidades se hinchen como globos llenos de sangre, uno puede pensar que quizá tenían más historia que ofrecer antes de estallar con violencia, pero lo que la película sacrifica en ritmo lo compensa con creces en intensidad.

A ese espectáculo contribuye la animación, que va evolucionando en sus escenas. Ya sea cuando se desata una persecución de vehículos descendiendo por las paredes de un rascacielos caído, o cuando un torrente de golpes empieza a crear gigantescas ondas expansivas, uno no puede sino maravillarse ante el insaciable esfuerzo de *El puño de la Estrella del Norte* por ir más lejos todavía. Es el tipo de escalada natural típica de los folioscopios, la clásica acción que no para de crecer y que te mantiene pegado a la pantalla. Al igual que los arrogantes rivales que no son conscientes de haber recibido un golpe mortal, te convertirás en fan de *El puño de la Estrella del Norte* mucho antes de que te des cuenta.

•

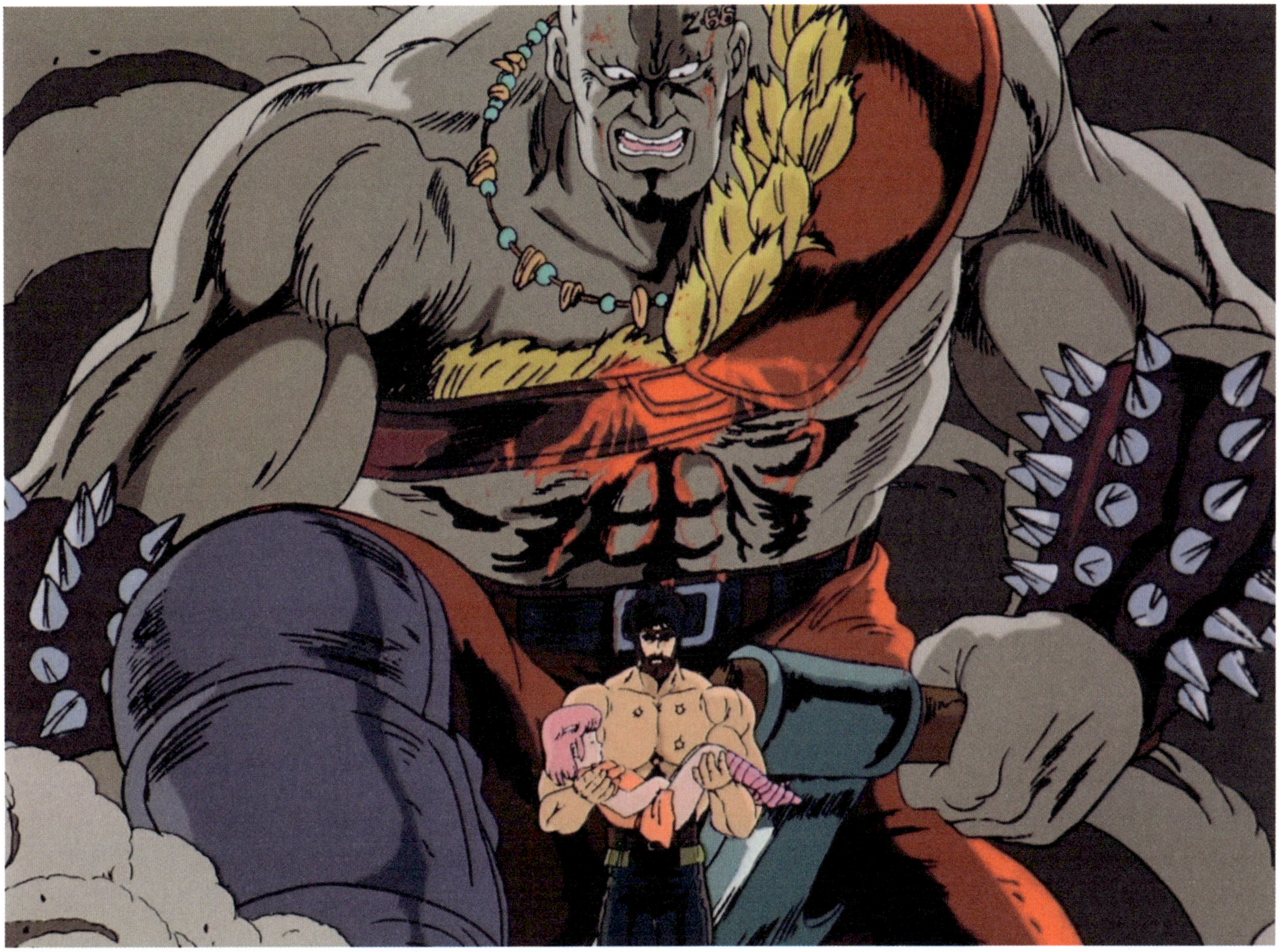

Destacados: Género

Shōnen de peleas

バトル漫画/アニメ

Shōnen —la palabra japonesa que designa a los chicos jóvenes— no es un género. Al igual que «*shōjo*», «*josei*» y «*seinen*» (Glosario, [298]), «*shōnen*» se refiere sencillamente al grupo demográfico al que va dirigido un manga; es decir, su público objetivo. No obstante, la expresión «shōnen de peleas» es diferente. Centrado en peleas cada vez más espectaculares, escalas de poder ilimitadas y una creciente lista de amigos, enemigos y enemigos que se convierten en amigos, los *shōnen* de peleas son un género en sí mismo, uno que ha reinado durante mucho tiempo en la cultura pop japonesa.

Se trata de un género algo monopolizado, pues los títulos más populares suelen aparecer en las páginas de la *Shōnen Jump Semanal*. Esta revista ha vendido miles de millones de ejemplares y publica constantemente nuevos capítulos de los mangas más populares. De hecho, es donde nacieron «los tres grandes»: el triunvirato formado por *One Piece*, *Naruto* y *Bleach*, verdaderos titanes del género, cuya publicación simultánea llevó a la revista a convertirse en un fenómeno mundial. La Jump ha definido el género durante mucho tiempo con su mantra de amistad, esfuerzo y victoria, un estribillo estimulante del que se hacen eco los grandes nombres del *shōnen* de peleas.

En perspectiva, puede parecer el anime más homogéneo: episodios con tipos musculosos que gritan mientras desatan sus técnicas especiales más demoledoras. Sin embargo, el género es mucho más que una sucesión de luchas, y presenta un espacio en el que las verdaderas superestrellas del medio se han convertido en clásicos atemporales.

Protagonizados por héroes imperturbables que actúan en mundos donde la fuerza sirve para hacer el bien, estos cómics de larga duración aprovechan al máximo su ritmo atípicamente pausado. Los aficionados más entregados recorren junto a estos personajes el largo camino hacia el poder definitivo, observándolos no solo durante sus frenéticos combates sino también en sus largas sesiones de entrenamiento y sus emocionantes (y a menudo amistosos) torneos. Este es el encanto único de los *shōnen* de peleas: todo hay que ganárselo.

Cuando los protagonistas aprenden algún poder nuevo y fantástico, supone un punto y aparte muy bienvenido en largos arcos de cuidada narración. Cuando un antagonista se da cuenta de sus errores y se une a los valientes esfuerzos de nuestro héroe, no nos parece forzado. Y cuando las tramas, cuyas semillas fueron plantadas decenas de episodios atrás, florecen al fin, el *shōnen* de peleas alcanza su forma final, desencadenando una emoción abrumadora.

Con cientos, o incluso miles, de episodios (One Piece, [→ ⊙81]), el *shōnen* de peleas ha contado durante mucho tiempo con las series más largas del anime. Estas longevas instituciones pueden parecer intimidantes, y quizá por eso los nuevos nombres del género (*Guardianes de la noche*, [→ ⊙246]) han conseguido tanto impulso: introducirse en una serie que podría durar años cuando apenas ha empezado es una perspectiva más apetecible. No obstante, eso no quiere decir que haya que ignorar a la vieja guardia: se trata de obras de ficción atemporales, tan gratificantes ahora como lo fueron siempre.

My Hero Academia

One Piece
Dragon Ball

Saint Seiya

Naruto

El camino para convertirse en el mejor ninja del mundo es largo (en serio, más de 700 episodios), pero si alguien puede conseguirlo, ese es Naruto. Como parte de la realeza del anime, *Naruto* ensalza sin esfuerzo las principales virtudes del *shōnen* de peleas: nuevos poderes, nuevos amigos y nuevos enemigos, todo protagonizado por un marginado con carácter a quien no puedes evitar animar. Vaya que sí.

BLEACH

Impulsado por el toque enérgico que le confieren los estilizados diseños de Tite Kubo, *Bleach* resultó un anime emblemático. Ichigo Kurosaki es un *shinigami* que da paz a los espíritus furiosos con su enorme espada, pero esta sencilla premisa desentraña mundos dentro de otros mundos repletos de cientos de atractivos personajes. Sus primeros 60 episodios siguen siendo algunos de los mejores del *shōnen* de peleas: un atracón de emociones a todo trapo.

JoJo's Bizarre Adventure

La familia Joestar ha defendido a la humanidad durante generaciones. De Jonathan a Jolyne, el linaje de los JoJos se ha enfrentado a vampiros, a un orangután y hasta a un bebé. Es en serio. *JoJo's Bizarre Adventure* hace honor a su título, pues sus extravagantes peleas tienen poco que envidiar a las de los niños con más imaginación en el patio de un colegio: los personajes hacen poses, dan puñetazos al aire y gritan «¡ora-ora-ora!». Ay, cuánta energía...

Kill la Kill

Puede que *Kill la Kill* sea más «magical girl» [→ ⊙54] con sus sensuales secuencias de transformación, pero su ADN compartido con los grandes del *shōnen* exige una mención. Armada con una hoja de tijera gigante y un uniforme escolar con vida propia, este anime de acción de lo más grosero sigue a Ryuko Matoi en su lucha por llegar hasta la sanguinaria élite de su instituto. Llena de enemigos retorcidos y peleas demenciales, la serie funciona como un *shōnen* de peleas y no deja de superarse hasta su increíble final.

Guardianes de la noche

Hunter x Hunter
My Hero Academia

Jujutsu Kaisen

Dragon Ball
ドラゴンボール

¡Jamás pensé que la vida podría ser una aventura tan divertida!

Estreno: 1986
Formato: TV
Director: Daisuke Nishio y Minoru Okazaki
Estudio: Toei Animation
Género: Aventura
Basado en: Manga de Akira Toriyama

Si buscas otro anime de peleas de los que rompen moldes, sube a bordo del Going Merry y encuentra un tesoro en *One Piece*. 88

La aventura espera ahora en *Yona, princesa del amanecer*, una historia épica inspirada en los mitos y fábulas de China. 230

El dibujante Akira Toriyama cambió el mundo. Tras casi cincuenta años de carrera, su obra ha dejado una huella indeleble en el anime, el manga y los videojuegos. Su singular estilo —aparentemente simple, espectacularmente divertido— no solo es reconocible al instante sino también atemporal, y sus memorables historias son tan encantadoras hoy como lo fueron hace años. La principal de ellas es *Dragon Ball*.

Dragon Ball, una reinterpretación de la clásica novela china *Viaje al oeste: Las aventuras del rey mono*, tiene como protagonista al joven Son Goku, con su cola de simio, que viaja por el mundo a menudo sobre su nube voladora. Busca las llamadas «bolas de dragón», siete orbes que conceden un deseo al ser reunidas. Como MacGuffin mágico, su importancia aumentará y disminuirá según evoluciona la serie, pero la promesa de su poder se mantiene relevante en todo momento.

Esas escenas acabarían definiendo *Dragon Ball*, un completo anime de artes marciales que nunca rehuyó del humor absurdo, si bien la serie original solía estar menos centrada en los puñetazos. A medida que el descarado Goku y su creciente séquito de amigos peculiares viajan por el mundo, las hilarantes aventuras que comparten te arrancan una sonrisa sin ningún esfuerzo y te mantienen pegado a la pantalla. Toriyama hizo de la «diversión» el principal rasgo de identidad de *Dragon Ball*, y esa es una filosofía que ha servido bien a la serie durante décadas.

Sin embargo, eso no quiere decir que la serie se ande con rodeos. Se trata de un anime que ha ido construyendo su mundo —y, con él, sus desafíos— para ofrecer momentos asombrosos de verdad, ya sea atravesando a un enemigo especialmente malvado o viendo a un amigo sacrificarse por un bien mayor. «Convertirse en supersaiyano» podría considerarse hoy en día un recurso trillado, pero para los niños de todo el mundo que lo vieron por primera vez, sus vidas cambiaron para siempre.

Aunque *Dragon Ball* fue un éxito a nivel nacional, con el tiempo se convertiría en un éxito mundial con *Dragon Ball Z*, que no es la forma final de la serie, pero se podría decir que es la definitiva. Fue aquí donde Toriyama y el estudio Toei Animation abrieron un cráter en el mercado de los *shōnen* de peleas [⟶⦿34] que solo ellos serían capaces de llenar.

Con una afluencia constante de personajes interesantes y niveles de poder cada vez mayores, *Dragon Ball* se convirtió en un coloso televisivo. El propio Goku creció con la serie, pasando de niño vivaracho a héroe musculoso, señal inequívoca de que las prioridades de la serie estaban cambiando... ¿no? Pues no. Puede que Goku se metiera en peleas más apocalípticas, y que el *Kamehame ha* que lanzaba fuera más devastador que nunca, pero los villanos nunca eran demasiado malvados, nuestros guerreros fallecidos no permanecían muertos mucho tiempo, y la diversión seguía fluyendo a raudales en cada absurdo enfrentamiento y confrontación final.

Es fácil olvidar la génesis relativamente pintoresca de *Dragon Ball* cuando se habla de un gigante de la televisión moderna, pero esos primeros episodios —¡los 153!— son mucho más que una historia de orígenes. Se trata del *Dragon Ball* más delicioso, ingenioso y radiante. También es una declaración de intenciones de un dios del manga: la proclamación de que la amistad, la familia y la diversión son las cosas más importantes del planeta.

Es el mundo de Toriyama, nosotros solo jugamos en él.

•

Bubblegum Crisis バブルガムクライシス

Estreno: 1987
Formato: TV
Director: Varios
Estudio: Artmic y AIC
Género: Ciberpunk, acción

Siendo todo luces y láseres, *Macross: Do You Remember Love?* también marida los robots con la música. 22

Unas estudiantes detectives investigan un supuesto crimen en *El caso de Hana y Alice*. 234

¡Apártate ahora mismo, boomer!

El suspense ciberpunk de ambientación ochentera, *Bubblegum Crisis*, transmite sensaciones muy concretas. La serie es una amalgama de cultura pop y música new wave que parece una celebración de toda una década pero, de algún modo, logra presentarse con una identidad propia.

Todo empieza con un espectáculo en directo de Priss & The Replicants (una banda de ese universo que marcará toda la serie con sus álbumes de música sintetizada), pero no pasa mucho hasta que esa fachada se desvanece y entran en escena las Knight Sabers.

Las Knight Sabers es un equipo de mercenarias: son estrellas del pop, instructoras de aeróbic y magnates de la lencería que se suben a sus potentes exoesqueletos para trabajar como guerreras a sueldo. Con artilugios que dejarían en ridículo a James Bond, estas heroínas se pasan las noches recorriendo las calles de neón de Tokio y acabando de forma explosiva con la IA conocida como Boomers.

El anime de los 80 es muy tangible, presenta una impresionante animación dibujada a mano y unos efectos de sonido deliciosamente exagerados. El resultado son unas historias tan estimulantes como distintivas. Puede que *Bubblegum Crisis* sea el ejemplo perfecto de esa actitud visceral y contundente. Ver a Priss gritando por un paisaje urbano cyberpunk montada en una alucinante moto es algo que te acelera el pulso, igual que las largas escenas de acción que terminan haciendo arder la ciudad. De hecho, la animación de *Bubblegum* se puede considerar ahora más impresionante y trascendental que nunca, en una época en la que el arte generado digitalmente carece a menudo de la fuerza y el estilo que aquí tanto abundan.

Sorprendentemente, pese a su efusivo homenaje a películas como *Blade Runner* y *Terminator*, es en su musicalidad donde *Bubblegum Crisis* encuentra de verdad su alma. Al renunciar a los actores de voz tradicionales y contratar en su lugar a talentos del mundo musical, las canciones que durante tanto tiempo han distinguido a esta serie gozan de un enfoque serio que la distingue de sus contemporáneas.

•

DIRTY PAIR: PROJECT EDEN
ダーティペア劇場版

Estreno:	1987	*Género:*	Ciencia ficción
Formato:	Película	*Basado en:*	Novelas de Haruka Takachiho
Director:	Kōichi Mashimo		
Estudio:	Sunrise		

Si quieres más aventuras alocadas con protagonistas rebeldes, échale un vistazo a *El castillo de Cagliostro*. 18

Puede que *¡Estás arrestado!* sea menos fantasiosa, pero su dúo de agentes no tiene nada que envidiarles a Kei y Yuri. 60

Te vas a hacer daño si te enamoras de la idea del amor.

Si un trabajo vale la pena, también lo vale ensuciarse las manos para hacerlo… Al menos eso es de lo que intentan convencernos Kei y Yuri, dos «solucionadoras de problemas» que trabajan sin descanso por la paz intergaláctica en el siglo XXII. Estas guerreras en bikini imparten justicia de forma demasiado gratuita, y cada misión acaba con tal cantidad de daños colaterales que se han ganado el apodo de «Dirty Pair».

Project Eden es el estreno cinematográfico de la pareja y una introducción de infarto a la inconfundible variedad de caos que siempre desatan Kei y Yuri. Desde sus interminables trastornos de vestuario hasta su afición por la violencia explosiva, esta comedia policial sabe a delicia *pulp*, un viaje de 80 minutos que es un acierto pleno sin nada de relleno.

Un científico loco que intenta acelerar la evolución, un ladrón que busca un vino extraordinario, una raza alienígena sedienta de sangre que despierta de su letargo para volver a dominar la cadena alimenticia… Pero por muy divertida que sea la alocada historia de *Project Eden*, solo es una excusa para dar paso a su acción desmedida. Esto es anime de los 80 en su máximo esplendor: una paleta de colores de lo más atrevida, montajes al son de *city pop* con sintetizadores y escenas iluminadas con luces estroboscópicas que deberían llevar un aviso de epilepsia. Ya no hacen animes como este…

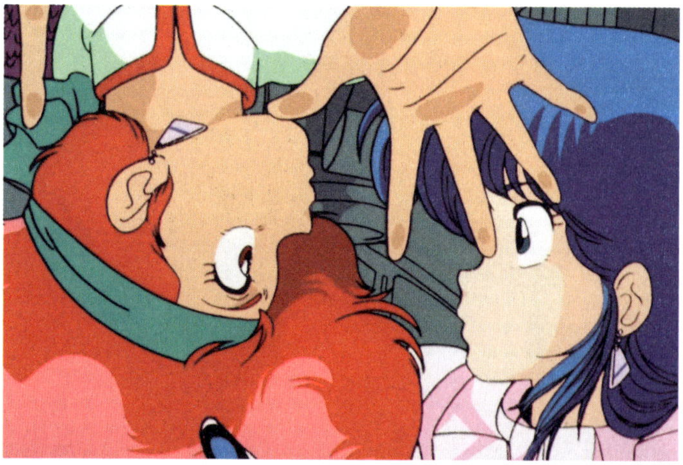

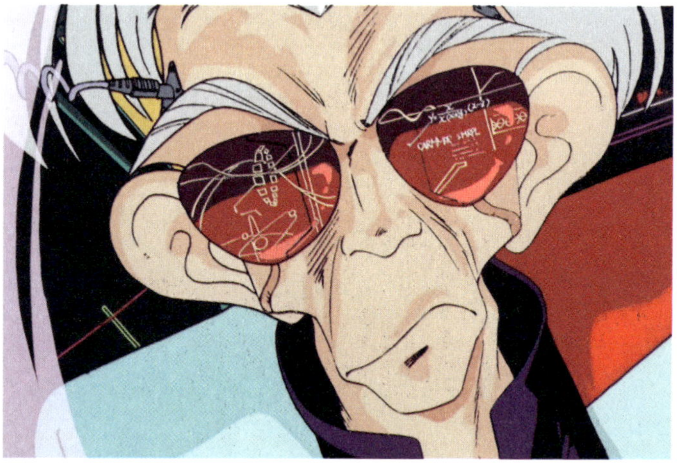

Estreno:	1988	*Género:*	Acción
Formato:	Película	*Basado en:*	Manga de Katsuhiro Otomo
Director:	Katsuhiro Otomo		
Estudio:	Tokyo Película Shinsha Co. Ltd.		

Akira
アキラ

Buena para la salud, mala para la educación.

¿Te has enamorado del oscuro y distópico mundo de Ōtomo? *Memories* te ofrece más de sus visiones sobre el futuro. 72

¿Asqueado pero fascinado por el espectáculo de body horror que contiene la película? Prueba con la inquietante *Uzumaki*. 296

En 1988 se estrenó una película que cambió el anime para siempre. Ambientada en el futuro distópico de 2019, un mundo lleno de bandas de moteros y niños psíquicos, es lógico que una película con una visión tan cruda de lo que estaba por venir marcara el comienzo de una nueva era para la industria de la animación japonesa y anunciara un atractivo internacional que Occidente no habría podido predecir jamás. Circulando en forma de VHS pirata, dejó un rastro de conmoción y sorpresa a su paso, abriendo la mente de cualquiera que la viera e impulsándole a buscar más ejemplos de este nuevo estilo tan extraño, bello y fascinante. El anime estaba a punto de E·X·P·L·O·T·A·R.

Es imposible exagerar la importancia de *Akira*. En los casi cuarenta años transcurridos desde su estreno, se ha celebrado como un hito espectacular y muchos la consideran la mejor película de animación jamás realizada. Contribuyó de manera decisiva a que el anime se convirtiera en el fenómeno internacional que es en el presente y abrió la puerta a que innumerables clásicos llegaran al extranjero. A pesar de su importancia histórica, *Akira* sigue siendo tan relevante, tan importante y, sobre todo, tan divertida ahora como hace cuatro décadas, cuando los Juegos Olímpicos de Tokio 2020 y su posterior cancelación parecían un futuro imposible, en vez de una visión inquietantemente profética.

Akira se publicó originalmente en 1982 en las páginas de la *Young Magazine*, una revista que pretendía llenar un vacío en el mercado del manga. Un grupo demográfico anárquico, rebelde y juvenil de adolescentes y jóvenes adultos se sentía infrarrepresentado en los cómics que leían, y Katsuhirō Ōtomo —un artista que poco a poco se había ido forjando una fuerte reputación en Japón por sus obras crudas y violentas— respondió con *Akira*, un manga futurista sobre las calles distópicas de Neo-Tokio y las «Cápsulas» que las destrozaban: una banda de moteros maleducados y

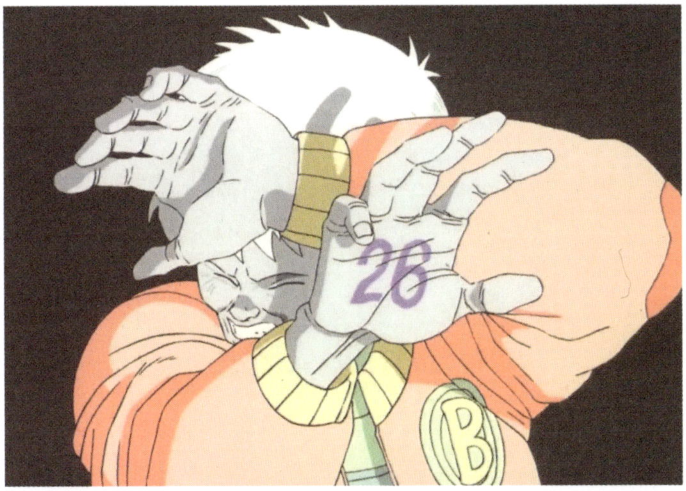

violentos que corrían con sus motos amenazando con barras de plomo.

Dirigida por el propio Ōtomo, *Akira* es una película sobre la megalomanía y la destrucción que conlleva esa obsesión por el poder. Todo el que pone un pie en Neo-Tokio parece querer parte de ella, y es una lucha horrible de ver. El tapiz que teje *Akira* se compone de los siguientes protagonistas enfrentados: el huérfano Tetsuo, que sufre un despiadado complejo de inferioridad y lucha por demostrar su valía; Kei, una joven de la resistencia que intenta poner orden en un mundo que parece no conocer el significado de la palabra; y luego está Kaneda, un motero leal, jovial y un poco payaso que siempre acaba metiendo las narices en el lugar equivocado. Es un personaje cómico cuyo propósito es aliviar la tensión y disparar enormes rifles láser con toda la precisión que cabría esperar de alguien que no ha usado un rifle láser en toda su vida.

Mientras Kaneda se enfrenta a políticos de moral deficiente, revolucionarios corruptos, niños psíquicos con superpoderes y una ciudad cuya integridad estructural parece jugar constantemente en su contra, su objetivo final es abrirse camino hasta su amigo Tetsuo, que está sumergido en una espiral de destrucción, antes de que despierte una amenaza nuclear de la que solo se conoce el nombre: Akira. Es en esta relación donde la película encuentra su corazón, uno humano y lleno de dolor.

La aciaga visión de *Akira* sobre nuestro futuro sigue siendo tan fascinante ahora como lo fue cuando se planteó por primera vez. La industria del anime explotó tras su estreno. De pronto, todo el mundo prestaba atención al medio. Se trataba de una película que abordaba temas para adultos y se dirigía a un público deseoso de sentir un impacto, y vaya si hubo impacto. *Akira* rezumaba pavor por todos sus poros, lanzando al espectador escenas de *body horror* e hiperviolencia que anidaban en el cerebro. Hermosos momentos de destrucción masiva que nos mostraban la inquietante paz resultante de la aniquilación total.

Pero *Akira* perduró, incluso pasados los créditos, en la conciencia colectiva de los aficionados a la animación de todo el mundo. Ha sido celebrada y aplaudida durante cuatro décadas, cuarenta años llenos de guiños y homenajes. Despertó algo que probablemente nunca se apague ya: el amor y la adoración por un medio que por fin había encontrado a su modelo perfecto. *Akira* exigía ser escuchado, y el mundo nunca ha dejado de hacerlo.

Destacados: Género

Mecha

メカ

De las cenizas del Japón de posguerra surgieron los «*mecha*». Los que sobrevivieron a aquel terrible conflicto fueron testigos directos de la increíble destrucción que trajeron las máquinas de guerra, y caminaron por los pueblos y ciudades arrasados que dejaron a su temible paso. Es fácil entender por qué los robots gigantes se convirtieron en un ícono durante las siguientes décadas: eran armas imposibles, defensores indómitos y más mortíferos que cualquier invento creado con anterioridad.

Se trate de nuestras ciudades, nuestros países o incluso nuestro planeta, el anime ha disfrutado durante mucho tiempo de una sencilla llamada a las armas cuando se trata de defender lo que es nuestro: «sube al robot». Los *mechas*, un inquietante homenaje a nuestras propias armas de destrucción masiva, siempre han venido acompañados por un sentimiento tanto de ruina como de salvación... y la convicción de que esas monstruosas moles coquetean con ambas posibilidades.

Aunque series como *Mazinger Z* y *Getter Robo* ayudaron a popularizar este tipo de historias, fue Yoshiyuki Tomino quien se convirtió en su mesías. Tomino y su afición por acabar con elencos enteros de personajes redefinieron el género *mecha* de forma tan espectacular que es imposible separarlo de su legado. Y ese legado incluye la trascendental *Mobile Suit Gundam*, una ópera espacial cuyas numerosas iteraciones dominarían el discurso en adelante.

Por suerte, la obra magna de Tomino también abrió de par en par las puertas del género y dio paso a una nueva era de los *mechas*, una que todavía disfrutamos. Desde *Macross* [→ ⊙22] hasta *Bubblegum Crisis* [→ ⊙40], el interés de Japón por los robots —desde monolitos del tamaño de una ciudad entera hasta exoarmaduras equipables, respectivamente— fue creciendo de forma orgánica, forjando historias llenas de matices en esas trilladas trincheras. Esta obsesión evolutiva llegó incluso a tener repercusiones internacionales, que se estrellarían en Occidente con títulos como *Transformers*.

En cierto sentido, los *mecha* eran un círculo: un género inspirado en la forma de hacer luchar a nuestros juguetes y que, a su vez, generó una pujante industria juguetera en el país. Pero si bien defiendo el sencillo placer de ver a robots gigantes golpeándose unos a otros tan fuerte como pueden, cabe decir que también hay muchas historias trasgresoras. Quizá debido a sus raíces bélicas, los mechas modernos no se han cortado en mostrar su lado más terrorífico. Títulos como *Evangelion* [→ ⊙64], *Bokurano* o el videojuego *13 Sentinels* narran historias espantosas que son consecuencia de sus temibles gigantes, y comprenden la terrible deuda que contraen tales armas: los pilotos deben pagar con su vida, de una forma u otra. El poder de los robots gigantes tiene un alto precio.

Los *mechas* se han convertido en sinónimo de anime, con sus puños propulsados por cohetes y misiles que llenan toda la pantalla. Ver a nuestros héroes pilotando robots del tamaño de un rascacielos es algo que apela a nuestro instinto más primitivo, que se basa en un vestigio de asombro que fingimos haber superado. Pero cuando esos robots humanoides dan sus primeros pasos atronadores, es imposible no sentirlos resonar en lo más profundo de nuestro ser y pensar: «Impresionante».

Getter Robo Armageddon
Mobile Suit Gundam 0080: War in the Pocket

Eureka Seven

Nunca pasa nada emocionante en la aburrida vida de Renton... hasta que la misteriosa Eureka estrella su robot gigante contra su casa. Con una contracultura rebelde y una banda sonora de infarto, *Eureka Seven* captura en sus vibrantes fotogramas algo inefable sobre la juventud: una saga de amor y guerra de la que es fácil enamorarse.

La visión de Escaflowne

La fantasía es un género en el que los robots rara vez se adentran, ya que su cruda mecánica choca con los mundos etéreos y la complejidad de la magia. Sin embargo, el robot protagonista de *Escaflowne* está como en casa: es una pieza elegante en un tablero devastado por la guerra. Con su fusión de géneros diversos y su talento transgeneracional, *Escaflowne* se erige como una rara obra maestra que ha llegado a definir el medio.

Bokurano

Pilotar el Zearth, un enorme robot que defiende el planeta, cuesta la vida. Literalmente. Este es el sombrío intercambio que se produce en *Bokurano*, una serie dolorosa que pide a un menguante grupo de niños que hagan el mayor de los sacrificios. Un estudio sobre nuestra propia mortalidad y la forma en que decidimos afrontarla, un clásico desgarrador que nunca pudo escapar del todo de la alargada sombra de *Evangelion*.

Pacific Rim

En una época en la que Hollywood intenta desesperadamente trasladar la energía del anime a la acción real, *Pacific Rim*, de Guillermo del Toro, se mantiene imbatible en ese juego. Esta película, en la que robots gigantes golpean a monstruos gigantes pegajosos, consigue superar el reto y demuestra que el espíritu del anime se puede trasladar, solo hay que respetarlo.

Giant Gorg

Mobile Suit Zeta Gundam

Mobile Suit Gundam (1979)

Patlabor
機動警察パトレイバ

Estreno: 1989
Formato: Película
Director: Mamoru Oshii
Estudio: Studio Deen, I.G. Tatsunoko
Género: Mecha, *thriller* político

Nuestra relación con las máquinas se explora en profundidad en el otro fenómeno de la ciencia ficción de Oshii, *Ghost in the Shell*. 62

¿Son los titanes robots de carne y hueso? *Ataque a los titanes* tiene la respuesta 214

BABEL BABEL BABEL BABEL BABEL BABEL BABEL BABEL BABEL BAB

El mundo es cada vez más grande. Nuestros monolitos artificiales son cada vez más altos, nuestras ciudades crecen hacia arriba en vez de hacia afuera. Para construir a tan gran escala, la humanidad recurre a los «labors», robots gigantes que se encargan de la construcción pesada. Para combatir a aquellos que hacen un uso delictivo de esta tecnología tan poderosa, la policía ha creado una división de *mechas* propia: los Patlabors.

Las numerosas entregas de *Patlabor*, una rica franquicia multimedia, se centran principalmente en las vidas de la División número 2, un peculiar equipo de bichos raros que manejan estas destructivas paradojas de la paz. Nuestra protagonista, la siempre optimista Noa Izumi, es una fanática de los robots y su afecto por estos gigantes es contagioso. Los Patlabor en cuestión son una raza compleja de robots, imperfectos y frágiles. Su particular diseño los diferencia de sus contemporáneos, a veces invencibles, y confieren a la serie un aire realista y peligroso. Ver a Noa tener que salir de su labor para recargar manualmente, bala a bala, un revólver más grande que ella, es algo satisfactorio y realista, un detalle que da a la serie una credibilidad que al género le cuesta conseguir. Con todo, la serie es conocida por su sorprendente vena cómica, potenciada por el encantador elenco de colegas de Noa y por un tono que a menudo se inclina por historias secundarias de completo costumbrismo.

El debut cinematográfico de *Patlabor* parece un microcosmos perfecto de esa mezcla única. Cuando un virus empieza a convertir a los pacíficos labors en elefantes desbocados en la gran cacharrería que es Tokio, la División 2 recibe la misión de poner fin a esta sublevación

robótica. Se trata de una película curiosamente equilibrada, en la que la espectacularidad de la acción queda a menudo relegada a un segundo plano frente al polvorín político que la sostiene. Nuestros modernos héroes rara vez se suben a sus robots y, cuando lo hacen, tienen que sortear salas de juntas abarrotadas con la misma destreza que oleadas de misiles. Sin embargo, toca pasar a la acción, y lo hace sin reparos, mostrando algunas de las escenas más trepidantes del anime con un detalle demoledor.

A decir verdad, la identidad de la serie no reside en las salas de reuniones ni en las batallas, sino en los momentos de paz que se encuentran entre ambas. Un grupo de gaviotas que alzan el vuelo lentamente, una tropa de oficiales saturados de trabajo que disfrutan de una caja de tomates frescos, las ociosas burbujas de un acuario casero o un paseo en barco en medio de una ventisca. Esta impresionante aunque tranquila cinematografía se convertiría en una especie de marca personal del director Mamoru Oshii y, de hecho, *Patlabor* y su inquietante y esotérica secuela parecen un eslabón perdido entre su pasado y el futuro de su inquietante y evocadora *Ghost in the Shell* [→⦿61].

Pero relegar esta fascinante franquicia a una nota tan a pie de página sería cometer una gran injusticia: *Patlabor*, con su atmósfera única, su sorprendente realismo y su intrigante mundo, se alza orgullosa como una de las mejores en su género.

•

Shin Chan

クレヨンしんちゃん

Estreno:	1992	*Estudio:*	Shin-Ei Animation
Formato:	TV	*Género:*	Comedia
Director:	Mitsuru Hongo, Keiichi Hara, Yuji Muto	*Basado en:*	Manga de Yoshito Usui

Las obscenidades son un poco más sutiles en la cruda y juvenil *FLCL*. 94

La tranquila *Heidi* es todo lo contrario a ese *Shin Chan* desenfrenado que funciona a base de galletas. 14

¡Soy un niño muy bribón con la fuerza de un ciclón!

Con diálogos tan toscos como el dibujo que lo define, el incontrolable Shin Chan ha sido el niño de cinco años más divertido de Japón durante más de 30 años. En ese tiempo, este pequeño alborotador se ha convertido en un pilar de la programación infantil, apareciendo en más de mil episodios de televisión y pasando todos los años por la gran pantalla.

Con su curiosidad insaciable y sin ningún tipo de filtro, Shinnosuke Nohara se mete en líos donde sea que vaya.. Sus principales víctimas son los sufridos Misae y Hiroshi, caricaturas brillantes de la paternidad que captan los nervios crispados y la infinita paciencia que exige tal empresa. Bueno, casi infinita.

Aunque es tan reconocible como Doraemon o Totoro, Shin Chan lo tiene más difícil para ser un ícono pop... Al fin y al cabo, pasa gran parte del tiempo enseñando el trasero al resto de los personajes o presumiendo de sus genitales.

De hecho, Shinnosuke se ha pasado la vida haciendo lo que mejor saben hacer los niños: poner a prueba los límites. Entonces, ¿cómo ha perdurado tanto este pequeño diablillo

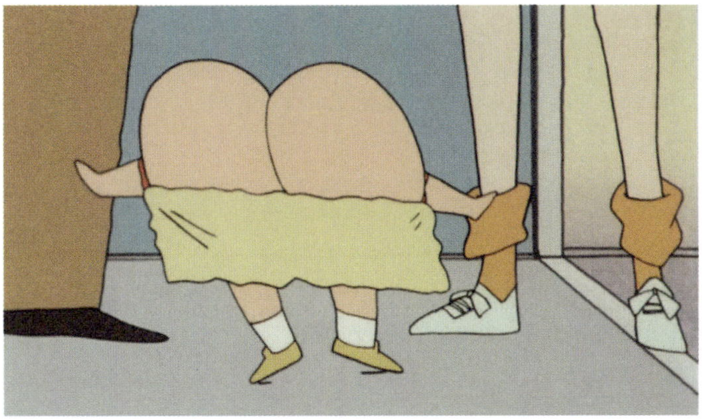

y su inagotable fuente de humor soez?

Una respuesta fácil sería el gran atractivo que tiene *Shin Chan*. Mientras que muchos dibujos animados guiñan el ojo a los padres con humor grosero velado o alguna insinuación ingeniosa, *Shin Chan* confía en el hecho de que todo el mundo, independientemente de su edad o sensibilidad, se reirá con un sonoro pedo en el momento preciso. Pero además de estos chistes vulgares, lo cierto es que *Shin Chan* es sorprendentemente hábil a la hora de equilibrar el absurdo con lo sereno.

La familia es el tema central de esta serie, y a menudo se explora con calidez y ternura. Hay momentos maravillosos en medio del caos: Hiroshi orgulloso al ver a su hijo batear su primera pelota de béisbol, o Misae y Shinnosuke compartiendo un pequeño viajecito de compras a un mercado lejano sin discutir en ningún momento.

Sin embargo, este espíritu se aprecia mejor en las películas de la franquicia. *Los adultos contraatacan* es, quizá, su mejor exponente: una maravilla conceptual que mezcla el humor burdo con una ternura conmovedora. Mientras los adultos son atraídos a un parque temático para revivir sus mejores momentos de juventud, Shin Chan y sus amigos tienen que rescatar a sus padres de las empalagosas garras de la nostalgia. Es una imagen sorprendente, que invierte la dinámica de poder que suele mostrarnos el personaje, y que da como resultado algo extraordinariamente auténtico y genuino.

Shin Chan siempre ha creído que nunca crecemos de verdad... Que, incluso cuando criamos a nuestros propios hijos, seguimos siendo tan inmaduros y tontos como siempre. Con los años, aprendemos a hacer nuestro papel: vamos a trabajar, hacemos las tareas domésticas, nos convertimos en «adultos»... Pero cuando Shin Chan se baja los pantalones y su pequeño pene se mueven a merced de la brisa, somos pocos los que podemos contener la carcajada.

•

Destacados: Género

Chicas mágicas

魔法少女

El subgénero de las «chicas mágicas» podría ser el más curioso de Japón, y quizás el que mejor se explica solo. Nacidas en los años 60 con personajes como *Sally, la maga* (también conocida como *Sally, la brujita* en Hispanoamérica), estas historias a menudo colocan a sus protagonistas mágicas en vidas ordinarias, pidiéndoles que equilibren su sorprendente magia con el drama cotidiano de la adolescencia. Ya fuera por enfrentarse al bravucón de la escuela, salvando a aquellos en problemas o, simplemente, al cometer alguna que otra travesura, estas brujitas y su repertorio mágico no tardaron en ganarse el corazón de las niñas del mundo entero.

Se podría decir que fue en sus coloridos accesorios donde el género encontró su verdadero éxito: polveras, anillos, varitas mágicas... cada niña mágica presumía de un objeto que le ayudaba a lanzar hechizos o incluso a transformarse. Como era de esperar, los hogares japoneses no tardaron en llenarse de réplicas de plástico, y los bancos de sus fabricantes, de miles de millones de yenes. Las *magical girls* son un gran negocio.

A medida que el anime fue evolucionando con el paso de las décadas, también lo hizo el género de las chicas mágicas. Las amenazas a las que se enfrentaban nuestras valientes protagonistas eran cada vez mayores, y sus transformaciones y poderes se centraban más en hacer frente a tales males. A principios de los 90, *Sailor Moon* [→ ⊙58], que alcanzó una popularidad explosiva, absorbió todo el éxito que habían cosechado sus predecesoras. A pesar de inspirarse en gran medida en el género de acción «*Super Sentai*» (comercializado en Occidente en forma de series como *Power Rangers*) y de su fórmula del monstruo semanal, la serie redefinió de manera drástica el género que anteriormente se había presentado tan sencillo y sereno, con montones de ataques mágicos que se alejan mucho de la diversión inocente y los hechizos ingeniosos de sus antecesoras.

A medida que las *magical girls* empezaron a traspasar sus propias fronteras, tratando temas adultos y añadiendo protagonistas con diseños más atrevidos, su enfoque empezó a cambiar y su público inició un proceso de expansión. En las últimas décadas hemos visto historias verdaderamente brutales contadas en este espacio, prueba de un género lo suficientemente grande como para disfrutar de tales trasgresiones. Basta con echar un vistazo a la desgarradora *Puella Magi Madoka Magica* [→ ⊙198] para ver lo lejos que ha llegado el género, y lo lejos que está dispuesto a llegar.

Empleando hechizos traviesos, acompañadas de compañeros animales parlanchines y haciendo gala de toda clase de productos comercializables, las chicas mágicas japonesas suponen una parte crucial de la industria. Es fácil mostrarse cínico con la televisión infantil y su naturaleza capitalista, pero para las generaciones de fans que han crecido aferradas a sus polveras de plástico mientras recitaban una muletilla heroica, no creo que eso importe en absoluto. Las *magical girls* han disfrutado de una larga historia llena de sorprendentes evoluciones y dramáticos cambios demográficos, aunque lo que nunca cambiará es su alma sincera, forjada por un linaje de las heroínas más valientes, amables y torpes de Japón. Ignorar eso es poco menos que un crimen... ¡y en nombre de la Luna, te castigaré!

Little Witch Academia

Sally, la maga

Utena, la chica revolucionaria

Magical Doremi, una obra maestra del género, presentaba una magia genial y práctica, pero nunca evitaba decirles a sus jóvenes espectadoras que no idolatraran ese poder. El verdadero poder, asegura, viene de adentro, una virtud que todo fan puede defender.

Creamy Mami

Cuando Yū Morisawa recibe la habilidad de transformarse en una adolescente, hace lo que muchos niños de diez años harían con semejante don: convertirse de inmediato en una estrella del pop. Bajo el nombre artístico de Creamy Mami, Yū canta a las legiones de fans que la adoran y, al hacerlo, hace avanzar la carrera como *idol* de la actriz de doblaje Takako Ōta.

Cuando la torpe Sakura libera sin querer unas cartas mágicas que podrían destruir el mundo, depende de ella —y de sus nuevas habilidades mágicas— capturarlas de nuevo. Como periplo de aventuras fantásticas y autodescubrimiento, *Cardcaptor Sakura* es de lo más divertida, con muchas batallas pero aún más corazón.

Little Witch Academia

Centrada, una vez, más en la vida cotidiana de nuestras protagonistas mágicas, *Little Witch Academia* es un moderno regreso a los orígenes del género. Tremendamente imaginativa y maravillosamente variada, la serie tiene tiempo de sobra para dejar que sus chicas sean chicas... aunque tampoco rehúye en ningún momento de su naturaleza mágica.

Pretty Cure

Princess Tutu

FullMoon, en busca de la luna llena

Sailor Moon
美少女戦士セーラームーン

¡En nombre de la Luna, te castigaré!

Estreno:	1992
Formato:	TV
Director:	Junichi Sato
Estudio:	Toei Animation
Género:	*Magical Girls*
Basado en:	Manga de Naoko Takeuchi

A Place Further than the Universe tiene ecos de *Sailor Moon*, progenitora del subgénero de «chicas monas hacienda cosas monas». 262

Jun'ichi Satō y Hideaki Anno colaboraron el uno en el proyecto del otro, creando una extraña conexión entre *Sailor Moon* y *Evangelion*. 64

Usagi Tsukino (a la que en los noventa se bautizó como Bunny en España y como Serena en Hispanoamérica) es una torpe de cuidado. También es una llorona que saca malas notas y duerme demasiado. Esta estudiante inmadura no parece la candidata ideal para salvarnos de las fuerzas del mal, pero es lo que hay. Cuando una gata parlante le pide que proteja el mundo, forme un equipo de «guerreras» y salve a una princesa de la Luna, Usagi se ve con el agua al cuello. Por suerte, el trabajo viene con un broche mágico que le permite transformarse en la poderosa superheroína Sailor Moon.

Como respuesta a la enorme popularidad de las series japonesas *Super Sentai* (los programas de coloridos equipos con superpoderes, famosos en Occidente por títulos como *Power Rangers*), *Sailor Moon* ofrecía a un público joven —sobre todo femenino— esa clásica batalla del bien contra el mal. En cada episodio, Usagi se transforma en su *alter ego* y lanza sus golpes (o, más exactamente, su tiara) contra un villano que, por lo general, termina convertido en polvo antes de que aparezcan los créditos. De vez en cuando, la joven tiene tiempo de pensar en los deberes... aunque rara vez los termina.

A pesar de esta sencilla premisa, *Sailor Moon* es un deleite constante. Esto se debe en gran medida a la propia Usagi, uno de los personajes más encantadores del anime, y con el que resulta realmente divertido pasar en compañía unos veinte

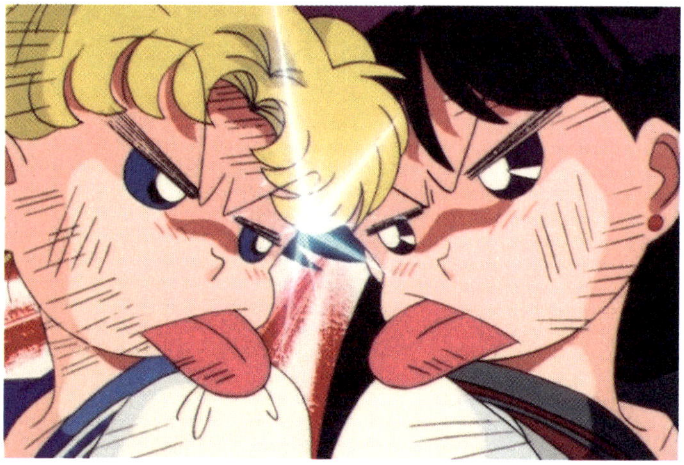

minutos. Con su corazón siempre abierto y una tostada en la boca (el clásico cliché de quien siempre llega tarde), la guerrera del amor nos enamoró antes de que nos llegáramos a dar cuenta siquiera.

Cabe destacar que Usagi, y la serie en general, son una diversión constante. Sus comentarios sarcásticos siempre dan en el clavo, y el apuesto Tuxedo Mask —un cruzado con capa que suele aparecer en medio de las batallas para echarle un cable inútil a Sailor Moon y, acto seguido, desaparecer— es un tipo que me encanta. Sin embargo, la comedia alcanza su cénit cuando se forma el grupo de las Sailor Guardians. A lo largo de la serie, Usagi ayuda a otras chicas a descubrir sus poderes latentes, y este creciente equipo de adolescentes con temática planetaria crea la mejor de las sinergias. Ver a Usagi y a su rival Rei Hino (Sailor Mars, que hay que decirlo todo) saltándose a la yugular durante un episodio siempre es divertido, pero también hay mucho amor en esta familia para compensar todas esas discusiones.

La serie sigue siendo tan entretenida como siempre y, como atestigua su público sorprendente amplio, no es una historia solo para chicas. Con sus luchas mágicas y sus peculiares trajes, *Sailor Moon* formó parte de un movimiento que derribó los muros de género y tendió una red muy amplia. En la actualidad, la temática continúa creciendo con confianza, y *Puella Magi Madoka Magica* [→⦿198] completa ese círculo de revolución, aunque hay algo innegable: fue Usagi quien tropezó primero para que esas chicas pudieran caer.

Como reina de las chicas mágicas modernas, *Sailor Moon* no solo salvó el mundo: lo cambió para siempre. Divertida, emocionante, preciosa y entretenida, se merece con creces su estatus de leyenda como una de las mejores series de anime de todos los tiempos, y Usagi, su lugar como ícono.

•

¡Estás arrestado!
逮捕しちゃうぞ

Estreno: 1994
Formato: TV
Director: Kazuhiro Furuhashi
Estudio: Studio Deen
Género: Acción, policial
Basado en: Manga de Kōsuke Fujishima

El brazo largo de la ley se queda corto en Night City, escenario de *Cyberpunk: Edgerunners.* 285

¡Imagina lo que Natsumi y Miyuki podrían conseguir con los exoesqueletos ciberpotenciados de *Bubblegum Crisis*! 40

En nombre del amor, el valor y la justicia, ¡yo los protegeré!

La impulsiva Natsumi Tsujimoto llega tarde a su nuevo trabajo en el departamento de policía de Tokio y es detenida por conducción temeraria... ¡por su nueva compañera! No es un buen comienzo para una agente de tráfico recién llegada, pero es un buen indicio de la naturaleza desenfadada que tiene la entrañable *¡Estás arrestado!* (también conocida como *¡Están arrestados!* en Hispanoamérica)

Creada por Kōsuke Fujishima, la serie suele quedar eclipsada por su obra posterior: la legendaria comedia romántica *¡Ah, mi diosa!* Pero olvidarse de este clásico de los 90 sería poco menos que un crimen. A pesar de esa mala primera impresión, Natsumi encaja rápidamente en la comisaría, haciéndose amiga de la misma agente que la multó, la seria y honesta Miyuki Kobayakawa, dando comienzo a una legendaria colaboración.

Ya sea al detener las carreras de un motorista local o garantizando la seguridad de una maratón, a *¡Estás arrestado!* nunca le tiembla el pulso al bajar la apuesta. El alcance de sus aventuras rara vez va más allá de los estrechos confines del Honda Today de su protagonista, pero mantener la tranquilidad en la serie permite que florezca la incipiente amistad entre Miyuki y Natsumi, como también el drama habitual del reparto secundario.

En cualquier caso, este enfoque permite persecuciones verdaderamente espectaculares. A medida que Miyuki transforma los vehículos policiales en superautos propulsados por óxido nitroso, la serie se convierte rápidamente en un sueño para los amantes de los autos. Es un pilar que da pie a una animación espectacular, especialmente en la miniserie de cuatro episodios que lo empezó todo. En ese debut, *¡Estás arrestado!* muestra un profundo conocimiento no solo del movimiento y la acción sino de un centenar de detalles relacionados. El viento, los reflejos y, sobre todo, la luz —cómo se refracta en el agua, cómo cae sobre un rostro o cómo asoma en los bordes de una silueta— confieren a la serie una estética impresionante.

Con casi un centenar de episodios, los nuevos fans tienen mucho que buscar tras esa breve introducción, incluida una película que te dejará de piedra. De hecho, si no echas el freno, es probable que te cueste dejar de disfrutar de las aventuras de Miyuki y Natsumi, pero al menos entenderás mejor por qué el índice de criminalidad en Japón es tan bajo. Son así de buenas.

Estreno:	1995	*Género:*	Comedia erótica
Formato:	TV	*Basado en:*	Manga de Tatsuya Egawa
Director:	Hiroyuki Kitakubo		
Estudio:	A.P.P.P.		

Los descarados desnudos de *Golden Boy* se exploran de forma más profunda en la sección sobre *hentai*. 170

La cara de póker tan exagerada de Kintarō duraría poco en el mundo de altas apuestas de *Kaiji*. 165

Golden Boy

ゴールデンボーイ

¡Señor, perdóname a mí y a mi estúpida imaginación!

Kintarō Oe es un pervertido con un corazón de oro y muchas ganas de aprender. Eterno estudiante en la escuela de la vida, viaja por Japón realizando trabajos esporádicos, conociendo a hermosas mujeres y aplacando su insaciable curiosidad. Ya sea aprendiendo a nadar, a programar o incluso a hacer los fideos perfectos, Kintarō termina cada episodio siendo un hombre mejor... eso sin contar el sorprendente rastro de corazones rotos que deja a su paso.

Estas amantes intensitas son mucho más que la clásica fórmula semanal aplicada a mujeres que uno se podría esperar. Sí, representan a los espectadores con respecto a todas las dudas que genera el lascivo Kintarō pero, poco a poco, cada pretendiente acaba conquistada por sus inesperados encantos. Puede que le sorprendan abrazando un retrete o a dos, pero Kintarō es una anomalía fascinante: es un observador infatigable, no solo de las bellezas que se desnudan sino del mundo en general, y por eso se abre camino a través de él con sincero altruismo.

Estas mujeres son, a menudo, tan sorprendentes como el mismo Kintarō, de modo que le roban el protagonismo en cada episodio. Está Reiko, una estirada heredera ataviada con kimono que se vuelve una adicta a las carreras callejeras por las noches. La aburrida y letal Naoko, que tiende trampas sexis para divertirse. Y la testaruda Ayuko, una monitora de natación con tolerancia cero a las cerdadas de Kintarō. Estas mujeres saben que no deben enamorarse de Kintarō antes de que desaparezca en la lejanía, pero sus vidas suelen mejorar gracias a su aparición en ellas.

Golden Boy es, con diferencia, la serie más caliente de este libro, un descenso sin pudor hacia la animación más depravada. Y por eso es aún mejor. Es una serie que dedica gran parte de su metraje a mostrar pechos que rebotan tanto que pensarías que son máquinas de movimiento perpetuo... Y, aun así, es inevitable animar a su pervertido —y siempre positivo— protagonista. En una cultura que suele golpear el clavo que sobresale, Kintarō se mantiene orgullosamente erecto.

△ Ghost in the Shell 攻殻機動隊

Estreno:	1995	*Género:*	Acción, ciberpunk
Formato:	Película	*Basado en:*	Manga de Masamune Shirow
Director:	Mamoru Oshii		
Estudio:	Production I.G.		

Cyberpunk: Edgerunners logra un triunfo anárquico devolviéndole el punk al ciberpunk. 285

Oshii compensó sus obras más serias y sobrias con la desternillante *Lamu*. 20

Tu obstinación en mantenerte como eres es lo que te está limitando.

¿Qué es el yo? Es algo que la humanidad se ha preguntado desde que existimos, y en pleno siglo XXI parece una pregunta más pertinente que nunca. En 1989, el *mangaka* Masamune Shirow creó una epopeya ciberpunk repleta de acción y diálogos sesudos que no escatimaba en filosofía, y que hizo que el mundo se preguntara de nuevo: «¿Quién soy yo?».

Con *Ghost in the Shell*, Shirow impulsó el manga y el anime en una dirección sorprendente y creó una franquicia que ha superado tres tumultuosas décadas de evolución dentro del medio que ayudó a definir. Impulsado por un enfoque obsesivo sobre la identidad y la independencia, el autor se adelantó tanto a su tiempo que ahora nos planteamos las preguntas a las que él dio respuesta hace más de 30 años.

En esta aciaga visión del futuro, el proceso de sustituir las partes orgánicas del cuerpo por prótesis mejoradas es una realidad conocida como «ciberización», y es un procedimiento al que se someten casi todos los personajes importantes de *Ghost in the Shell*. Entre ellos destaca la mayor Motoko Kusanagi, una agente cíborg que lleva a cabo diversas operaciones encubiertas para la Sección 9, una agencia gubernamental encubierta que se desplaza en tanques araña y neutraliza amenazas terroristas, IA desbocadas y hackers dopados.

El primer largometraje está ampliamente considerado como la obra magna de la franquicia, un filme dirigido por el legendario Mamoru Oshii (*Urusei Yatsura* [→ ⦿20]), *Patlabor* [→⦿50]. Esta película de 1995 tradujo a la perfección el cautivador mundo de Shirow, dio vida a sus complejos protagonistas y dio sentido a gran parte de su jerga psicológica. Bajo la magistral dirección de Oshii, esta cinta

se convirtió en la versión definitiva de *Ghost in the Shell* en su conjunto. Y con razón: es una obra maestra, aunque puede que la primera vez te sientas un poco abrumado por el mundo, sus temas y las preguntas que plantea. Por suerte, hay mucho espectáculo para ayudar a digerir sus elementos más sesudos, como escenas de lucha con coreografía digna de ballet, desnudos normalizados y breves destellos de hiperviolencia.

Pero entre todos esos deleites hedonistas se esconde un espíritu introspectivo. Si estás de acuerdo en desmontar y reemplazar cada parte de tu cuerpo, ¿quiere decir que ya no eres tú? Pese a haber intercambiado cada parte de tu ser original, ¿existe algún elemento etéreo, algo parecido a un alma, que resida dentro de esos caparazones? ¿Hay un alma dentro de la máquina?

Hay algo maravilloso y accidentalmente íntimo en esta obsesión. A lo largo de sus 30 años de existencia, un período que ha visto pasar universos muy distintos en los que se formulan mismas preguntas por parte de rostros conocidos, *Ghost in the Shell* ha sido troceada, modificada y reordenada para adaptarse a una gran variedad de adaptaciones únicas, y ha hecho cosas fascinantes con cada una de estas versiones alternativas. Nos podríamos preguntar si es el mismo ente ahora que cuando empezó, pero en todas las líneas temporales paralelas ha quedado algo de él. Por increíble que parezca, *Ghost in the Shell* ha desarrollado su propia alma.

Ghost in the Shell se aprovecha, al mismo tiempo, de nuestro deseo de mejorarnos a nosotros mismos y de nuestro miedo a perder todo lo que nos hace ser... nosotros. Es un mundo aterrador en el que los ciberdelincuentes son capaces de volver nuestros propios cuerpos contra nosotros, pero es difícil negar el encanto de poder comprar un cuerpo más robusto, más fuerte y más rápido, adaptado a cualquier capricho. En una era en la que el anonimato de Internet nos hace luchar más que nunca por el individualismo, en la que el concepto de «identidad» es una parte importante del diálogo, *Ghost in the Shell* se ha vuelto más relevante que nunca. En sus múltiples y diferentes iteraciones, ha pasado de ser una historia que habla sobre la identidad a convertirse en un ejemplo de identidad que vale la pena explorar.

•

Neon Genesis Evangelion
新世紀エヴァンゲリオン

Estreno:	1995	*Estudio:*	Gainax
Formato:	TV	*Género:*	Mecha, horror
Director:	Hideaki Anno		

Gainax contrarrestó el nihilismo de los Real Robots de Evangelion con el optimismo de los Super Robots de *Gurren Lagann*. 166

No te pierdas el cameo de Hideaki Anno en *Shirobako*, el anime sobre hacer anime. 228

No debo huir.

Estamos en 2015 y Dios nos quiere muertos. Ya intentó aniquilarnos en el pasado. Una explosión cataclísmica que destrozó el planeta casi lo consigue. El Segundo Impacto, como se conoce ahora, casi nos llevó a seguir el camino de los dinosaurios. Sin embargo, quedamos suficientes como para justificar el envío de un equipo de limpieza, un equipo formado por seres deformes e infernales conocidos como Ángeles, para aniquilar lo poco que queda de la raza humana.

Pero en las profundidades de Tokio-3, se está cocinando una nueva arma. Nuestra única esperanza de salvación. Un equipo de niños disfuncionales que manejan seres biomecánicos capaces de enfrentarse a estas bestias genocidas. Esos seres tienen el nombre de «Evangelion».

Nunca has visto nada igual a *Neon Genesis Evangelion*. Durante su emisión original, fue aclamada como una serie revolucionaria, y 30 años después sigue siendo igual de trasgresora, cruel e importante para el anime como forma de arte. A primera vista, *Evangelion* es una serie de robots como cualquier otra: los pilotos Shinji, Rei y Asuka deben montar en enormes y feroces robots para defender Tokio-3. Rei es callada y observadora, Asuka es impulsiva y está ansiosa por demostrar su valía, y Shinji es un adolescente lleno de preocupaciones que intenta superar el trauma de haber sido abandonado. Aunque sus arquetipos contradictorios chocan ocasionalmente, como era de esperar, sus

interacciones son solo la punta del iceberg de la retorcida narrativa de la serie.

A pesar de lo divisiva que fue al finalizar su emisión y de la controversia que ha suscitado en las décadas posteriores, *Evangelion* ha sido durante mucho tiempo un elemento básico de la cultura japonesa. Con sus llamativos robots, tan emblemáticos como el adorable Totoro [→⦿98], y un elenco de personajes inmediatamente reconocibles, se convirtió en un clásico inmediato. Pero a pesar de su considerable legado, en realidad no es la intimidante epopeya que a menudo se describe. Es una piedra angular que ha envejecido como el vino: su acción es intensa, sus planos son largos, su atípica dirección es atrevida, y la serie en general sigue siendo tan entretenida, impactante y enérgica como siempre.

Pasando del humor absurdo al horror más tangible, *Evangelion* es una bestia polifacética que utiliza sus 26 episodios para revelar lentamente sus secretos mejor guardados. A veces, se tambalea bajo el peso de su propia jerga, pero la pseudociencia y el politiqueo de su trama general siempre quedan atados por esos fantásticos personajes con carencias, un elenco que se turna por igual en los papeles de héroe, damisela y villano.

Manejar esta maraña de egos no es tarea menor, pero *Evangelion* lo consigue de forma admirable, tomando cuidadosamente cada estereotipo bidimensional y convirtiéndolo en una persona de cuerpo entero, aterradoramente consciente e inquietantemente comprometida. Para una serie famosa por haberse escrito y dirigido episodio a episodio, con cortes definitivos que se entregaban apenas unos días antes de su estreno, es un logro impresionante.

En la actualidad, *Evangelion* es conocida no solo como una de las mejores series de todos los tiempos, sino como una deconstrucción del anime que desafía las convenciones y los géneros. Cambió la faz de toda una industria y convirtió en leyenda a su creador, Hideaki Anno. Pero lo más importante de *Evangelion* fue el impacto que supuso para quienes la devoraron. Aquellos que vieron algo de sí mismos en los niños y adultos rotos por dentro que conforman su variopinto reparto. *Evangelion* es uno de esos raros productos audiovisuales que guarda una voz única para quien interactúa con él. Una de las muchas, muchas interpretaciones de la serie puede ser capaz de explicar lo que significa en sí misma, pero nunca será capaz de explicar lo que significará para ti. Así que deja de leer esto y ve a descubrirlo por tu cuenta. Te prometo que valdrá la pena.

JSSDF-2

Destacado: Director

Satoshi Kon

今敏

Nunca ha habido una voz como la de Satoshi Kon. Su etapa como uno de los mejores directores de anime fue breve, truncada por una enfermedad que se lo llevó demasiado pronto. Pero durante ese tiempo obró milagros. Solamente sus largometrajes como director ya son un logro intachable, cuatro películas que serán siempre algunas de las más perfectas del medio.

En la veintena, Kon trabajó y aprendió del legendario Katsuhirō Ōtomo. Bajo su tutela, lo ayudó a dar vida a la colosal *Akira* [→ ⦿43] como ayudante artístico. En retrospectiva, resulta difícil pensar en un mejor comienzo en la industria, y fue una oportunidad que Kon se aseguró de no desaprovechar. Siguió trabajando con él en varios proyectos, siendo el principal un corto destacado para la antología *Memories* [→ ⦿72], pero al final se independizó. En la década que pasó dirigiendo sus propios largometrajes, Satoshi Kon dejó un legado que aún hoy celebramos entre lágrimas.

Perfect Blue no tardó en consagrar a Kon. Más allá de retratar el pop inocente y las sonrisas eufóricas de la pujante industria japonesa de las *idols*, el debut de Kon como cineasta es una declaración condenatoria sobre la mercantilización de las personas.

Siguiendo la próspera carrera de la cantante Mima Kirigoe, esta película de suspense enfrenta al yo contra el alter ego en un viaje —una caída, tal vez— por un laberinto de paranoia, dudas sobre una misma y terror. A medida que su popularidad despega, Mima descubre los oscuros entresijos de la industria, repleta de productores explotadores, fanáticos acosadores y una versión de sí misma que ya no reconoce.

En una película llena de cortes abruptos, transiciones asombrosamente inquietantes y una banda sonora que cala sin esfuerzo, Kon ofrece una visión contundente que vuelve perturbadoras incluso las escenas más triviales. Al final, la película parece estar maldita por ella misma y, al igual que Mima, terminamos buscando en las sombras cosas que quizá nunca estuvieron ahí.

La dualidad de *Perfect Blue* —la lucha entre lo que somos y lo que aparentamos ser— habla de la dicotomía que se encuentra en el corazón de la filmografía de Kon. *Millennium Actress* explora el abismo entre nuestro pasado y nuestro presente, la etérea *Paprika* analiza nuestros sueños y la realidad. Incluso *Tokyo Godfathers* explora la gran brecha entre la familia biológica y la familia elegida. Pero lo más importante es que sus películas manifiestan una dualidad tonal de la que pocos de sus contemporáneos gozan. En manos de cualquier otro, sus historias podrían ser —deberían ser— un absoluto desastre y, sin embargo, Kon las maneja con total maestría. Una y otra vez, salva estas películas con un sutil chascarrillo, con un momento hermoso o con personajes que amenazan con salir de nuestras pantallas y cobrar vida, pues así de bien construidos están.

Lo que realmente distingue a Kon es su compasión. Su agudo ojo para encontrar la humanidad, su belleza y su fealdad, está siempre presente y es asombrosamente imparcial, condenándonos y ofreciéndonos la salvación

Paprika

Perfect Blue

Millennium Actress

Paprika

al mismo tiempo. Satoshi Kon sabe lo rotos que estamos todos, pero ni una sola vez nos dice que estamos perdidos. Es en sus personajes, en cómo ven el mundo y cómo el mundo los ve a ellos, donde Kon captura su dolor, su amor y su patetismo en un espejo... y lo pone delante de los espectadores. Ver una película de Satoshi Kon es comprender que nos ha visto a todos por dentro.

Esto es más evidente que nunca en la grácil radiografía que es *Tokyo Godfathers*. Nuestros héroes son inmediatamente atípicos: un trío de vagabundos formado por una antigua drag queen, una adolescente a la fuga y un alcohólico. Tras encontrar un bebé en un montón de basura, Hana, Miyuki y Gin deciden devolver a la pequeña llorona con su madre, iniciando una aventura que les llevará a los rincones más extraños de Tokio.

Durante esas noches llenas de acontecimientos, este trío se cruza con una sociedad que les da la espalda en todo momento, pellizcándose la nariz y despreciándolos en voz alta. Kon, a su vez, juzga a la sociedad y a menudo la presenta defectuosa. Sin embargo, gracias a su altruismo y a toda clase de casualidades, nuestros protagonistas se ganan el cariño de una ciudad ansiosa por saldar sus deudas. Estos tres marginados, rechazados y heridos por otros tantos, siguen encontrando lugares cálidos en los que vivir, llenos de personas tan amables y rotas como ellos. En una película de Kon hay redención para todos nosotros: aunque comprendía nuestros defectos más terribles, nunca renunció a la humanidad y jamás dejó de creer en nuestra capacidad de ser mejores.

El cineasta se convirtió en un pilar, un autor por el que vale la pena adentrarse en un medio extraño solo para deleitarse con su arte e imaginación. Kon desempeñó un papel fundamental en la gran marcha del anime hacia Occidente: divorciado tanto de los júbilos reconfortantes que propone Studio Ghibli [→ ⊙98] como del suspenso visceral de las rebeldes propuestas para adultos, sus películas abrieron una nueva puerta para el anime en Occidente. Una puerta que había permanecido cerrada para muchos. En una época en la que el anime aún arrastraba su estigma reduccionista, Kon reivindicó toda una forma de arte.

A diferencia de muchos de sus ilustres colegas, el director fue reconocido a nivel internacional y sus películas fueron consideradas como cine, no como fruslerías. Darren Aronofsky rindió homenaje a *Perfect Blue* en su desgarradora *Réquiem por un sueño*, y basta con echar un vistazo a los embriagadores paisajes oníricos de *Paprika* para comprender la importancia que tuvo en la década siguiente del cine de ciencia ficción. Kon era un cineasta entre cineastas, y es admirado por directores de todo el mundo como un auténtico maestro.

Cuando Satoshi Kon murió de cáncer con solo cuarenta y seis años, creo que todos comprendimos que nos lo habían robado. La suya era una voz insustituible, y el vacío que dejó en todo un medio aún se puede sentir al día de hoy; quién sabe con qué maravillas nos habría bendecido si hubiera tenido un poco más de tiempo. Pero para aquellos que están comprensiblemente destrozados por tal pérdida, les insto a explorar su obra completa. Entre sus cortometrajes (*Rosa magnética*, *Buenos días*), series de televisión (*Paranoia Agent*) y manga (*Regreso al mar*, *Opus*), hay muchos viajes que vale la pena hacer con Satoshi Kon al volante.

Millennium Actress

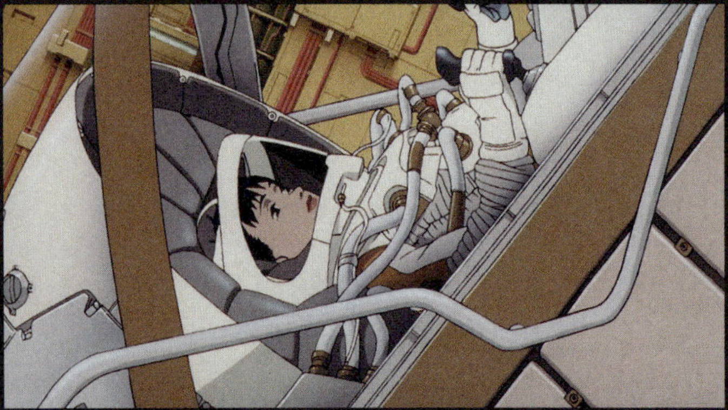

Perfect Blue

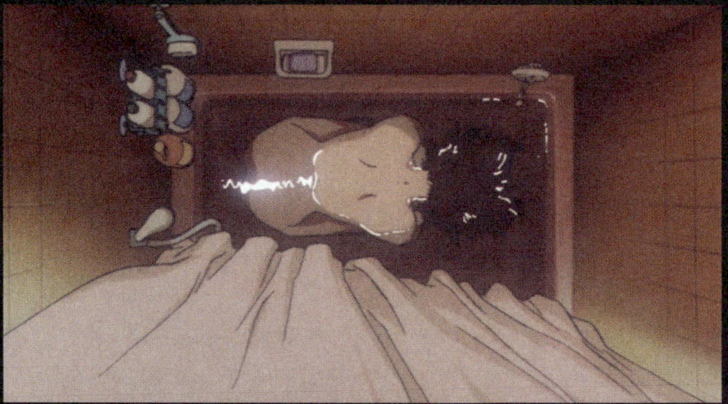

Millennium Actress

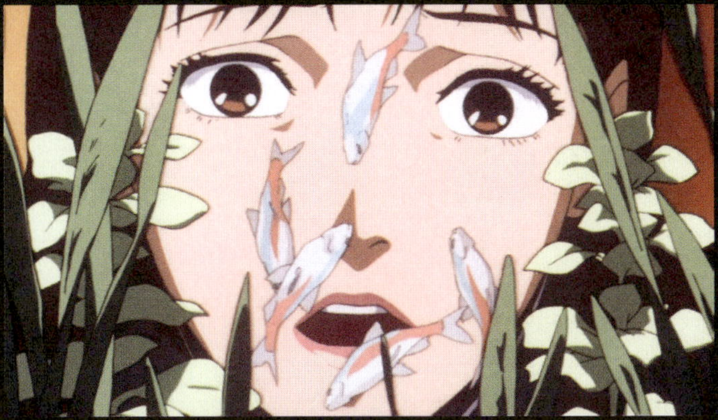

Perfect Blue
Paprika

Tokyo Godfathers

Memories

メモリーズ

Estreno: 1995
Formato: Película
Director: Katsuhiro Otomo
Estudio: Varios
Género: Varios

Los recuerdos... ¡no son una vía de escape!

Hay un magnetismo indiscutible en el tríptico *Memories* de Katsuhirō Ōtomo. En un mundo pos-*Akira* [→⦿43], Ōtomo se había convertido en una estrella y, como nuestro propio sol, su atracción gravitatoria había llegado a ser muy significativa. A principios de los 90, Ōtomo había atrapado toda clase de talentos en su órbita... Era solo cuestión de tiempo que ese talento convergiera. Adaptando tres de sus historietas, *Memories* es una rara colaboración entre estrellas del anime: una antología de cortometrajes, cada uno con una voz y una energía visual distintas.

Carne de cañón, dirigido por el propio Ōtomo, es una sombría muestra de un mundo consumido por una guerra sin final aparente, cuyo comienzo es ya un recuerdo lejano. Filmada en único plano secuencia, la película nos presenta una sombría ciudad de infinita artillería. Todos los días, sus habitantes cargan estos cañones gigantescos y los disparan hacia un horizonte que nunca se nos muestra, hacia un enemigo que nunca han conocido realmente, si es que existe tal enemigo. *Carne de cañón* es un estudio sobre el impacto humano de un acto inhumano. Es una historia dura y, en ocasiones, cruel, con un estilo artístico inspirado en la propaganda bélica, un detalle que la vuelve opresiva. Sin embargo, esa confección lineal sigue siendo una maravilla, y un truco de magia que nunca he vuelto a ver repetido.

Al principio, *Carne de cañón* parece un caso atípico, pues cierra una película espectacularmente bella con una nota áspera, pero a mí me ha quedado grabado de forma fea y reflexiva. Tal vez esa fealdad solo pueda existir aquí gracias al equilibrio que ofrecen los contemporáneos de Ōtomo. En *Bomba fétida*, un joven científico ingiere una extraña píldora y se convierte sin querer en un arma biológica andante y parlante. Realizada con el emblemático estilo

Las antologías reúnen las muestras de anime más interesantes, como bien demuestra la variedad de *Animatrix*. 120

El maloliente protagonista de *Bomba fétida* solo encuentra rival en el dios pestilente de *El viaje de Chihiro*. 102

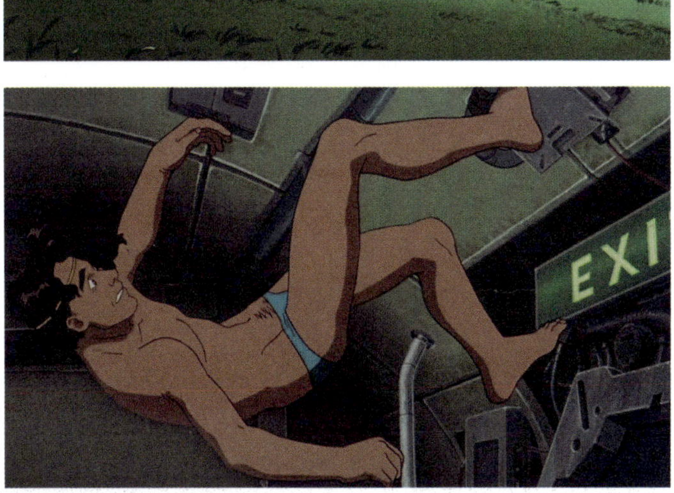
EXI

de *Akira*, el director Tensai Okamura recurre al mismo tipo de comedia que aderezaba aquella película. Mientras las potencias mundiales discuten sobre la inminente llegada del asalariado emisor de gases (algunas quieren acabar con él, otras prefieren aprovechar su letalidad), la película nunca olvida lo absurda que es su premisa. Acosado por ejércitos, tanques y una tormenta de misiles que llena el cielo entero, el mundo por el que transita nuestro apestoso protagonista estalla, literalmente, con increíble detalle. Como mínimo, *Bomba fétida* supone un ejemplo delirante de lo que es una broma increíblemente larga: una perogrullada como ella sola.

No obstante, es en *Rosa magnética* donde los astros se alinean de verdad. Con un guion finísimo escrito por un joven Satoshi Kon [68], una conmovedora partitura operística de la misma Yoko Kanno de *Cowboy Bebop* [→⦿84] y dirigida por Kōji Morimoto, el corto abre *Memories* con una historia que pone a prueba su corta duración. De hecho, este inquietante drama de ciencia ficción consigue más en cuarenta minutos que la mayoría de largometrajes.

En respuesta a una extraña señal de socorro, un equipo de salvamento se topa con una gran casa de ópera abandonada que flota en el espacio. En su interior, encuentran recuerdos conmovedores de sus habitantes y, más adentro aún, ecos de sus propias vidas echadas a perder. A medida que nuestros ingrávidos protagonistas penetran cada vez más en el corazón de las tinieblas, asaltados por preguntas sobre cómo vivimos y cómo existimos mucho después de que nos hayamos ido, *Rosa magnética* logra ofrecer una resonancia similar. Esta deslumbrante y desgarradora epopeya, que parece el primer esbozo de la *Millennium Actress* de Kon [→⦿68], perdura mucho más allá de los confines de esta antología.

Memories siempre estuvo destinada a ser grande, pero en una producción repleta de talento y una colección tan llena de sorpresas, la mayor sorpresa podría ser que realmente está a la altura de su prestigioso pedigrí.

Estreno:	1997	*Género:*	Aventura
Formato:	TV	*Basado en:*	Juegos de Nintendo, Game Freak y Creatures Inc.
Director:	Varios		
Estudio:	OLM		

Las bolas de dragón, capaces de conceder deseos, son aún más poderosas que la Master Ball con la que atrapaste a Mewtwo. 38

Natsume's Book of Friends es otra interesante historia sobre hacer amistad con los monstruos. 175

Pokémon
ポケモン

¡Te elijo a ti!

Cuando Ash Ketchum dio sus primeros pasos en la Ruta 1 en el primer episodio de *Pokémon* (primeros pasos en un viaje que duró veintiséis años), no creo que muchos comprendieran que estaban asistiendo al nacimiento de un coloso mediático. Durante las tres décadas siguientes, esta franquicia se consolidó como una de las más importantes, rentables y queridas de todos los tiempos. Aunque sus videojuegos y cartas coleccionables cuentan con sus propios imperios, estos dibujos animados abrieron una brecha cultural en una generación de niños de todo el mundo, un mundo que cambiaría para siempre gracias a Pikachu y cientos de sus icónicos amigos.

Pokémon es un mundo lleno de vida. Al igual que nuestro propio reino animal, estas innumerables tierras albergan un número incalculable de criaturas. Los simpáticos bichos y roedores corretean por la hierba alta, las rocas vivientes ruedan perezosamente por las cuevas y las pequeñas lagartijas se convierten en dragones que escupen fuego. Hemos aprendido a convivir con ellos, a pedirles ayuda e incluso a hacernos amigos suyos. Desde el denso Bosque Verde hasta la torre encantada de Pueblo Lavanda y mucho más allá, este extraño ecosistema sigue su curso, extraño pero familiar a la vez. Para muchos, era el

mismo mundo maravilloso que habíamos vislumbrado a través de nuestras Game Boy, con un estallido de color y cobrando vida de manera fantástica para convertirnos a todos en fans del anime.

Ash Ketchum, el eterno niño de diez años, sueña con convertirse en Maestro Pokémon... pero son esos mismos sueños los que le hacen quedarse dormido el día en que debe comenzar su periplo. Al llegar tarde al Laboratorio Pokémon, el joven se queda sin poder elegir a su compañero, pues solo queda un Pikachu con mal carácter. Este ratoncito amarillo se convertirá en la mascota más conocida del mundo, pero Ash no parece muy entusiasmado cada vez que le alcanza una de las características descargas eléctricas de Pikachu.

Lo que empieza como una misión para «hacerse con todos», como reza el característico eslogan de la serie en cada canción y rap, se convierte en un viaje de autodescubrimiento, de amistades inquebrantables y aventuras increíbles. Ash quiere hacerse amigo de todas las especies de pokémon del planeta, entrenar y combatir con esos amigos y, finalmente, convertirse en campeón de ligas y torneos. Es un objetivo ambicioso, que le lleva a los rincones más recónditos del mundo, a lo largo de 1200 episodios y 23 películas. Aunque parezca abrumador, *Pokémon* sigue en gran medida la fórmula del monstruo semanal, lo que te permite entrar y salir de sus aventuras con facilidad. Aunque intenta decirle eso a mi yo de diez años, que sintonizaba religiosamente todas las semanas para ver qué fascinante pokémon sería el protagonista esa vez.

Con una serie tan larga, *Pokémon* permitía que su narrativa general se desarrollara con todo lujo de detalles. Ya fuera coleccionando insignias de victoria ganadas con sudor o formando amistad con algunos de sus monstruos más rebeldes, Ash siempre tenía la sensación de estar abriéndose camino hacia una nueva cima narrativa. Sin embargo, son sus compañeros de viaje, que emprenden su propio camino, los que hacen que este mundo cobre vida de verdad. Sus sueños de convertirse en criadores de pokémon, guardabosques, fotógrafos de fauna salvaje o líderes de gimnasio añaden profundidad y matices, no solo al periplo de Ash sino a las tierras tan emocionantes que habitan. Incluso el malvado Team Rocket, que aparece en cada episodio para ser frustrado sin esfuerzo, aporta una textura entrañable a la serie. Es un mundo enorme, lleno de las criaturas más imaginativas y emocionantes que ha ofrecido el anime, repleto de momentos entrañables entre los gags más tontos. Pero es en su gente donde *Pokémon* encuentra un alma hermosa.

A lo largo de tres décadas, la odisea de Ash tiene toda clase de altibajos. Fracasa tantas veces como triunfa, da la bienvenida a nuevos amigos y se despide de los viejos con lágrimas en los ojos. Su vida, como la nuestra, es un pequeño viaje en un mundo lleno de ellos. Cuando se despidió en 2023 —no de sus amigos, sino de nosotros, los espectadores—, dejó un legado sin igual y se puso en marcha una vez más. Un niño de diez años y su Pikachu, dando sus primeros pasos en una aventura aún por descubrir.

•

Berserk
ベルセルク

Estreno: 1997
Formato: TV
Director: Naohito Takahashi
Estudio: OLM
Género: Fantasía oscura
Basado en: Manga de Kentarō Miura

Vinland Saga es una sangrienta aventura épica que ve la violencia como un fracaso más que como una solución. 274

Ranking of Kings no será el *Berserk* para niños que podríamos pensar... ¡pero es una aventura increíble! 277

Era demasiado grande como para llamarlo espada. Enorme, gruesa, pesada y muy tosca. Más bien se diría que era una mole de hierro.

Berserk es, como poco, intimidante. Obra del artista Kentarō Miura, sus diversas adaptaciones han dedicado los últimos treinta años a explorar un mundo sombrío, desdichado e implacable que ha albergado algunas de las historias más sorprendentemente compasivas y profundamente humanas de esas últimas tres décadas. El secreto de *Berserk* es que, bajo sus ríos de vísceras, se esconde la conmovedora historia de un hombre que lucha. Que lucha por seguir siendo humano en una época inhumana, que lucha por mantener a salvo y cerca a aquellos que son importantes para él cuando ambas cosas parecen excluirse mutuamente, que lucha contra las consecuencias de la propia causalidad.

El luchador en cuestión es Guts, un guerrero atormentado y torturado que, literalmente, ha sido marcado para morir. Al principio, *Berserk* pinta la vida de Guts como una interminable desgracia, acosado por demonios y perseguido por toda clase de monstruos imaginables. Sin embargo, esa impresión inicial no refleja en absoluto esta obra de arte monumental y no entiende de qué trata realmente la serie. Porque, aunque Miura llenó la saga de Guts con momentos de miseria, desesperación y pérdidas inimaginables, *Berserk* es, en el fondo, una serie que trata sobre la esperanza.

Aunque la serie se deleita atormentando a su reparto y enfrentándolos a los mayores horrores que se conocen, también les ofrece momentos de preciosa ternura, ya sea en los lazos de hermandad entre un grupo de mercenarios al que Guts se une al principio, la paternidad dolorosamente rota que encuentra en el profundamente dolido Gambino, o el amor que comparte tanto con Casca como con Griffith.

A medio camino entre amigos, rivales y amantes, Guts, Casca y Griffith comparten un vínculo tan profundo —basado en la confianza, el anhelo y el magnetismo de sus egos— que llamarlo «triángulo amoroso» sería cometer una gran injusticia con esta compleja relación. El tira y afloja de este conflicto es el corazón mismo de *Berserk*, y es mucho más electrizante ver cómo se desarrolla que incluso las mejores escenas de lucha de la serie.

Estos episodios ayudan a la serie a esquivar cualquier forma de encasillarla en una demografía concreta. Aunque a primera vista pueda parecer una serie *seinen* bastante convencional, Miura ha declarado que el tono de *Berserk* es similar al del manga *shōjo* [→⊙288]. Puedes ver esta trasposición no solo en el delicado arte de los momentos más bellos, o su enfoque de la narración impulsada por los personajes, sino también en su esfuerzo por

ligar una típica fantasía de acción con momentos de intensa vulnerabilidad. Guts no es el típico héroe de leyenda: está traumatizado y roto por dentro, sus acciones suelen ser autodestructivas y peligrosas para quienes le rodean, y su pasado está lleno de momentos que contradicen lo que hemos llegado a esperar de nuestros protagonistas.

Todo esto viene a decir que *Berserk* —una serie que a menudo parece obsesionada con las muchas, muchas formas en que se puede poner en peligro la integridad estructural del cuerpo humano— es una serie que sabe perfectamente cómo conseguir el equilibrio ideal.

Berserk cuenta con algunas de las mejores representaciones de lo que ocurre cuando alguien blande una espada más grande que él, y los resultados son más que magníficos. Pero estas representaciones de la violencia brillan porque nos preocupamos por los personajes en medio de la acción. Los mejores ejemplos de baja fantasía se burlan de la protección argumental que disfrutan otras narrativas, pero la naturaleza gráfica, tan bella y sin concesiones, del mundo de *Berserk* ata a sus personajes a los oscuros destinos que les aguardan.

Cada golpe de la matadragones hace sentir su peso, no por el mero espectáculo que produce, sino porque nos involucramos de verdad en las vidas que penden de su filo, y eso es el trabajo de un maestro de la narración. *Berserk* no tiene parangón.

Cuando Kentarō Miura falleció trágicamente en 2021, a la edad de 54 años, *Berserk*, una serie que llevaba treinta años en gestación, quedó sin terminar. Puede que ahora te parezca más intimidante que nunca sumergirte en su universo, pero te insto a que ignores ese impulso. En vez de eso, deléitate con lo que Miura llegó a crear en el tiempo que se le concedió, y aprecia las numerosas adaptaciones que este material inspiró. Explora ese mundo violento, bello y fascinante. Enamórate de personajes que pueden o no haber hecho algo malo. Contempla más allá de las innumerables mutilaciones... y descubre que *Berserk* es mucho más que sangre y vísceras.

•

81

Estreno: 1998
Formato: TV
Director: Shin Misawa
Estudio: Studio Comet, Studio Gallop
Género: Carreras
Basado en: Manga de Shuichi Shigeno

El episodio más pervertido de *Golden Boy* bien se podría titular «*Initial Doble-D*», pues el lujurioso ciclista referencia de manera descarada esta conocida serie de carreras.

61

Como competidora por la mejor carrera callejera del anime, el enfrentamiento entre motos de *Akira* sube al podio.

43

Initial D
頭文字イニシャルD

Autos y mujeres... Con ambos hace falta experiencia e intuición.

Cuando empieza *Initial D* y el motor del icónico Toyota Sprinter Trueno AE86 de la serie arranca por primera vez, es posible que despierte en ti algo primitivo. Es una sensación difícil de explicar con palabras e imposible de captar con capturas de pantalla, pero esta es una serie que funciona a pesar de sí misma.

Initial D sigue a Takumi Fujiwara, una joven y ambiciosa promesa de las carreras callejeras. Fujiwara supera enfrentamientos de lo más reñidos contra un buen puñado de rivales absurdamente veloces, derrapando en las curvas cerradas con temeraria indiferencia por su bienestar físico.

Los primitivos autos generados por computadora pueden parecer chocantes al principio, pero se trata de una obra donde prima el atractivo. En cualquiera de esos largos derrapes a milímetros del guardarraíl, maniobras en las que los pilotos cruzan las sinuosas carreteras japonesas prácticamente de lado, el pulso se acelera al ritmo del Eurobeat de la banda sonora.

La larga duración de *Initial D* nos dejó circuitos igual de largos: neumáticos aullando que todavía resuenan en los oídos de los amantes del motor de todo el mundo. Es un tipo de emoción que llevamos perseguido desde entonces, rara vez igualado y solo superado por títulos como *Redline* [→⦿188]. De hecho, se diría que ya es una forma de arte en extinción: incluso aquellos grupos nocturnos, que en su momento fueron la pesadilla de la policía japonesa, han desaparecido en gran medida. Pero *Initial D*, que siguió la estela de aquel apogeo rebelde, aún ruge para recordarlo.

•

Cowboy Bebop カウボーイビバップ

Estreno: 1998
Formato: TV
Director: Shinichirō Watanabe
Estudio: Sunrise
Género: Ciencia ficción, *spaghetti western*

Michiko to Hatchin es una especie de sucesora espiritual de la familia elegida que vemos en *Cowbop Bebop*. 176

Kids on the slope es una mirada a los años 60 y viene impulsada por el amor al jazz de Watanabe. 206

Pasará lo que tenga que pasar.

Surcando los mares de estrellas en un pesquero deteriorado, la tripulación de la Bebop está formada por una pandilla de vagabundos que buscan un lugar al que pertenecer. Estos cazarrecompensas intergalácticos viven al día con lo que ganan, siempre a la caza del siguiente gran fugitivo con la esperanza de añadir algo de carne a su dieta de fideos y verduras fritas. Fácilmente malinterpretados por sus estereotipos (una chica de revista, un caso perdido, un viejo gruñón y un disidente), lo cierto es que estos personajes atribulados van bajando poco a poco sus defensas. Detrás de su machismo, su sexualidad o incluso su locura se esconde algo complejo, vulnerable y sorprendentemente humano.

El futuro ruinoso de Cowboy Bebop es fascinante. La obra maestra de Shin'ichirō Watanabe, una carta de amor a la ciencia ficción y al *spaghetti western*, se ha mantenido como uno de los mejores animes de todos los tiempos. Se atreve a mezclar géneros sin reparo de un episodio a otro, recordando a clásicos como *Alien*, *Desperado (La balada del pistolero)* y *Star Trek*. Por su parte, Occidente recibió *Cowboy Bebop* con los brazos abiertos, con interminables reposiciones nocturnas que marcaron un cambio radical en la forma de apreciar —y de comprender, quizá— los dibujos animados japoneses por parte de la opinión pública.

«Mientras haya una nave espacial, puedes hacer lo que quieras». Así nació *Cowboy Bebop*: una simple herramienta de *marketing* para vender juguetes caros y maquetas. Pero cuando se ve el producto final, es fácil percibir el rechazo rebelde de Watanabe contra semejantes ardides corporativos. Las naves que aparecen apenas sirven para volar en el universo de la serie, y mucho menos para venderlas como maquetas en el nuestro. Vapuleadas y destartaladas, *Cowboy Bebop* se negó a glorificar aquellas máquinas: se averiaban constantemente, eran amontonadas en desguaces interplanetarios y parecían haber hecho demasiados viajes por el hiperespacio.

Aunque a *Cowboy Bebop* no le falta acción trepidante, está claro que tiene otras prioridades. Por cada estruendoso duelo de naves hay un momento de tranquila

introspección; por cada escena de Ed y sus locuras destrozando la nave hay una pausa para reflexiones filosóficas. Por cada aventura tonta —y hay muchas, todas igual de deliciosas— hay un fuerte recordatorio de la propia mortalidad. *Cowboy Bebop* sonríe despreocupada a la vez que nos promete un sinfín de escapadas con gravedad cero, pero la historia de fondo no tiene nada de alegre, y por ello supera a sus contemporáneos de forma indiscutible.

Esa seriedad nace de sus protagonistas. Spike, Jet, Faye y Ed son unos pícaros adorables, desde luego, pero esta serie se interesa más por sus debilidades que por sus fortalezas. La tripulación está formada por gente lo bastante mercenaria como para ganarse el nombre; se ponen a sí mismos en primer lugar, las recompensas, en segundo, y todo lo demás en un lejano tercer lugar. Pero a pesar de ello, existe redención para los tripulantes de la Bebop, que se convierten a regañadientes en una familia rota, y es a través de estas relaciones que se forjan lentamente donde *Cowboy Bebop* encuentra su peso: un peso que nos pide a todos que llevemos con nosotros. Comprender que, antes de intentar superar nuestras debilidades, primero debemos aceptarlas.

Es aquí donde *Cowboy Bebop* encuentra su espíritu: una cacofonía de voces que chocan y se entrelazan de forma ruidosa y temeraria a través de las vidas de unos y otros. No pueden existir solas y, sin embargo, apenas pueden coexistir. La banda sonora a ritmo de jazz es un acompañamiento perfecto para esta disonancia armónica, una unión de sonidos discordantes con improvisación eléctrica que se refleja en estos personajes con lacras. Al final, contra todo pronóstico, logran encajar igual que los eclécticos temas y géneros de la propia serie.

En las décadas posteriores a su emisión, el enfoque de *Cowboy Bebop* sobre el entretenimiento, la filosofía y la vida no se ha vuelto obsoleto. Viajar junto a estos humildes cazarrecompensas resulta tan maravillosamente agridulce hoy como lo fue antaño. Nada queda sin decir al final, pero a pesar de ser una experiencia tan completa, es difícil no desear otra misión más, y otro puñado de woolongs, con tan buena compañía. Eso es lo que siempre entendieron esas infinitas reposiciones: que ahora formamos parte de esa extraña familia. Las cuatro palabras finales de la serie saben que no nos alejaremos, que no podremos hacerlo por mucho tiempo. Volveremos: *SEE YOU, SPACE COWBOY...*

•

EIN

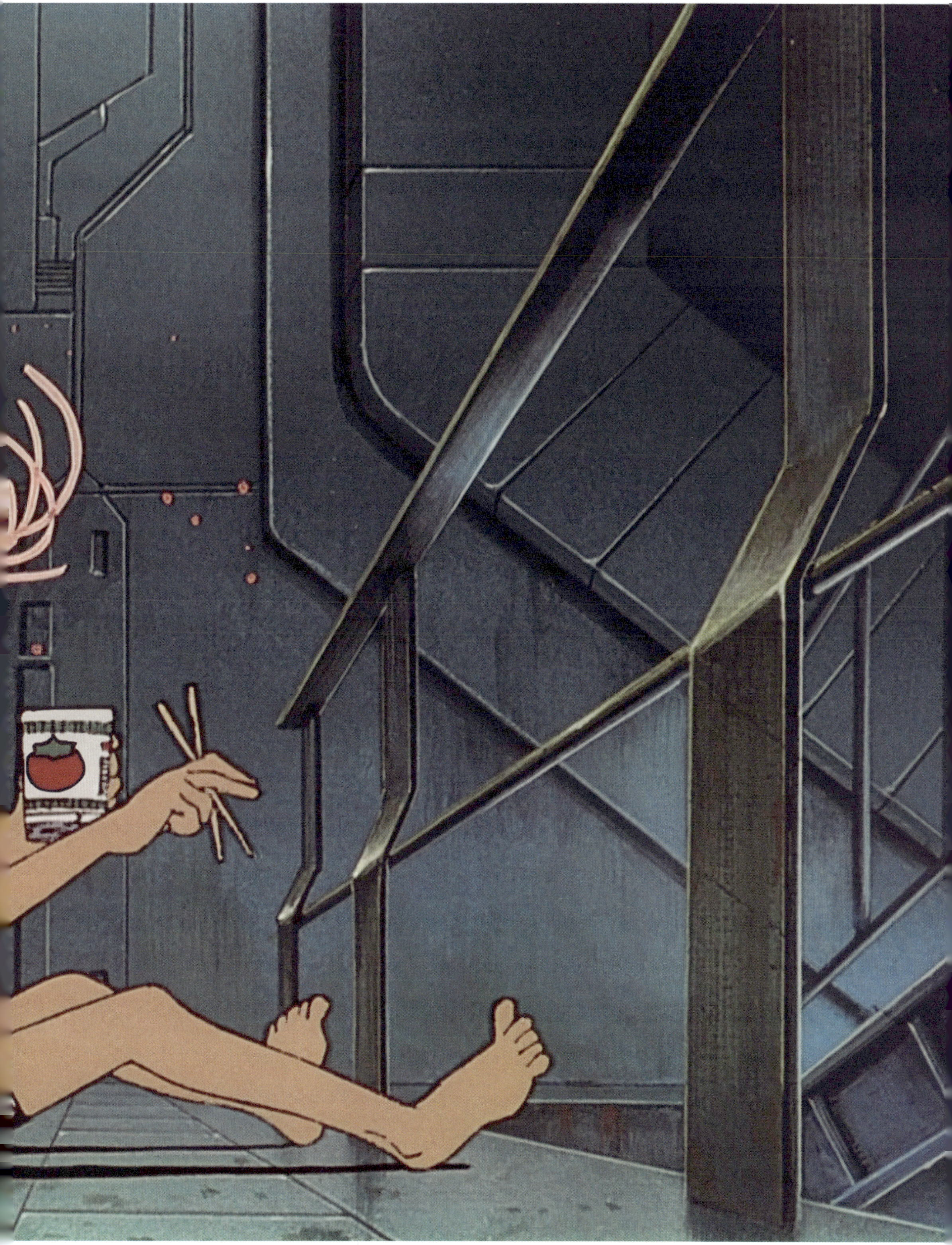

Serial Experiments Lain

シリアルエクスペリメンツレイン

Estreno: 1998
Formato: TV
Director: Ryūtarō Nakamura
Estudio: Triangle Staff
Género: Terror psicológico
Basado en: Manga de Yoshitoshi Abe

Yoshitoshi Abe también prestó sus diseños etéreos a los ángeles de Old Home en la filosófica *Haibane renmei*. 112

Sword Art Online es otra historia sobre los horrores de internet, con un videojuego mortal que da un nuevo significado a la expresión «estar siempre conectado». 212

Si las personas podemos conectar entre nosotras, hasta la voz más débil sonará alto.

Escueta y misteriosa, *Serial Experiments Lain* es un cuento de fantasmas de la era digital. Estrenada al final del milenio (una época ya sumergida en la paranoia tecnológica), la serie cuenta una aterradora historia de... ¿asimilación? ¿Pérdida de la identidad? O quizás una escalofriante profecía sobre internet y la clase de horrores que podría llegar a albergar algún día. Cada episodio comienza con una reafirmación cronológica («*present day, present time*»), y lo cierto es que las advertencias que lanza parecen más pertinentes ahora que nunca.

La gente está recibiendo correos electrónicos de la chica que ha muerto. Chisa, que hace poco se quitó la vida, parece perdurar en el éter, escondida en algún rincón de «la Red», la retorcida interpretación que la serie hace de internet. La solitaria e introvertida Lain es una de estas personas que han recibido el correo. Sus compañeros lo consideran una broma muy elaborada, pero Lain decide seguir al conejo por su madriguera... y

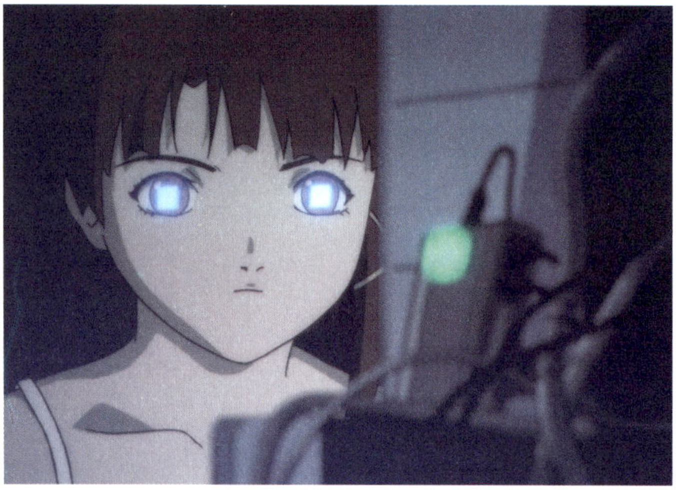

nosotros viajamos al País de las Maravillas junto a ella.

La extrañeza que destila *Lain* la ha definido durante más de 25 años. Acercándose al puro arte en la medida en que permite el medio, estos 13 episodios son un verdadero descenso a la locura. El mundo de la serie, que no es tanto un delirio mental sino un error informático que dura toda la temporada, da la sensación de que nunca se puede confiar en él. Los personajes aparecen y desaparecen con frecuencia, los incómodos primeros planos dominan la fotografía y un sonido ambiental omnipresente cala sin esfuerzo bajo la piel. *Lain* existe para perturbarnos, y lo hace con alarmante frecuencia.

Sin embargo, quien resuene con ella lo hará con fuerza. Aunque puede resultar confusa para un espectador ocasional poco dispuesto a profundizar en ella, sus inclinaciones filosóficas y las obsesiones existenciales han convencido a muchos, proporcionándoles consuelo e incluso un sentimiento de salvación. Su hermosa e inquietante cabecera revela de inmediato su propuesta, y su primera frase dice todo lo que necesitas saber sobre el viaje que estás a punto de comenzar: «Y no pareces entender...».

•

One Piece
ワンピース

Estreno: 1999
Formato: TV
Director: Various
Estudio: Toei Animation
Género: Aventura, *shōnen* de peleas
Basado en: Manga de Eiichiro Oda

No te pierdas *El barón Omatsuri y la isla de los secretos*, la película de *One Piece* dirigida por Mamoru Hosoda. 178

La delirante pero genuina *Golden Kamuy* es una joya que narra la búsqueda de un tesoro en el norte de Japón. 265

¡Seré el rey de los piratas!

Momentos antes de ser ejecutado, el rey de los piratas sonríe. Durante una larga vida en alta mar, el legendario Gold Roger amasó increíbles tesoros y, antes de ser ejecutado, se dirige a la multitud para decirle justo lo que quiere oír: «¿Mi tesoro? Lo dejé todo ahí, buscadlo si queréis. Ojalá se le atragante al rufián que lo encuentre».

Así comienza *One Piece*, de Eiichiro Oda, un manga que lleva dibujando casi toda su vida. Y con él, la gran era de los piratas. Mientras todos se apresuran a encontrar la vasta fortuna de Roger, el mundo entero es testigo de un estallido de la piratería, con grandes héroes y terribles amenazas que surgen para apoderarse del llamado «One Piece». Puede que el más interesante de aquellos que se vieron inspirados por este suceso sea el joven Monkey D. Luffy, un niño con grandes sueños. Tras comerse una fruta del diablo que convirtió su cuerpo en goma, el nuevo y poderoso (e infinitamente elástico) Luffy parte en busca de amigos, para encontrar el One Piece... ¡y convertirse en el próximo rey de los piratas!

En un medio tan lleno de sagas en constante expansión, *One Piece* empequeñece incluso a esos gigantes. La búsqueda de Luffy, una odisea que lleva tres décadas en marcha, comprende más de mil capítulos de manga y cientos de horas de animación... y solo ahora estamos viendo por fin el horizonte por el que amenaza con desaparecer. Con todo, no se puede decir que *One Piece* sea una epopeya imposible de abordar. Habiéndose ganado hace mucho su estatus de obra atemporal, siempre se ha mantenido notablemente accesible. En realidad, no hay mejor momento que el actual para iniciar tu propio viaje.

Lo que empezó siendo una desenfadada aventura en alta mar... ¡todavía lo es en gran medida! Luffy no tarda en conseguir su propio tesoro (un barco y una tripulación), y a él se unen espadachines legendarios, atractivas ladronas y un reno doctor (entre muchos otros bichos raros). Pero mientras que el siempre optimista Luffy va rebotando, literalmente, de un problema a otro, esa diversión original continúa siendo el corazón del eterno atractivo de *One Piece*. Nuestro protagonista es un maestro en esto de reírse en la cara de la muerte, y eso anima toda la serie, incluso en sus arcos más angustiosos. Aunque en el fondo tiene ambiciones más elevadas, nunca se olvida de que aquí, surcando los mares y rodeado de buenos compañeros, Luffy está viviendo su mejor momento en la vida.

Incluso una obra como *One Piece*, con su inclinación por el humor más tonto, se podría haber quedado anticuada siendo

una serie tan larga. En cambio, aprovecha esa extensa duración para experimentar con el tono y el género de un modo que otras series, sencillamente, no pueden. Está repleta de innumerables gags y peleas antológicas, lo sabemos, pero la serie también disfruta de abundantes divertimentos de terror, epopeyas bélicas, interludios musicales y hasta flirteos con la ciencia ficción. *One Piece* puede estar en pleno combate de boxeo con extraños fetiches por el pelo afro y sumergirse en los mayores abismos del sufrimiento humano en el siguiente episodio, y la cuestión es que logra equilibrar esos demenciales cambios de tono relacionándolos con personajes que nos importan muchísimo. El patetismo es el arma más afilada del arsenal de Oda, quien nos reclama que nos preocupemos incluso por el payaso más payaso, y lo hace compartiendo con nosotros la infancia del bufón. El autor nos anima a tomarnos largos respiros con las historias de los personajes más aparentemente intrascendentes para que, cuando volvamos a la historia principal, lo hagamos con lágrimas en los ojos y un nuevo personaje favorito en nuestro corazón.

Ver la evolución de *One Piece* a lo largo de los años, ver cómo reclama con confianza el lugar que le corresponde como obra maestra de la narrativa moderna, ha sido la singular alegría de los fans que ha cosechado en todo el mundo. Así que, si aún no lo has hecho, ponte un sombrero de paja y conviértete en tripulante honorífico. Porque aquí, a bordo del Going Merry, rodeado de peculiares amigos y un batallón de enemigos aún más extraños, no importa quiénes fueron tus padres: ¡todos somos hijos del mar!

•

Estreno: 1999
Formato: Película
Director: Hiroyuki Okiura
Estudio: Production I.G.
Género: Acción, thriller político
Basado en: Novelas de Mamoru Oshii

Jin-Roh
人狼

No somos hombres disfrazados de perros. Somos lobos disfrazados de hombres.

Los Panzer Cops de la saga *Kerberos* son de lo más intimidantes. Su reconocible mirada carmesí no ofrece piedad a sus enemigos y su armadura de cuerpo entero no muestra puntos débiles. Perros sedientos de sangre al final de una correa fascista. ¿Son una fuerza de justicia necesaria? ¿Una fuerza de protección? ¿De barbarie o de maldad? ¿O son todo eso a la vez y más aún tras su férrea coraza?

Jin-Roh es la entrega más conocida de la saga *Kerberos*, una franquicia *media-mix* supervisada por Mamoru Oshii, famoso por su película *Ghost in the Shell* [→⊙61]. Sin embargo, esta película es una precuela separada de ese intimidante legado, una obra maestra independiente de la animación moderna que exige atención por derecho propio. La serie en general tiene que ver con un país que ya se ha dado cuenta de que dar el poder absoluto a sus fuerzas del orden nunca iba a terminar en paz. Pero aquí, el director Hiroyuki Okiura nos trae de vuelta para observar a esas pesadillas de ojos color sangre en su terrorífico apogeo.

El resultado es una película que parece más actual, más importante y, por tanto, más incómoda que nunca. Tras unos años marcados por el activismo político, los violentos disturbios y la brutalidad policial, el mundo de *Jin-Roh*, que en su día planteaba un aterrador «¿Qué pasaría si...?», parece ahora especialmente cercano. Escenas de tanques en marcha abatiendo a rebeldes, terroristas y disidentes políticos al son del temible latido de sus MG42 mantienen a los espectadores pegados con sus intencionados tonos grises.

Nuestro protagonista, el tranquilo y contemplativo Fuse, pasa gran parte del filme sopesando lo que significa formar parte de una fuerza que solo ve las cosas blancas o negras. La inocencia, pero también la culpa y la amenaza de esos enemigos que señala, ha sido durante mucho tiempo el núcleo de la serie. El exceso de fuerza innecesaria suscita

200 — La sorprendentemente dulce historia adolescente de Okiura, *Una carta para Momo*, rechaza totalmente la desesperación de *Jin-Roh*.

50 — La serie *Patlabor*, de Mamoru Oshii, parece condenar menos a la policía, a pesar de que los agentes lo destrocen todo con sus enormes robots.

muchos de sus mayores interrogantes y de sus momentos narrativos de mayor peso, pero aquí, en *Jin-Roh*, es la falta de fuerza, el peligro de subestimar una amenaza muy real, lo que hace asomar algo aún más grotesco. Nadie es inocente, y a medida que la película se adentra en su narración propiamente dicha —cuando la pérfida y secreta existencia de la rumoreada Brigada del Lobo se pronuncia en voz baja— resulta imposible ponerse de parte de nadie o pensar que conoces a alguien o siquiera sus verdaderas maquinaciones.

Quizá por eso Hiroyuki Okiura le pidió a Mamoru Oshii que reescribiera su guion para incluir una subtrama romántica antes de aceptar el encargo. Okiura, que se convertiría en un reputado director por derecho propio tras este debut, sabía que en un mundo tan oscuro debía haber algo por lo que ilusionarse. Cuando Fuse conoce a la hermana de un terrorista suicida al que no pudo detener y entabla amistad con ella, se establece una relación que tiene una dimensión oscura e incómoda... pero que no puedes evitar alentar. En sus momentos más tranquilos, torpes a nivel visual y emocional, *Jin-Roh* presenta una forma de inocencia que está notablemente ausente en el resto de ese mundo tan hostil.

Jin-Roh es una película asombrosa, una animación que defiende con terquedad los métodos tradicionales incluso cuando el resto de la industria ya empieza a cambiar. Los bellos efectos visuales llevan los dibujos a sus límites expresivos de una forma maravillosa, dando como resultado una película oscura, vibrante y única. Su violencia, chocante por su brevedad, es potente y visceral, unos calificativos cada vez más raros según el 3D, y se convierte en la norma para las escenas de acción, incluso en el anime.

Jin-Roh está considerado mayormente como un clásico, pero como precuela animada de una serie de películas de acción real, los más neófitos suelen pasarla por alto. Esto es un error: la Brigada del Lobo merece tu atención no por la importante historia que lleva a sus espaldas, sino a pesar de ella.

•

FLCL
フリクリ

Estreno:	2000	*Estudio:*	Gainax, Production I.G.
Formato:	TV	*Género:*	Ciencia ficción, comedia
Director:	Kazuya Tsurumaki		

Nunca pasará nada si no mueves el bate.

En su forma más enérgica, el anime es capaz de historias que sencillamente sería imposible que existieran en ningún otro medio. Dicho esto, hay pocas obras tan enérgicas como *FLCL*. Esta miniserie de seis episodios se centra en el joven Naota y su forma distorsionada de ver la madurez mientras intenta crecer en una ciudad que se está derrumbando a su alrededor. Su floreciente adolescencia se ve trastocada por alienígenas con guitarra, vagabundas pirómanas y un robot que le sale de la frente.

Tras el éxito colosal que fue *Evangelion* [64], *FLCL* supuso un alivio liberador para Gainax. Bajo la premisa de que podían hacer lo que quisieran, la serie aterrizó como una patada anarquista en el cráneo de cualquiera que pensara que conocía al estudio. Su ritmo punk-rock y su acción incesante suelen dejar a los espectadores primerizos en un estado de total confusión, preguntándose qué demonios acaban de ver. Pero para los que perseveran, para quienes vuelven a la locura única de *FLCL*... bueno, puede que no la entiendan mejor, pero quizá sepan ya que es mejor no intentar entenderla. Su director, Kazuya Tsurumaki, llegó a afirmar que «la comprensión no debería ser un factor importante en *FLCL*».

Es un buen consejo; al fin y al cabo, se trata de una historia en la que la cabeza de nuestro protagonista pubescente estalla en cada episodio después de que aparezca en su frente una nueva y enorme erección, de la que suele salir el problema de la semana. Naota es un retorcido análogo de la adolescencia que lucha contra la ansiedad social, las inseguridades sobre su cuerpo y los violentos despertares sexuales, aunque en su caso pueden adoptar la forma de robots asesinos o asteroides

El humor verde de *Bakemonogatari* parece una evolución de los extraños diálogos que FLCL mantiene con el espectador. 186

The Tatami Galaxy es otra serie demencial que nunca se toma demasiado en serio. 196

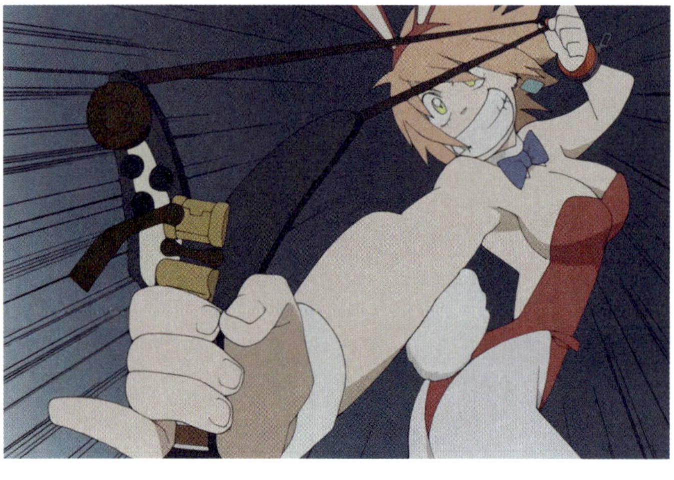

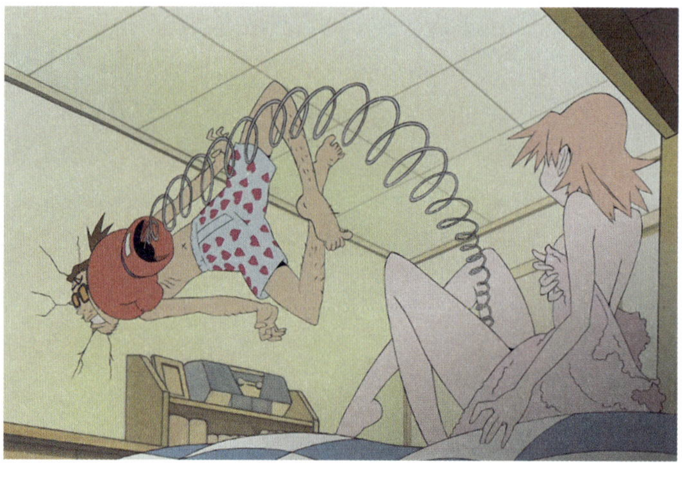

que amenazan con destruir el planeta. De hecho, quizá sea mejor mirar *FLCL* con la mente abierta, aceptar su acción desternillante y su comedia absurda sin pensarlo mucho y dejarse guiar por la fenomenal banda sonora de rock de la serie.

Es fácil confundir todo esto con puro disparate, intencionado o no, pero los disparates no suelen llevar tan al límite la creatividad como lo hacen aquí Gainax y la coproductora Production I.G. En sus momentos de mayor hiperactividad, te puedes perder cinco cortes distintos en un solo parpadeo, secuencias que duran fracciones de segundo y que son espectacularmente complejas y radicales, y cuya fuerza se ve reforzada por su naturaleza frenética. No obstante, también es fácil atribuirle una importancia innecesaria a su narrativa, buscar un significado a sus travesuras y, al hacerlo, perderse por completo el objetivo de la serie.

En su asombrosa ambigüedad, *FLCL* llena cualquier vacío que necesites. Es feliz por ser una obra de arte enigmática que se mira el ombligo tanto como una alocada montaña rusa a la que solo puedes agarrarte por los pelos. Mírala lo antes posible, con la esperanza de que su desbordante representación de la juventud resuene con la tuya... o que le dé una descarga con desfibrilador a lo que quede de ella.

•

Hajime no Ippo
はじめの一歩

Estreno: 2000
Formato: TV
Director: Satoshi Nishimura
Estudio: Madhouse
Género: Deportes
Basado en: Manga de George Morikawa

Hajime no Ippo, y el género deportivo en general, se pregunta el significado de ser más fuerte. 222

Conocer a tu enemigo en *El león de marzo* supone señalar a alguien concreto de entre toda una colección de rivales. 252

Corre hasta que no puedas más... y, entonces, sigue corriendo. El esfuerzo constante es el mejor atajo en la vida.

Cuando ves a Ippo Makunouchi, al que siempre acosan, empezando a entrenar como boxeador, es fácil confundir *Hajime no Ippo* con algo que no es. El tímido e introvertido Ippo encuentra su razón de ser en el deporte, y una nueva familia en los alcornoques de su gimnasio. Sin embargo, es cuando llega el inevitable enfrentamiento con sus torturadores cuando Ippo —y la serie en general— muestra su verdadera cara.

Hajime no Ippo rara vez relaciona la belleza del boxeo con fines egoístas o violentos, y a pesar de ser un demonio en el cuadrilátero, el joven se niega a utilizar su considerable fuerza para hacer daño a nadie. Nunca se le pasa por la cabeza vengarse, sino que se convierte en el mejor amigo de sus acosadores, una muestra temprana en una serie que siempre aboga por mostrar lo que es la verdadera fuerza.

Firmada por George Morikawa, *Hajime no Ippo* es toda una institución. Siendo una de las series de manga más longevas, el ascenso de Ippo a través de las clasificaciones más prestigiosas del boxeo se remonta a finales de los 80. Su adaptación al anime es igual de querida por los fans, representada con un estilo que nunca parece dejar de moverse.

El boxeo es un deporte de incertidumbre. Sus combates pueden parecer eternos... o acabar en un instante. Es esa imprevisibilidad lo que Ippo capta tan bien, tan campante con un noqueo sorpresa como ofreciendo combates que abarcan varios episodios y que nunca acaban de verdad hasta

que un protector bucal sale volando por los aires. El reparto de rivales —desde los sorprendentemente amistosos hasta los deliciosamente malvados— ayuda a que cada combate destaque por sí solo, un variado elenco repleto de emocionantes peculiaridades que Ippo debe aprender a superar.

Aunque *Hajime no Ippo* es una serie emocionante de ver, con un estilo artístico que realza los trazos y que se vuelve más errático a medida que los combates suben en intensidad, es la forma en que suena lo que seguramente se te quedará grabado. Las partituras de Tsuneo Imahori, miembro de la famosa banda Seatbelts de *Cowboy Bebop* [→ ⦿84], le confieren un sonido absolutamente único. Por ejemplo, *Irradiation* es una inquietante llamada a las armas que te hará atarte los cordones de los zapatos a toda prisa para salir a correr un rato. Eso por no hablar de los golpes, que resuenan a lo grande entre el rugir de una multitud de la que te sientes parte de verdad.

La calmada fuerza de Ippo puede parecer fuera de lugar en una historia sobre el pugilismo profesional (de hecho, parece deliberadamente disonante teniendo en cuenta los boxeadores tan charlatanes de los que se rodea), pero uno no tarda mucho en darse cuenta del equilibrio que un protagonista así aporta a esta historia, y en comprender lo que Morikawa ha estado defendiendo durante cuatro décadas. La bondad es una fuerza en sí misma, como también la empatía y el respeto. Y hace falta ser muy fuerte para empuñar esas armas. En ese sentido, Ippo ya era un campeón mucho antes de levantar un cinturón que lo demuestre.

•

Destacados: Estudio

Studio Ghibli

スタジオジブリ

Se puede sentir la magia en los fotogramas de una película de Studio Ghibli. Está en cada héroe valiente, de pelo erizado y ojos brillantes, que se embarca en una gran aventura. También está ahí, por supuesto, en los colosales castillos ambulantes y en los majestuosos dioses del bosque que se esconden en estos mundos pictóricos. Pero la mayor de las pistas es que está presente en las briznas de hierba que se mecen suavemente de un lado a otro, o en las nubes que surcan con pereza el cielo inmaculado. Studio Ghibli lleva cuarenta años perfeccionando su arte: insuflar vida a lo inerte... y significado a los espacios que lo rodean.

Fundado a mediados de los 80, Studio Ghibli estuvo encabezado por los directores Hayao Miyazaki e Isao Takahata. Los dos gozaban ya de carreras consolidadas colaborando en el mundo de la animación: Takahata había dirigido proyectos como *Las aventuras de Hols, el príncipe del sol* y *Heidi* [→ ⊙14], mientras que Miyazaki había demostrado su valía con la película perfecta del ladrón galante Lupin III (*El castillo de Cagliostro*, [→ ⊙18]) y estaba cosechando un gran éxito con su épico manga Nausicaä del Valle del Viento.

Nausicaä sería el catalizador del nacimiento de Studio Ghibli. Cuando Miyazaki y Takahata adaptaron el cómic, todavía en publicación, para llevarlo a los cines, su espectacular acogida les llevó a pensar que la formación de un estudio propio sería el siguiente paso lógico, dando paso a un legado espectacular. En las cuatro décadas transcurridas desde entonces, Studio Ghibli ha creado innumerables clásicos atemporales. Casi todas las películas que llevan su nombre parecen destinadas a entrar en el panteón de las mejores de la industria, y semejante pedigrí confiere una extraña mística incluso a sus raros fracasos (*Cuentos de Terramar*, [→ ⊙141]).

Aunque *Nausicaä* es anterior a la fundación de Ghibli, su condición como germen del estudio le permite formar parte de ese impresionante catálogo. Se trata de una película posapocalíptica de aventuras en la que su protagonista intenta encontrar el equilibrio entre los supervivientes de una cruenta guerra y una densa jungla venenosa que poco a poco va cubriendo un planeta devastado. Nausicaä, una princesa pacifista, es la orgullosa predecesora de las fortísimas protagonistas femeninas de Ghibli.

De hecho, gran parte de la película se puede interpretar ahora como una declaración de intenciones por parte del estudio, y sus temas, su arte e incluso su personal acabaron convirtiéndose en elementos básicos de la animadora más querida de Japón. La inquietante banda sonora, firmada por el incomparable Joe Hisaishi, hizo que el compositor se convirtiera en un colaborador indispensable de Ghibli, y que sus piezas fueran tan hermosas y únicas como las películas a las que acompañaban. El productor Toshio Suzuki —a menudo considerado como el tercer fundador de Ghibli— se convirtió en el pilar del estudio, una figura discreta pero con mucho poder que ha sabido controlar el talento y el feroz carácter tanto de Takahata como de Miyazaki.

El verdadero debut de Studio Ghibli fue *El castillo en el cielo*, una fantasía steampunk con mundos de esplendorosa belleza, ya sea bajo las

Nicky, la aprendiz de bruja, (también conocida como
Kiki: Entregas a domicilio en Hispanoamérica)

El castillo en el cielo
Ponyo en el acantilado

Porco Rosso

nubes como por encima de ellas. Hayao Miyazaki pareció esmerarse en ella más de lo habitual: todo se mueve con un peso que acabaría definiendo su cine, un ojo para el detalle que potencia la fantasía de esos mundos en vez de volverlos más realistas. Y sus máquinas voladoras, esas deliciosas piezas de chatarra, se ensamblan y se desmontan de un modo que da frescura a un mundo ya repleto de ella.

A menudo se considera a Hayao Miyazaki como el mejor director de anime de todos los tiempos, aunque probablemente él mismo se resistiría a este título. A pesar de sus mundos mágicos y sus protagonistas siempre joviales, Miyazaki parece un poco gruñón y, además, un perfeccionista aterrador. Pero es difícil imaginar de qué otra forma se podrían alcanzar dibujos tan refinados: por cada artista al que seguramente haya mandado a casa llorando, hay otro cuyo potencial ha sacado a relucir.

Hay demasiados clásicos de Miyazaki como para homenajearlos aquí en detalle, así que te pediría que hicieras el esfuerzo de verlos todos: no hay ninguno que no sea genial. Todos tenemos nuestros favoritos (el mío es *La princesa Mononoke*, una ecoaventura que enfrenta a sus sobredimensionados agentes de la naturaleza contra la obstinación de los hombres), y encontrar el tuyo propio supone un placer especial. Pero su película más importante, al menos en la historia de la conquista del anime en Occidente, es sin duda *El viaje de Chihiro* [→ ⊙102]. Fue la primera película en lengua extranjera en ganar el Oscar a la mejor película de animación, y el *isekai* de Miyazaki dio la bienvenida a los nuevos fans a un mundo muy distinto, una puerta que derribó con tanta eficacia que ya nunca volvió a cerrarse.

A pesar de su abrumador legado, Miyazaki nunca ha sido el único protagonista de la historia de Ghibli. El estudio ha cultivado una gran cantidad de talentos, desde el problemático Hideaki Anno (*Evangelion*, [→ ⊙64]) hasta Hiromasa Yonebayashi, cuya experiencia le sirvió para fundar Studio Ponoc. Sin embargo, la voz más singular de Ghibli es sin duda la del propio Takahata.

Isao Takahata no tardaría en destaparse como el más curioso de los dos fundadores. Mientras que Miyazaki seguía perfeccionando su toque fantástico, su compañero exploraba los límites de la animación de formas cada vez más sorprendentes. Su debut como director bajo el estandarte de Ghibli fue *La tumba de las luciérnagas*, una película que muchos solo verán una vez, un caso inusual con Ghibli. Ambientada durante los últimos compases de la Segunda Guerra Mundial, la película ofrece una mirada desgarradora a la devastación total generada por el conflicto a través de los ojos de los más inocentes. Durante las décadas posteriores a su estreno, *La tumba de las luciérnagas* siguió siendo la película más atípica de Ghibli, una de las más importantes y una de las más difíciles de ver.

El hecho de que Takahata continuara con películas como *Pom Poko* y *Mis vecinos los Yamada* —sin duda, las más disparatadas del estudio— demuestra su versatilidad como director. Takahata era un talento único en su generación: su ojo para el potencial del anime era inigualable y su sed de explorarlo parecía insaciable. Me considero increíblemente afortunado de que Takahata dispusiera de casi una década para dar vida a su última película, una de las mejores de su carrera. *El cuento de la princesa Kaguya* se basa en la literatura japonesa más antigua que se conserva, y quizá sea mejor experimentarla por uno mismo que resumirla aquí, por muy maravillosamente extraña que sea. Sirve como una despedida adecuada para Takahata, que falleció en los años posteriores a su estreno; su voz tan especial y conmovedora enmudeció después de contarnos todas estas historias tan fascinantes.

Mientras tanto, Hayao Miyazaki lleva décadas intentando retirarse del cine. Cada nueva amenaza es quizá menos creíble que la anterior, pero no puedes evitar sentir que, a pesar de todo, se está cerrando un capítulo en la historia del estudio, junto con una importante era de la animación japonesa. Con sus vecinos de peluche y sus brujas voladoras, Studio Ghibli definió el anime durante 40 años, conjurando sus mundos más mágicos y llenándolos de personajes memorables. Fijó un listón imposiblemente alto, uno que es fácil temer —un pensamiento verdaderamente aterrador— que nunca se pueda volver a igualar... Pero la nuestra es ahora una industria llena de artistas que crecieron con esa forma de contar historias. Que descubrieron su amor por la animación en esos mundos. Y que (lo más importante) saben que los cerdos pueden volar. Nada es imposible.

El viaje de Chihiro

Mi vecino Totoro
Pom Poko

El castillo ambulante
Nausicaä del Valle del Viento

El viaje de Chihiro 千と千尋の神隠し

Estreno: 2001
Formato: Película
Director: Hayao Miyazaki
Estudio: Studio Ghibli
Género: Isekai

Al igual que El viaje de Chihiro, *Cuentos de Terramar* analiza el poder de los nombres en este debut como director de Gorō Miyazaki. 141

Bellamente animada y rebosante de imaginación, *Ranking of Kings* es el mejor anime que Studio Ghibli nunca hizo. 277

Un nombre muy bonito... ¡que ahora me pertenece!

No es ningún secreto que Hayao Miyazaki se merecía un Óscar mucho antes de que la Academia se lo concediera. Studio Ghibli [→⦿98] llevaba creando obras maestras desde mucho antes de que *El viaje de Chihiro* se llevara el premio a la mejor película de animación, la primera vez que se concedía tal honor a un largometraje en lengua extranjera. Sin embargo, este reconocimiento, por tarde que llegara, es indicativo del punto de inflexión que marcó: un momento en el que todo empezó a cambiar para el anime a escala internacional.

No hay momento en *El viaje de Chihiro* que no resulte absolutamente mágico. Lo sentimos cuando el suave piano de Joe Hisaishi suena por primera vez, insinuando un tema evocador y solitario que evolucionará junto a la joven Chihiro a medida que se aleja del hogar de su infancia. Está presente en el primer estallido de imaginación de la película, cuando Chihiro se adentra de forma accidental en otro mundo rebosante de colores vibrantes y un espectáculo sin igual. Y está ahí, por supuesto, en cada uno de los momentos perfectamente medidos que vienen a continuación, desde la escena en la que come bolas de arroz en los campos de flores hasta ese inquietante y hermoso viaje en tren.

Perdida en un mundo del que parece que no podrá escapar, nuestra protagonista llorona tiene que madurar rápido. Al encontrar trabajo en una casa de baños para espíritus, Chihiro

油屋
ゆ

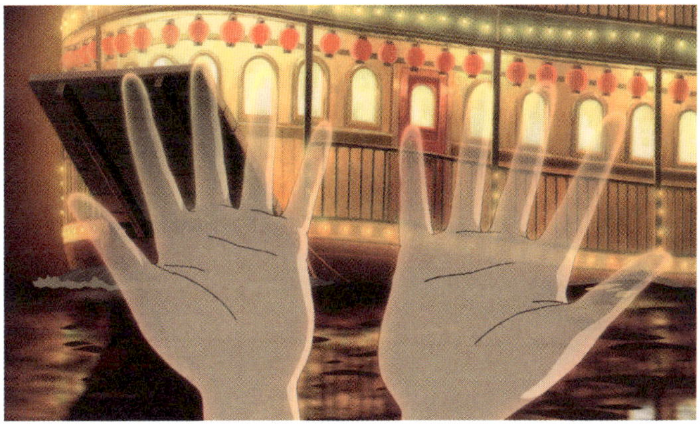

debe enfrentarse a poderosas brujas y a dioses apestosos con la esperanza de volver a casa. El viaje de autodescubrimiento de Chihiro es uno de los más bellos del cine, y se suma con orgullo al elenco de queridas protagonistas de Ghibli que se encuentran a sí mismas durante sus aventuras en otros mundos. Es una película tan rica, tan implacable en su fantasía, que cada vez que la vuelvo a ver me quedo anonadado ante los infinitos ejemplos de creatividad que Miyazaki y compañía nos presentan sin esfuerzo.

Todos tenemos nuestros favoritos en lo que respecta a Studio Ghibli y su legendaria filmografía, pero es difícil no considerar *El viaje de Chihiro* como una obra maestra de esta casa de animación. Era una película que no podía ser ignorada, ni por la Academia ni por un público mundial de recién llegados al anime. Creo que muchos de nosotros empezamos con ella, fascinados por una película que era tan contemplativa como emocionante y divertida, que era lo bastante acogedora como para adentrarse en ella al instante, y que te pedía que te sentaras con ella. Su estatus como una de las películas más importantes del anime nunca cambiará, pero es mucho más que ese legado al que la reducimos. No obstante, hablar largo y tendido del motivo sería robarte tu propio viaje, extraño y maravilloso, junto a Chihiro. Como sucede con toda la magia, es mejor no explicarla.

•

Estreno: 2001
Formato: Película
Director: Rintaro
Estudio: Madhouse
Género: Ciencia ficción
Basado en: Manga de Osamu Tezuka

Tekkonkinkreet presenta otra ciudad sucia, animada y extensa en la que perderse. 144

Obsesionado con la IA, Yasuhiro Yoshiura se pregunta si la humanidad es algo exclusivo de los humanos. 114

Metropolis
メトロポリス

¿Quién soy?

Cuando el rugiente jazz de su número de apertura nos da la bienvenida a Metropolis, la megaciudad del título se ilumina con fuegos artificiales, un desfile y una celebración. Es el nacimiento de una nueva era para sus habitantes, inaugurada por la construcción del Ziggurat: un rascacielos temible y majestuoso. Aunque esa construcción imposible es el último de una larga serie de testimonios cinematográficos de la arrogancia que ostenta la humanidad, *Metropolis* es todo lo contrario: un homenaje a la chispa y el talento de sus innumerables creadores... aunque es cierto que sobresale por encima de otras películas. Pese a las décadas que llevo fascinado por el cine, jamás he visto nada como *Metropolis*.

Cuando un detective privado y su joven pupilo —el siempre optimista Ken'ichi— llegan a Metropolis para dar caza a un científico sin escrúpulos, se topan con un mundo totalmente extraño. Se trata de una ciudad dividida, cuya opulenta superficie esconde capas (pero capas literales) de clasismo bajo su brillante barniz. La ciudad, segregada y densamente poblada, se convierte en un obstáculo inmediato para su cacería, que se vuelve aún más asfixiante por un sector de sus habitantes al borde de la rebelión. Nacida de un odio creciente hacia los miembros robóticos de la comunidad, la agitación hierve con fiereza bajo la superficie. Es en este polvorín donde Ken'ichi conoce a Tima, una androide sorprendentemente realista cuya mera existencia podría hacer estallar Metropolis entera.

Las extensas raíces del anime se entrecruzan aquí, la unión de todo un medio en una película que cuenta con el talento de todas sus estrellas. Con un guion escrito por Katsuhirō Ōtomo (*Akira*, [→⦿43]), dirigida por Rintarō y adaptada de un manga de Osamu Tezuka, *Metropolis* jamás desaprovecha su rico linaje. Aunque se trata

de una adaptación libre de su obra, estrenada doce años después de su fallecimiento, la mano de Tezuka se deja sentir en toda la cinta. Conocido como «el padre del manga moderno», su estilo característico, tan redondo y simpático, contribuyó en gran medida a establecer esta forma de arte. Sus personajes, reconocibles al instante, se mueven con fluidez en cada fotograma.

Metropolis está viva. Desde sus niveles más bajos hasta los más altos, las multitudes de la ciudad están en constante movimiento, y su viveza se vuelve implacable a medida que nos desplazamos por esa urbe gigantesca en secuencias de espectacularidad creciente. Es una visión digna de contemplar, aunque su grandiosidad nunca resta detalle y cuidado a los momentos más tranquilos de la película. Esa misma dicotomía se halla también en el corazón de *Metropolis* y de sus historias entrelazadas con delicadeza: un enfoque potente que da paso a la exploración de narrativas más contenidas. A medida que la corrupción del poder y la política amenazan con sumir Metropolis en la mayor de las distopías, el filme nos anima a mirar más de cerca y a encontrar humanidad en todo su desgarrador enfoque: un huérfano atribulado que busca la aprobación de su padre adoptivo, un revolucionario que solo puede ver la paz al terminar una violenta campaña, y la amistad entre un niño y una niña androide.

Sí, se aprecia parte del Ziggurat en *Metropolis*, un logro imponente que podría haber eclipsado gran parte del medio que lo representa. Sin embargo, como suele ocurrir con el mejor arte, *Metropolis* solo pretende abrir una puerta. «La nuestra es una forma de arte llena de deleites similares», parece que dijera, presumiendo, a la vez que da alas al resto de obras animadas y lanza un grito de guerra para que todos los nuevos fans sigan su estela.

•

Azumanga Daioh あずまんが大王

Estreno: 2002
Formato: TV
Director: Hiroshi Nishikiori
Estudio: J.C. Staff
Género: Comedia
Basado en: Manga de Kiyohiko Azuma

La rarísima *Midori Days* es la única que puede competir con la alocada juventud de *Azumanga*, si bien nuestros «cuerpos cambiantes» no llegan a explicar esta pesadilla pubescente. 130

Kaguya-sama: Love is War es una comedia romántica de las que te hacen reír a carcajadas, tan ridícula como los mejores gags de *Azumanga*. 270

Adiós, tristeza.

Desde hace mucho tiempo, los institutos han demostrado ser el pozo más profundo del anime. Desde el romance hasta el terror, pasando por todo lo que hay entre ambos extremos, esos días fugaces son uno de los terrenos en los que el medio se siente más cómodo. Sin embargo, es en la comedia donde nuestros días escolares se aprecian más ricos que nunca.

Azumanga Daioh, que sigue el día a día de seis chicas estudiantes cada vez más propensas a las tonterías, ha demostrado ser una fuente inagotable de risas desde su estreno. Entre la cabeza hueca de Osaka, la diminuta Chiyo y la desquiciada Tomo, esta serie no pierde el tiempo a la hora de presentar a sus protagonistas y ponerlas en toda clase de situaciones para nuestra diversión. De hecho, el derroche es el peor enemigo de *Azumanga Daioh*: al adaptar

unas tiras cómicas de Kiyohiko Azuma, la serie reproduce ese ritmo vertiginoso en sus segmentados episodios, sin hacerte esperar demasiado hasta el siguiente desenlace desternillante.

A lo largo de su carrera, Azuma ha demostrado ser un maestro a la hora de retratar la juventud. Su obra más conocida, *Yotsuba!*, es una obra maestra (y una lectura obligatoria) que narra la vida de Yotsuba Koizumi, una niña de cinco años de lo más entrañable que se distrae con cualquier cosa. Pero es aquí, en esta extraña etapa de la adolescencia, donde Azuma despliega un sentido del humor único y tontorrón con el que todas las comedias colegiales posteriores tuvieron que ponerse a la altura.

Para los fans de este formato, hay un sinfín de obras a las que acudir después de darse un atracón de *Azumanga Daioh*. La brillante *Nichijou*, de Kyoto Animation [→⦿146], parece estar en deuda directa con Azuma, mientras que títulos como *La vida desastrosa de Saiki K.* parten de esa base y la llevan a extremos cada vez más insólitos. Se trata de una auténtica mina, en la que cada nuevo descubrimiento desentierra nuevos favoritos: un festín de clásicos que rememoran los días más tontos de nuestras vidas.

•

Chobits
ちょびっツ

Let me be with you.

Estreno: 2002
Formato: TV
Director: Morio Asaka
Estudio: Madhouse
Género: Comedia romántica, ciencia ficción
Basado en: Manga de CLAMP

Elfen Lied también acoge a una huésped con amnesia... pero no todas las chicas sin hogar son tan inocentes como Chii. 122

Con series como *Cardcaptor Sakura*, las CLAMP revolucionaron el género de las chicas mágicas. 54

En plena Tokio, la meca de la alta tecnología, está naciendo una nueva era de la robótica. Nuestros teléfonos y portátiles han sido sustituidos por una nueva raza de androides de gran realismo llamados Persocoms. Hideki, que se acaba de mudar a la ciudad, está desesperado por formar parte de esta revolución tecnológica, pero no se lo puede permitir. Al menos hasta que se topa con una preciosa robot tirada en la basura y decide llevársela a casa.

Hideki es un bobalicón adorable, con los complejos sociales que cabría esperar de quien se siente un pez fuera del agua y las obsesiones lascivas que cabría esperar de un protagonista adolescente sin suerte en el amor. Está seguro de que le ha tocado la lotería con esta androide abandonada (con la que navegar por internet, jugar videojuegos y ver porno), pero cuando la enciende solo encuentra un disco en blanco. Chii, que recibe su nombre por el único sonido capaz de emitir, carece de sistema operativo y parece estar plagada de errores. Al principio, *Chobits* se conforma con ofrecer una historia encantadora y de baja complejidad que gira en torno a la nueva vida en común de esta pareja. Hideki intenta enseñarle sobre el mundo a su ingenua androide, pero sus reacciones explosivas dependen de un detonante que la adorable Chii es experta en activar sin querer. Todo ello da lugar a una serie cargada de humor estupendo y de escenas picantes, ayudada en ambos aspectos por un floreciente elenco de fabulosos personajes secundarios.

Pero si bien averiguar qué es exactamente Chii, o por qué la encontraron en la basura, es secundario para la simpática farsa de este harén [→⦿160], la serie insinúa desde el principio (y a menudo) que sus prioridades cambiarán pronto...

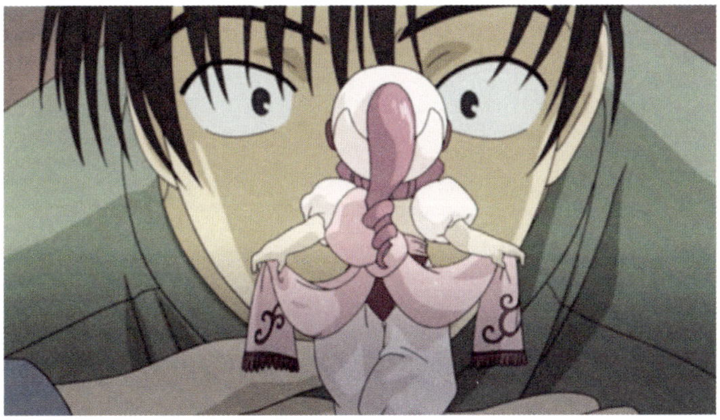

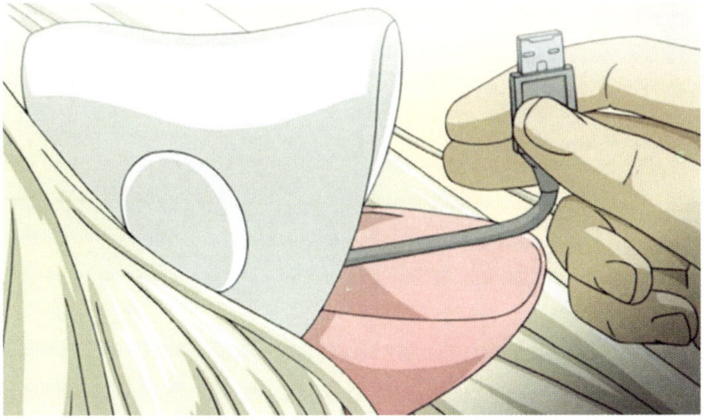

cuando el secreto de la legendaria línea de androides Chobits salga a la luz.

Chobits es una serie traicioneramente oscura, llena de personajes muy tristes, cambiados —manchados, quizá— por el nacimiento de los Persocom. Ya sea al reemplazar a alguien que han perdido o al encontrar algo que nunca tuvieron, es en sus historias donde la serie teje sutilezas desgarradoras en su propio tapiz de felicidad. A pesar de ello, nunca se regodea en la tristeza, pues siempre está dispuesta a espantar las preocupaciones con algún gag tonto.

En 2002, nuestros teléfonos aparatosos apenas eran capaces ejecutar la Serpiente y, sin embargo, *Chobits* relató una visión del futuro que ahora, más de veinte años después, nos resulta inquietantemente familiar. Puede que nuestras computadoras no se parezcan a nosotros (todavía no), pero su inteligencia avanza a un ritmo aterrador, nuestra dependencia de ellas es cada vez mayor y algunas ya están traspasando los límites de dónde pueden acabar esas relaciones. Las preguntas que *Chobits* planteó inocentemente hace tanto tiempo parecen más relevantes cada día que pasa.

•

Haibane Renmei
灰羽連盟

Estreno:	2002	*Género:*	Fantasía
Formato:	TV	*Basado en:*	Manga de Yoshitoshi Abe
Director:	Tomokazu Tokoro		
Estudio:	Radix		

Frieren es otra serie melancólica donde la aventura ya ha tocado a su fin. 292

La pintoresca *Grimgar of Fantasy and Ash* coloca a sus protagonistas en un mundo extraño sin que tengan idea de cómo han llegado allí. 250

Este es mi sueño en la crisálida.

¿Quiénes somos, por qué estamos aquí y qué hay más allá? Son preguntas que nos han obsesionado como especie, dilemas que nuestros más grandes pensadores se han pasado la vida contemplando, y temas que nuestros medios de comunicación han explorado de formas cada vez más interesantes. La incomparable *Haibane renmei* es una hermosa pieza en ese hermoso rompecabezas.

En una apacible ciudad rodeada de campos abundantes y muros de alturas imposibles, las angelicales «alas grises» no nacen sino que renacer de grandes crisálidas. Salen de estos capullos sin recuerdos de la vida que han dejado atrás y con poca idea de lo que está por venir. Al principio, este creciente grupo de náufragas es como un cálido abrazo. Las salvajes y juveniles Kuu y Kana confieren un ambiente despreocupado a la naturaleza reflexiva del lugar. Hikari, la panadera residente, aporta al grupo una agradable dulzura con mucho acierto, y la sensata y siempre dormilona Nemu proporciona un punto de referencia con el que las demás pueden orientarse.

Pero es con Reki y Rakka —un ángel veterano y una «nueva pluma», respectivamente— donde la serie encuentra su alma. Cuando Rakka es acogida en Old Home, una enorme residencia abandonada que se ha convertido en un nido de alas grises, Reki se hace cargo de ella e intenta familiarizarla con esa nueva e inquietante existencia, definida por tradiciones, rituales y reglas que le resultan ajenas. Pero, por mucho que lo intente, *Haibane renmei* no trata realmente sobre un ángel que se adapta a su nueva vida, sino sobre el dolor de dejar atrás la anterior.

A medida que se profundiza en la relación entre Reki y Rakka, se van abriendo capas

que revelan un estudio de personaje desgarradoramente introspectivo, profundamente obsesivo y, a menudo, angustiosamente sombrío.

Creadas por un maestro de la melancolía, el artista Yoshitoshi Abe (*Serial Experiments Lain*, [→⊙86]), las afligidas alas grises parecen mirarnos fijamente, suplicarnos, desde el interior de la pantalla. Sus alas y halos pueden insinuar que son diferentes a nosotros, más puras quizá, pero este grupo se ve consumido por los mismos misterios existenciales. Es difícil no vernos reflejados en los ángeles de Old Home.

A pesar de ello, *Haibane renmei* es una experiencia sorprendentemente acogedora durante gran parte de su duración. A medida que este anime plantea sus muchos misterios, a medida que presenta sus preguntas más nebulosas sobre la fe, la salvación y la condenación, nunca osa perderse en los profundos temas que trata.

Descifrar los múltiples significados de *Haibane renmei* te puede llevar la vida entera, pero es una búsqueda que vale la pena. Por cada ángel sollozante que encuentres, por cada pregunta sin respuesta, te responde con amor, esperanza y un mensaje que reafirma algo por encima de todo: hay gente a tu lado.

•

Destacados: Director

Yasuhiro Yoshiura

吉浦 康裕

La ciencia ficción vive y muere por sus conceptos, un género inusual en el que la idea es más importante que su ejecución. Es por eso que los embriagadores planteamientos de las historias alternativas resuenan tan profundamente en los relatos cortos, y se quedan en nuestra mente mucho después de que concluyen sus fugaces narraciones. El director Yasuhiro Yoshiura ha demostrado ser un maestro en este tipo de historias de conceptos complejos.

La tenaz búsqueda de la premisa por parte de Yoshiura —y la claridad que aporta ese enfoque— da como resultado una colección que quizá se describa mejor como «escueta». Tanto en televisión como en cine, sus concisas narraciones nunca se quedan tiempo de más. ¿Y si escapáramos de la muerte del planeta escondiéndonos bajo tierra? ¿Y si se invirtieran las polaridades gravitatorias de la mitad de nuestra población? Sus «¿Y si...?» son siempre posibilidades poco exploradas. Estos deliciosos hilos argumentales, sutilmente entretejidos en los márgenes de la historia que presentan, invitan a las mentes inquisitivas (como la tuya) a desentrañarlos por completo. Con ello, Yoshiura nos invita a adentrarnos en sus mundos de forma más profunda y significativa.

En *Patema y el mundo invertido*, una brecha insalvable separa los mundos de nuestros héroes. Después de que un cataclismo deja a algunos de los habitantes de la Tierra cayendo sin fin hacia el cielo, la humanidad se fractura en dos grupos: los que están anclados en la gravedad y los que están siempre en discrepancia con ella. Patema y Age son protagonistas opuestos en polaridad, una vive en la seguridad de las cavernas subterráneas y el otro en una ciudad orwelliana en la superficie. Son el contrario del otro, y poner un pie en el mundo invertido de su nueva amistad podría ser mortal. En un mundo en el que nuestros protagonistas se sienten diametralmente —incluso magnéticamente— opuestos, no puedes evitar querer verlos juntos. Por suerte, sabemos que los polos opuestos se atraen.

Los personajes de Yoshiura llevan mucho tiempo encontrando ese equilibrio entre unos y otros. A lo largo de su carrera, ha vuelto siempre a la misma pregunta conmovedora: ¿qué es lo que nos separa? Su catálogo plantea muchas posibilidades: en *Aquatic Language*, son las trampas accidentales del habla. En *Pale Cocoon*, nuestro propio pasado truncado. En *Time of Eve* y *Canta con una chispa de armonía*, es nuestra humanidad —o la falta de ella— lo que amenaza con volverse irreconciliable. No obstante, a pesar de la naturaleza evolutiva de la pregunta, la respuesta de Yoshiura sigue siendo la misma. A lo largo de toda su obra, llena de mundos diseñados para dividirnos, triunfamos manteniéndonos unidos.

Hay otra preocupación más en las historias de Yoshiura, un tema recurrente que el director ha abordado desde múltiples perspectivas igual de interesantes a lo largo de los años: el auge de los androides. En una era de robots no tan avanzados como nos quieren hacer pensar, en la que nuestros hogares funcionan con inteligencia artificial y la expresión «aprendizaje automático» parece más aterradora que nunca, Yoshiura nos pide que nos replanteemos nuestra simbiosis con la tecnología. Examina hasta qué punto ridículo nos

Patema y el mundo invertido

Time of Eve
Time of Eve

Harmonie

hemos vuelto dependientes de ella y se pregunta cómo podremos algún día aceptar, rechazar o incluso enfurecernos contra la creación del tipo de robots que la ciencia ficción nos lleva prometiendo desde hace años.

Time of Eve fue el primer estudio real de Yoshiura respecto a esta cuestión. En este futuro sombrío, los androides ya no son noticia; llevan mucho tiempo desempeñando nuestras labores domésticas e incluso criando a nuestros hijos. Sin embargo, su apariencia realista ha empezado a inquietar a la sociedad, y el movimiento contra los androides empieza a crecer de fondo. Es esta nueva tensión la que Time of Eve, una discreta cafetería escondida en un callejón, intenta calmar de manera silenciosa.

La serie es una especie de antología en la que cada capítulo plantea una pregunta diferente sobre la convivencia con robots. Los clientes de la cafetería reflexionan sobre estas cuestiones, pero es en ellos mismos donde *Time of Eve* esconde su secreto más interesante. Al entrar, los androides deben apagar sus halos digitales, lo único que los distingue de los humanos, y entonces desaparece la última frontera entre ambos.

Derribar estas barreras no es fácil y *Time of Eve* parecería una obra reduccionista si lo fuese. Existe tensión incluso en el refugio aparentemente tranquilo que es la cafetería. Aunque se pide a los visitantes que no le den vueltas al tema, nadie se puede resistir a la obsesión de averiguar quién es quién entre la ecléctica clientela del café. La historia nos invita a participar en este juego de adivinanzas, a unirnos a la caza de brujas de los androides y a intentar descubrir quién esconde un halo. Es un gancho innegablemente atractivo, amenizado aún más por los endiablados dobles faroles y las revelaciones continuadas. Sin embargo, el propósito final de Yoshiura no es solo entretener sino fomentar la reflexión. Nos pide que cuestionemos no solamente los prejuicios de sus personajes sino, al mismo tiempo, los nuestros propios.

A pesar de este callejón sin salida semántico, Yoshiura plantea una pregunta muy profunda: ¿es la humanidad una cualidad exclusiva de los humanos? Es una duda que flota en la tranquila atmósfera de *Time of Eve*, una pregunta que cala en el espectador durante mucho tiempo después de verla, y una que el propio Yoshiura ha retomado en *Canta con una chispa de armonía*. ¿Pueden programarse las cualidades inefables del ser humano? ¿Puede existir un alma entre líneas de código? ¿Puede insuflarse humanidad a lo que es inherentemente inhumano?

En la que es, sin duda, una de las películas más alegres del anime, Yoshiura responde con claridad: sí. Con su androide cantarín, su divertido reparto de jóvenes, su humor desternillante y su argumento palomitero, *Canta con una chispa de armonía* es un delicioso antídoto contra la melancolía de *Time of Eve*. Aquí no hay nada ni remotamente triste, ¿cómo podría haberlo? En esta película repleta de canciones y bailes apenas hay lugar para el melodrama adolescente, por no hablar de reflexiones sobre el alma.

En estas dos historias, Yoshiura ofrece una visión sobre un futuro con compañeros artificiales, uno que parece menos ficticio con cada día que pasa. Los androides de Yoshiura son singularmente humanos, nos hablan de un modo que solo la mejor ciencia ficción puede conseguir, incluso haciéndonos cuestionar nuestra propia humanidad. En un mundo en el que la evolución tecnológica es inevitable, y en el que nuestras nociones en blanco o negro sobre la robótica se acercan a una era inundada de grises, debemos plantearnos cómo vamos a responder cuando la verdadera inteligencia artificial diga por fin «hola».

Patema y el mundo invertido

Patema y el mundo invertido

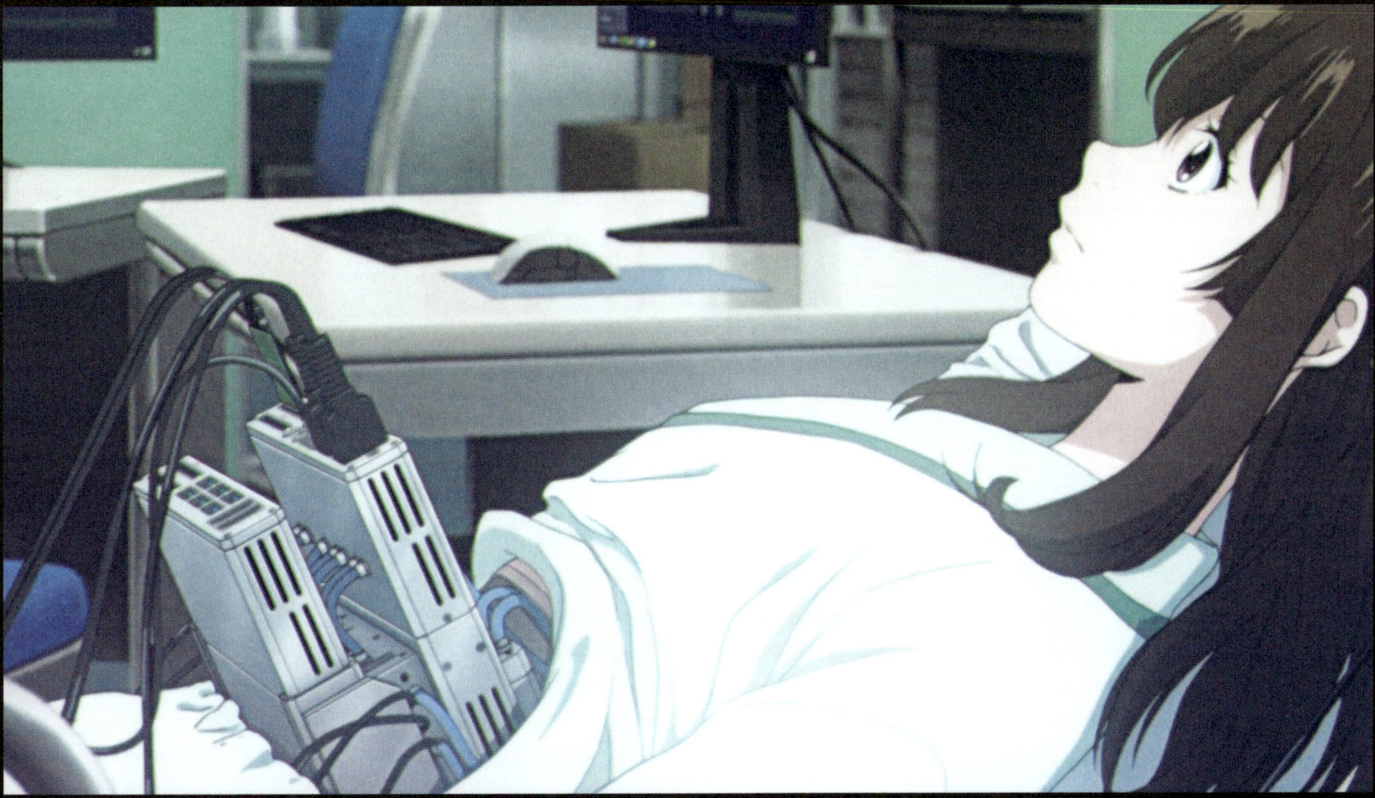

Canta con una chispa de armonía

Canta con una chispa de armonía
Power Plant No. 33

Patema y el mundo invertido

Interstella 5555
インターステラ 5555

Estreno: 2003
Formato: Película
Director: Kazuhisa Takenouchi
Estudio: Toei Animation
Género: Musical, ciencia ficción

Cowboy Bebop rivaliza con Interstella por cuál contiene la mejor banda sonora del espacio. 84

Apúntate al concierto de *Beck*, cabeza de cartel en el mundo del anime sobre música. 124

Music's got me feelin' so free.

Interstella: the 5tory of the 5ecret 5tar 5ystem, o simplemente *Interstella 5555*, es una aventura espacial sin parangón. El dúo de música electrónica Daft Punk le presentó el proyecto al legendario dibujante de manga Leiji Matsumoto como un videoclip musical de una hora de duración dedicado a su álbum *Discovery*, de 2001. Una unión de música francesa y animación japonesa, una historia sin palabras sobre el amor y la corrupción y con unos ritmos de escándalo que, a bien seguro, se puede decir que no se ha vuelto a repetir en esta galaxia.

La película, que narra en 14 partes la aventura de un grupo pop intergaláctico de moda (los Crescendolls) que es secuestrado por un siniestro productor discográfico para que gane premios y fama, es en el fondo una crítica no tan sutil a la música producida en masa y a la industria en general. Conocidos por sus increíbles cascos futuristas que ocultan su identidad, Daft Punk rechaza desde hace tiempo la fama invasiva que conlleva el estrellato. Esa aversión se ve reafirmada por la historia de *Interstella* sobre un talento único que es absorbido y regurgitado como algo que puede atraer a la mayor cantidad de público, un enfoque cauto y calculado de la

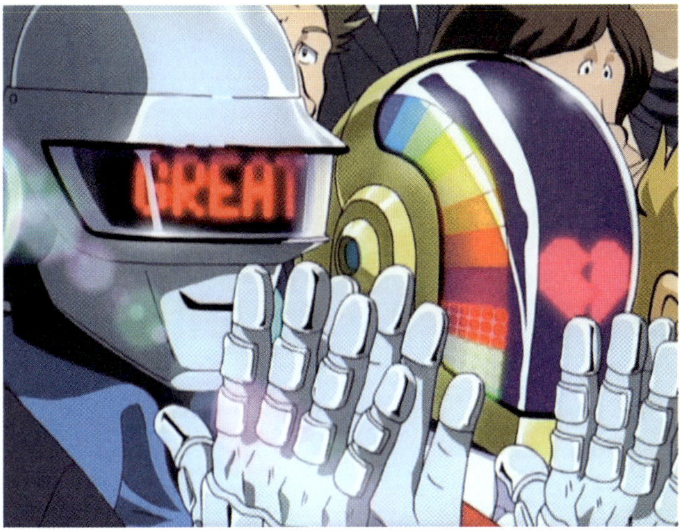

música pop que está despojando a los artistas de su originalidad y atractivo.

La historia gira en torno a temas melancólicos, como la pérdida de identidad, al mismo tiempo que amenaza con llegar a un final teñido de amarga tristeza, pero la música de Daft Punk hace maravillas para dar energía a la película con un optimismo inquebrantable. Por ejemplo, la subtrama romántica que aparece a mitad de la cinta queda introducida de manera fantástica por *Something About Us*, mientras que canciones que se han convertido en éxitos de la época como *Harder, Better, Faster, Stronger* garantizan que, independientemente del drama existencial que se desarrolle en la pantalla, estemos marcando el ritmo con los pies, siguiendo la letra e invirtiendo todo nuestro corazón en seguir este homenaje intergaláctico al poder de la unión.

Siempre me sorprende lo bien que ha envejecido *Interstella* y lo avanzada que sigue pareciendo décadas después de su estreno. Con su combinación de efectos visuales ricos y vibrantes y su plano sonoro a golpe de house electrónico, encuentra su alma —una que sabe deleitarnos con facilidad— y su esperanza en un mensaje sencillo: que la música nos une a todos, sin importar de dónde vengas ni qué planeta sea tu hogar. A veces, necesitamos juntarnos y celebrar las cosas que sí valen la pena… *One More Time*.

•

Animatrix

アニマトリックス

Estreno: 2003
Formato: Película
Director: Varios
Estudio: Varios
Género: Acción

¿Qué es la Red? Adéntrate en *Serial Experiments Lain* para descubrirlo. 86

Si quieres una alternativa al nacimiento de los androides, prueba con la compleja *Metropolis*. 105

En el principio, se hizo el hombre. Y por un tiempo, fue bueno.

El estreno de *Matrix* en 1999 lo cambió todo. Con sus fascinantes efectos tiempo bala, las espectaculares coreografías de lucha y las destacadas interpretaciones de Keanu Reeves y Carrie-Anne Moss, supuso un hito monumental para el cine. Descrita como una *Alicia en el País de las Maravillas* llena de acción y pasada por el filtro de Platón para un público de *millennials* disociados, es un filme que nos pidió que no solo reconsideráramos todo lo que creíamos saber sobre el cine sino también el propio tejido de la realidad.

Matrix fue una franquicia muy emocionante, y no lo digo solo porque replanteaba la filosofía antigua como algo vital, actual y lleno de tiroteos con coreografías de ballet. Su universo —tanto el de «Matrix» como el de su aciago mundo real— rebosaba de historias que quedaron sin contar. Los fans estaban desesperados por saber más: ¿cómo escapaba la gente de Matrix? ¿Qué hacían otros supervivientes en el mundo real? Y lo más importante de todo: ¿qué sensuales travesuras se podían hacer en las salas de entrenamiento de la Construct? Ahí es donde entra *Animatrix*.

Compuesta por nueve cortometrajes creados por algunos de los autores más reconocidos del anime, *Animatrix* se permitió estirar las piernas en el patio de juegos de las Wachowski. Bajo la supervisión del dúo de directoras, estas historias tuvieron permiso para ser originales, únicas y maravillosamente extrañas. Directores como Shin'ichirō Watanabe (*Cowboy Bebop*, [→⦿82]), Yoshiaki Kawajiri, (*Ninja Scroll*, [→⦿26]) y Takeshi Koike (*Redline*, [→⦿188])

rellenaron los huecos en la narrativa que quedaban entre las películas, se lanzaron de cabeza al interior de esos confines tan bien delimitados y salieron de allí con cortos que ampliaron enormemente nuestra comprensión de este universo alucinante.

Descubrir cómo Kid consiguió salir de Matrix por pura fuerza de voluntad o presenciar el enorme sacrificio de la tripulación del Osiris —tramas que solo se mencionan de pasada en las películas— es algo apasionante, y aún más por la enorme variedad de estilos que se exhiben. Sin embargo, lo más interesante es cuando *Animatrix* tira de los hilos que las películas apenas han tocado. *Más allá* explora lo que sucede cuando se produce una falla en Matrix que altera reglas como la gravedad y la inercia, para el disfrute y el desconcierto de la gente corriente. Por su parte, *Programa* plantea una pregunta aterradoramente pertinente: ¿qué pasa cuando te arrepientes de haber tomado la píldora roja?

Si alguna vez has querido saborear de golpe la gran variedad de estilos tan dispares y distintivos que ofrece todo un medio, *Animatrix* te brinda esa misma posibilidad. De hecho, muchos de los actuales fans descubrieron el anime a través de esta conocida franquicia, y con la antología expandieron sus gustos y horizontes. La revista *Empire* afirmó en una ocasión: «Sin *Akira* [→⦿43], no existiría *Matrix*. Es así de importante», y para muchos fue toda una reivindicación. El anime ha superado durante mucho tiempo los mismos límites que *Matrix*, y estas dos potencias culturales chocaron por fin en *Animatrix*, maridadas de forma maravillosa por algunos de los nombres más grandes de la industria. Como parte de la franquicia, *Animatrix* es una interesante colección de relatos cortos y mitología expandida... pero como parte de la historia del anime para el resto del mundo, puede que sea uno de los títulos más importantes que jamás se han creado.

•

Elfen Lied

エルフェンリート

Estreno:	2004	*Género:*	Fantasía oscura, ciencia ficción
Formato:	TV		
Director:	Mamoru Kanbe	*Basado en:*	Manga de Lynn Okamoto
Estudio:	Arms		

Al contrario que la brutalidad psíquica de *Elfen Lied*, las guerreras de *Sailor Moon* usan sus poderes para el bien. 58

Berserk emplea su sangrienta narrativa para contar historias sutiles dentro de su oscuro mundo. 78

¿No somos todos monstruos por dentro?

Cuando en la puerta de Kouta aparece una hermosa joven que está desnuda, no puede hablar y no tiene ningún recuerdo de su pasado, la desgarradora *Elfen Lied* coloca cuidadosamente una alfombra de la que tirará para que caigamos cada vez que pueda. La idea de una invitada con amnesia que solo sabe pronunciar su nombre ya se había utilizado anteriormente en series como *Chobits* [→⦿110], pero *Elfen Lied* se ganó su legendaria reputación trastocando lo familiar y convirtiendo a su desconocida de pelo rosa en una psicópata asesina de masas con horribles superpoderes.

Los Diclonius cornudos son una curiosa evolución de la humanidad, armados literalmente con vectores invisibles y extensibles que utilizan casi exclusivamente para realizar actos cada vez más violentos. Directamente salidos de una película de serie B, se abren paso destrozando todo lo que encuentran, con el único objetivo de demostrar lo frágiles que son nuestros cuerpos llenos de vísceras. Durante la inolvidable introducción de la serie, nuestra antiheroína se pavonea, segura y letal, atravesando un recinto fuertemente protegido con guardias a los que convierte en mermelada con muy poco esfuerzo. *Elfen Lied* se lleva la palma en lo que a aperturas memorables se refiere.

En muchos sentidos, es exactamente el tipo de anime

que siempre aterrorizó a los detractores del medio: lleno de desnudos frecuentes, violencia impactante y sangrienta y temas que se consideraban tabú. La serie se preocupa poco por la sutileza, pero tras este grotesco exterior se esconde un corazón sorprendentemente sincero. El núcleo de *Elfen Lied* es, sin duda, la familia hallada: cuando Kouta abre su hogar a adolescentes fugitivas, mutantes asesinas y jóvenes libidinosos, intenta encontrar lo que hay de bueno en ellos. A veces, lo intenta demasiado fuerte, pero siempre le acaban proporcionando un consuelo único en un mundo que se percibe cada vez más roto y trastornado.

Cada tema doloroso y cada sonrisa amarga componen un tapiz de lo más desagradable, una historia construida de manera tan perversa que resulta punzante al tacto. Pero para aquellos fans del anime que se defienden de la imagen que *Elfen Lied* suele proyectar, resulta extrañamente catártico el ceder y dejarse llevar por su naturaleza gratuita. A pesar de que el anime puede ser dulce, maduro o serio, es igual de divertido ver cómo se apoya en su propia reputación cuestionable y acepta ser todo lo que el público general teme que sea.

•

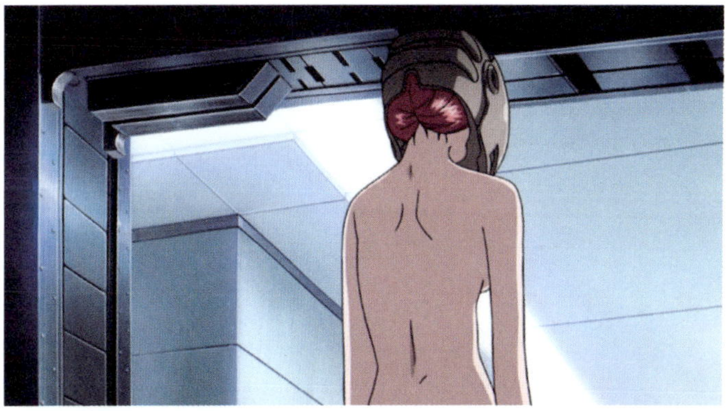

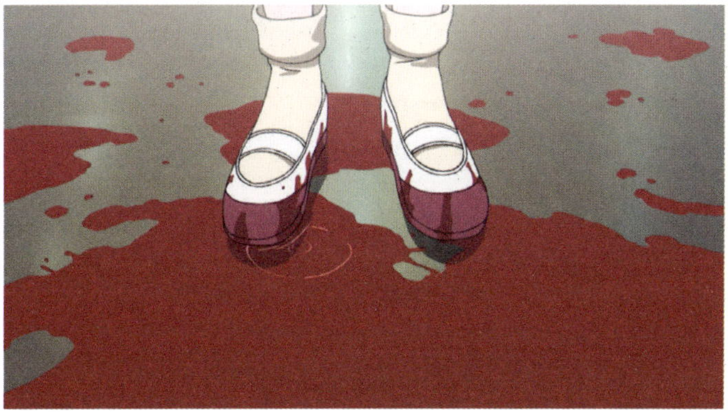

Beck
ベック

Estreno:	2004	*Género:*	Musical
Formato:	TV	*Basado en:*	Manga de Harold Sakuishi
Director:	Osamu Kobayashi		
Estudio:	Madhouse		

La exquisita *NANA* es la resplandeciente respuesta del shōjo a los chicos de Beck. 7 158

Cambiando los instrumentos por el baloncesto, *The First Slam Dunk* demuestra que la pista puede ser un escenario para el estrellato. 288

I was made to hit in America.

El anime está lleno de fantasías de poder. Al crecer surcando la embriagadora ola de la televisión japonesa de importación, teníamos mucho donde elegir cuando se trataba de vivir sueños ridículos: ¿queríamos convertirnos en supersaiyanos [→⊙38], o quizás atraparlos a todos [→⊙75]? Para quienes sentíamos esa misma emoción al buscar una guitarra y tocar una versión desafinada de *Smoke on the Water*, ahí estaba *Beck*. Es verdad que nunca se pudo comparar con Dragon Ball —era demasiado «rock 'n' roll» para eso— pero su nombre corrió como si se tratara de un concierto secreto de una banda de moda... y entonces, todo el mundo se acercó a ver a Beck a pie de escenario.

En pleno cambio de milenio, cuando los medios de comunicación japoneses minimizaban la importancia musical del país expresándolo como la «Era de los cantantes en guerra», el rockero y dibujante Harold Sakuishi decidió alzar su voz. En su epopeya musical *Beck*, Sakuishi explora la vida de Koyuki, una adolescente sin objetivos en la vida que descubre una banda de rock y, en ella, un propósito.

La consiguiente serie de animación es una de esas raras adaptaciones que uno entiende totalmente necesarias, incluso cruciales, porque ofrece algo que el manga no puede ofrecer de ninguna de las maneras: música. Los fans esperaron mucho para descubrir cómo sonaba Beck, para sentir el magnetismo musical del grupo, para estar entre la muchedumbre de su público y escuchar cantar a Koyuki. Hacer realidad ese sonido fue todo un atrevimiento pero, por suerte, Sakuishi dejó una guía en sus personajes tan bien formados.

Es esta misma dinámica la que aprovecha el anime con

JOHNNY

su ecléctica banda sonora: el sensato y siempre firme Saku es un pilar de apoyo para Beck, y proporciona un ritmo de batería tan potente y constante como él solo. La guitarra veloz de Ryusuke, adornada con marcas de bala, gimotea con su misma angustia y dramatismo. El leal e imperturbable Taira siempre está dispuesto a apoyar a sus amigos, ya sea en una pelea o en el escenario con un sonido de bajo tan frío y sereno como es él. Por su parte, Chiba, el explosivo líder de la banda, oculta sus grandes inseguridades con una fachada de alborotador. Koyuki acaba siendo el más enigmático del grupo, un completo desconocido al principio, pero que rápidamente se convierte en el pegamento secreto que une esos sonidos dispares. Su voz resulta vital en las canciones más suaves del repertorio de la banda, y así acaba cosiendo de manera maravillosa este conjunto de retazos.

Este mosaico se extiende a la banda sonora de la serie. Empleando numerosos artistas japoneses de finales de los 90, *Beck* ofrece una embriagadora mezcla de grunge, powerpop, punk y rock. Estos temas se produjeron expresamente para la ocasión, haciendo que los propios actores de voz interpretaran esas versiones y consiguiendo que la serie goce de una banda sonora cohesionada y genuina.

Cuando escuché por primera vez la música de Beck, todo cobró sentido. Me pareció una expresión adecuada de los personajes de Sakuishi: ruidosa y bombástica, excesiva y enérgica, pero al mismo tiempo sincera y sentida. Beck no es la nueva gran banda de moda (aún no, al menos), pero la promesa de lo que está por llegar para este grupo se puede sentir con toda su fuerza. Somos como polillas atraídas por una llama. De inmediato, me veo arrastrado de vuelta a cada antro y club, deseando escuchar *Slip Out* de nuevo. Puede que haya dejado de tocar la guitarra hace mucho, pero siempre llevaré conmigo la música de Beck y toda esa promesa que representaba.

•

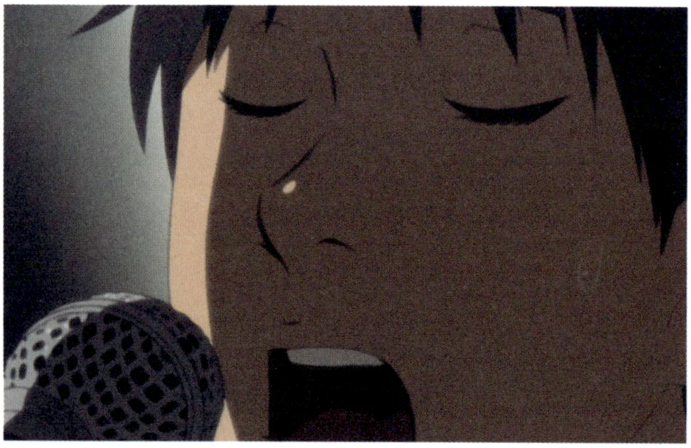

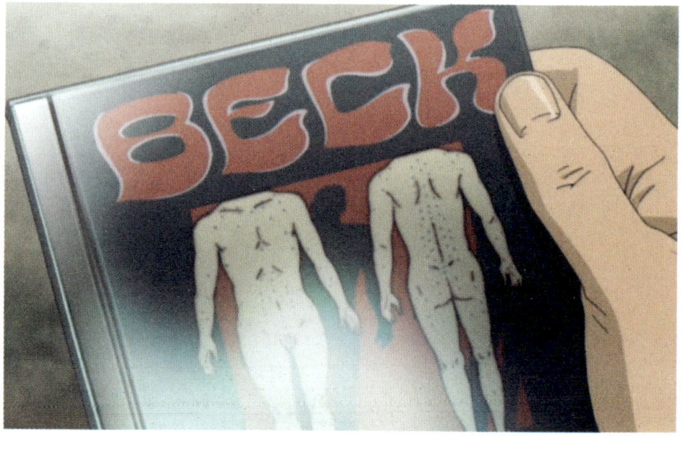

Estreno:	2004	*Género:*	Costumbrista, comedia
Formato:	TV	*Basado en:*	Manga de Shimoku Kio
Director:	Takashi Ikehata		
Estudio:	Palm Studio		

Repleto de referencias al anime, *Genshiken* sabe brillar con el mismo tipo de parodia que *Azumanga Daioh*. 108

Bakemonogatari es casi tan autoconsciente como *Genshiken*, derribando la cuarta pared para ofrecer historias de lo más extrañas. 186

Genshiken

げんしけん

¡Quien diga que no se la puede pelar con el anime, está claro que tiene un problema cerebral!

Si quieres entender el anime, comprenderlo de verdad, mira *Genshiken*.

A través de la Sociedad para el Estudio de la Cultura Visual Moderna (un club extraescolar lleno de otakus), esta serie explora cómo el anime es adorado, analizado y abrazado por sus fans más devotos. Una década antes de que *Shirobako* [228] revelara cómo se crea el anime, *Genshiken* ya ofrecía un estudio de cómo se consume.

Desde los viajes a Akihabara para comprar las novedades hasta los sofocantes salones de las convenciones de cómics, seguimos el día a día de este club lleno de frikis. Un nuevo recluta, el tímido Sasahara, puede parecer al principio nuestro representante por parte de los espectadores, pero es Saki quien realmente ocupa el centro del escenario. Como sufrida novia de un atípico y apuesto miembro del club, vemos este extraño mundo a través de sus ojos no iniciados.

El descenso de Saki al mundo de la cultura otaku es a regañadientes —su brillante entrada a este abismo es, precisamente, pataleando y gritando para expresar su descontento— pero, mientras navega por él, forja sin darse cuenta una relación que no es con esta pasión directamente, sino con quienes la comparten. Aunque rara vez muestra interés por la extraña afición de los miembros del club, no puede evitar animar, defender e incluso preocuparse de verdad por ellos, y creo que, a través de ella, hasta el fan del anime con más problemas puede empezar a quererse a sí mismo.

Un anime sobre el anime podría parecer un poco autocomplaciente, pero *Genshiken* nunca pretende ensalzar a sus imperfectos protagonistas. Las personas introvertidas que se sitúan en

los márgenes de otras obras son aquí el centro de atención, un protagonismo con el que se sienten profundamente incómodos, y en cuanto *Genshiken* los hace abrirse, empiezan a brillar.

Esta cándida mirada introspectiva es dulce y sincera, nunca condena esas extrañas fijaciones, y de este modo trata de tranquilizar a su público. Todo el mundo merece un hogar, un grupo al que pertenecer. A los catorce años, lo único que quería yo era que alguien, quien fuera, compartiera mi fascinación por este extraño arte japonés. En cierto modo, *Genshiken* me dio esa salida.

A través de sus apasionadas divagaciones sobre una serie ficticia de anime, el poder superior de los videojuegos o incluso los méritos plásticos de la pornografía ilustrada, la serie envía un mensaje de esperanza a todos los bichos raros que se preguntan si lo son tanto. Sí, lo confirma, eres un bicho raro. Pero en lugar de juzgar esta certeza, *Genshiken* la acepta sin reservas. Por el contrario, simplemente te pide que te preguntes si alguna vez quisimos ser normales.

•

Midori, échame una mano
美鳥の日々

Estreno:	2004	*Género:*	Comedia romántica
Formato:	TV	*Basado en:*	Manga de Kazurou Inoue
Director:	Tsuneo Kobayashi		
Estudio:	Pierrot		

Teniendo a uno de sus intereses románticos literalmente pegado a él, Seiji protagoniza una historia de harén cada vez más interesante. 160

Puede que Denji no se despierte con una chica pegada a su muñeca, pero las motosierras de sus manos son un descubrimiento igual de loco en *Chainsaw Man*. 282

¡La única novia que he tenido en tres años es mi mano derecha!

Seiji Sawamura, conocido por todos como el Perro Loco, tiene un problema de reputación. Aunque en secreto defiende a los débiles, es más famoso por su vena violenta, cortesía de su legendaria «mano derecha del diablo». Por eso mismo, los rumores sobre su insaciable sed de sangre no le han ayudado a conseguir novia y, tras 17 años de soledad, está convencido de que su mano va a ser su única amante... hasta que es sustituida por una joven llamada Midori.

Planteando una de las premisas más extrañas del medio, *Midori, échame una mano* (también conocida como *Midori, dame una mano* en Hispanoamérica) sirvió como prueba de fuego para los nuevos fans del anime, y como advertencia sobre lo rara que podía llegar a ser su nueva afición. Reducida en tamaño y pegada a su muñeca, la Midori en miniatura causa una sorprendente primera impresión tanto en Seiji como en el espectador.

Midori, que se ha dado cuenta de la verdadera naturaleza de Seiji, lo ha amado en secreto durante años y decide sacar el máximo partido a esta extraña nueva vida. A este no le convence demasiado la situación, y su extraña pareja da lugar tanto a los mejores gags de la serie como a verdaderas explosiones emocionales. Resulta fácil alentar a Midori gracias al imposible optimismo que demuestra. Liberada de la estirada aristocracia familiar, utiliza esta oportunidad como excusa para experimentar el mundo de nuevo, siempre al alcance de la mano de la persona que ama.

Veinte años después, *Midori, échame una mano* sigue siendo una de mis series favoritas.

Monster
モンスター

Estreno: 2004
Formato: TV
Director: Masayuki Kojima
Estudio: Madhouse
Género: Thriller, misterio
Basado en: Manga de Naoki Urasawa

El duelo de mentes de *Monster* es similar al complejo misterio de *Death Note*. 154

Osamu Tezuka, el creador original de *Metropolis*, es el héroe de Naoki Urasawa. 105

El secreto para romper las reglas es hacer que parezca que las estás siguiendo.

Con el cambio de milenio, la televisión estadounidense entró en la edad de oro de la programación de prestigio. Una época popularizada por series como *Los Soprano*, definida por su crudeza narrativa y sus altos valores de producción. Al otro lado del mundo, el anime vivía un momento similar. Cuando *Monster* se estrenó en 2004, parecía única en su estilo, un *thriller* misterioso cuya enmarañada red se desenredaba lentamente semana tras semana. En una época en la que el mundo rara vez se tomaba en serio el anime, *Monster* fue un triunfo que desafió esa opinión.

Kenzo Tenma podría ser el mejor neurocirujano de la Alemania Occidental. Tras mudarse de Japón a Düsseldorf para continuar sus estudios, la carrera de esta joven estrella despega rápidamente. De hecho, las manos firmes de Tenma parecen haberle arreglado el futuro. Pero cuando decide salvar la vida de un niño en lugar de operar a un político moribundo, despierta sin querer un mal que pondrá de rodillas a toda Alemania: un asesino en serie empeñado en abrirse camino por el país entero. Cuando los cadáveres empiezan a acumularse, Tenma sabe que depende de él detener al monstruo que ha ayudado a crear.

Fiel adaptación de la célebre obra del dibujante Naoki Urasawa, *Monster* está considerada una obra cumbre en ambos medios. Urasawa es un talento poco común, cuya maestría narrativa solo encuentra rival en su

impactante arte. Es en los rostros de sus personajes donde más se aprecia el brillo de su genio: sus expresiones sutiles y cambiantes permiten narraciones tan llenas de matices como ellos mismos. Esta fuerza ha sido comprendida y defendida durante mucho tiempo por las adaptaciones de su obra, y *Monster* no es diferente. Cuando Tenma abandona la comodidad de su vida para perseguir a un despiadado asesino en los oscuros bajos fondos de Alemania, su viaje se ve plagado de personajes complejos y conflictivos, cuyos expresivos rostros confieren una sensación inquietante a la obra.

Es un infierno de aventura, de las que giran a un lado cada vez que esperas que giren al otro. A medida que se entretejen de manera cuidadosa esos hilos aparentemente dispares, la narrativa de *Monster* evoluciona de forma sorprendente, y el camino de Tenma se cruza con el de personajes secundarios fascinantes. Una joven se convierte en la fijación del nuevo asesino en Alemania, un agente especial desentraña su propia vida en una implacable búsqueda de la verdad y, en el centro de todo, el enigmático monstruo: cada uno de ellos es el protagonista de su propia historia, y siempre que el impredecible camino de Tenma se cruza con el suyo, empiezan los fuegos artificiales.

Monster no desperdicia ni un solo momento de su extensa duración, y nunca pierde el control de nuestra atención. Es una obra de las que te dejan sin aliento, repleta de giros impactantes y revelaciones que recontextualizan todo lo que vimos hasta entonces. Desde el principio, la serie demuestra todo el potencial narrativo del anime, consolidando su lugar como uno de los mayores logros del medio y como un misterio emocionante y atemporal.

•

Destacados: Género

Iyashikei

癒し系

La vida puede ser agotadora. Puede ser ajetreada, agitada, implacable, llena de drama y teñida de tragedia incluso en el transcurso de los mejores años. Por eso, al final de nuestros días más largos, cuando intentamos olvidarnos del ajetreo y el bullicio que dejamos atrás al cruzar la puerta de casa, resulta extraño que a menudo recurramos a medios tan ruidosos como el propio mundo del que intentamos escapar.

En Japón, una sociedad que impone enormes exigencias a sus ciudadanos, con una dinámica de trabajo y ocio muy inclinada hacia lo primero, se agradece profundamente la oportunidad de desconectar de verdad a través de los medios que consumen. Para evadirse de su propia realidad. Para sanar.

El *iyashikei* es un subgénero de la ficción japonesa diseñado para calmar emocionalmente a su público, ofreciendo una sensación de serenidad que a menudo escasea en la vida cotidiana. Se trata de un alimento audiovisual para el alma; películas y series acogedoras que evitan el drama y la acción en favor de la reflexión tranquila y la comedia amable. En una entrevista de 2002 con Hayao Miyazaki, el crítico Roger Ebert alabó los momentos de quietud del cineasta: esas escenas pausadas de una película de Studio Ghibli [→⊙98] en las que la historia se aparta un momento para centrarse en los movimientos de la hierba en la brisa, para seguir el rastro de las nubes mientras surcan el cielo, o simplemente para observar a un personaje sentado solo y pensativo.

«En japonés tenemos una palabra para eso», respondió Miyazaki. «Se llama "ma" (間), vacío. Está ahí de forma intencionada». Ese «ma» es la esencia del iyashikei. Se puede emplear de forma magistral en los largometrajes de Miyazaki a modo de acento pero, con una dirección cuidadosa, ese vacío puede llenar cualquier producción. El iyashikei, que a menudo se combina con cándidas historias de la vida cotidiana, comprende la importancia de los momentos, de dejarlos reposar y respirar. Algunos son desgarradoramente crueles, otros maravillosamente cálidos. Así es el iyashikei: no la vida en su forma más emocionante, sino siempre en su forma más humana.

Yama no susume

Flying Witch
Yama no susume

Girl's Last Tour

Mushishi

Mushishi [→⊙138] es un ejemplo perfecto de la sensación que defiende el iyashikei. Gracias a su vagabundo meditativo en plena exploración de un Japón etéreo a la vez que cura sus dolencias espirituales, es fácil encontrar consuelo en su tono relajado y sus diálogos en voz baja.

Non Non Biyori

Hay cierto romanticismo en la vida del pequeño pueblo de *Non Non Biyori*, algo imposiblemente nostálgico en el hecho de conocer a todos los vecinos y caminar kilómetros hasta la tienda más cercana. Esta serie sobre los niños de la escuela del pueblo —los cinco que hay— consiguió hilar tres temporadas y una película a partir de su maravilloso montón de nada.

Yokohama Kaidashi Kikō

En *Yokohama Kaidashi Kikō*, el mundo se está ahogando. Tras una gran calamidad, el planeta se ha quedado en silencio, y el murmullo de la humanidad ha sido sustituido por el aumento de las mareas. Es aquí, en este pintoresco posapocalipsis, donde una androide regenta una cafetería en el fin del mundo.

Wakakozake

Todos los callejones sombríos de Japón parecen esconder algo especial: un restaurante apartado que ofrece *karaage*, brochetas de carne, tempura o ramen. *Wakakozake* es una serie peligrosa que se aprovecha de esos placeres sencillos, y su sabroso menú de platos deliciosamente representados te reta a que te resistas a reservar un vuelo directo a Tokio.

Natsume's Book of Friends
Yuru Camp

Do It Yourself!

Bunny Drop

Mushishi
蟲師

Estreno:	2005	*Género:*	Iyashikei, Supernatural
Formato:	TV	*Basado en:*	Manga by Yuki Urushibara
Director:	Hiroshi Nagahama		
Estudio:	Artland		

Todo es tal y como es.

Más allá del velo de la percepción humana, en un plano etéreo que pocos pueden comprender, juegan los mushi. Estas enigmáticas entidades, de apariencia fantasmal, no son ni espíritus ni demonios, sino vida en su forma más fundamental y pura. De vez en cuando, su reino se cruza con el nuestro, a menudo con consecuencias nefastas, y corresponde a los mushishi mediar y garantizar una coexistencia pacífica.

Ginko, nuestro protagonista siempre en marcha, es uno de esos vendedores ambulantes. Paciente e incansable observador de estos mundos en silenciosa guerra, se dedica no solo a ayudar a los afectados sino también a iluminar a aquellos incapaces de percibir lo ajeno. A través de su delicada insistencia en convivir con los mushi en lugar de erradicarlos, y su dedicación a fomentar el equilibrio, Ginko, con voz suave, no solamente sana a aquellos con los que se encuentra sino que también empieza a curarnos a nosotros.

Silencioso, contemplativo, tranquilo e inquietante, *Mushishi* es un anime que

Igual que en *Mushishi*, los artistas de *Shōwa genroku rakugo shinjū* comprenden que la tragedia y la comedia son dos caras de la misma moneda. 254

Higurashi When they Cry es otro misterio sobrenatural ambientado en un pueblo rural japonés... pero hasta a Ginko le costaría salir airoso de ese caso. 156

no se parece a ningún otro. Ambientado en una versión de Japón perdida en el tiempo, parece el folclore de una tierra que nunca existió realmente: un mundo extraño y el vagabundo solitario que lo conquista; pueblo a pueblo, problema a problema, mushi a mushi.

Estas historias para ir a la cama tienen algo de terror extrañamente entrañable. Los cuentos de hadas son reliquias narrativas, creadas para enseñar a los niños cómo vivir mejor sus vidas y advertirles de los peligros que acechan cuando nos desviamos del camino. *Mushishi* parece un libro de cuentos sobre un mundo más allá del nuestro, una antología de lecciones sobre las cosas que te acechan por la noche o se esconden en tu armario, sobre la oscuridad que hay bajo tus pies, detrás de tus párpados y en el corazón de los hombres.

Al igual que su protagonista, la serie comprende la importancia del equilibrio. Por cada historia que da un giro trágico, hay un contrapunto esperanzador; por cada ser humano atrapado por los caprichos de un mushi, hay un aldeano desventurado que inflige el mismo dolor a un mundo que no puede percibir. A menudo es la ignorancia la que absuelve a ambos bandos de la verdadera maldad. «Son como son», dicen de los mushi, y lo acabamos de comprender en una especie de trance.

A pesar de sus habilidades como sanador, a menudo Ginko se ve relegado al papel de espectador profesional, enseñándonos bien el arte de la observación. Capta los fugaces momentos de belleza en una historia de asfixiante oscuridad, o los brotes de una nueva vida a la sombra de la muerte. A lo largo de su extenso metraje, *Mushishi* nos anima a contemplar, a reflexionar y a sacar nuestras propias conclusiones. Como espectadores, es una responsabilidad maravillosamente liberadora.

Como todos los buenos cuentos de hadas, *Mushishi* se disfruta mejor antes de ir a dormir. Sus historias pasajeras, sus colores melancólicos y sus diálogos relajantes crean una calma hipnótica, ideal para reflexionar entre la vigilia y el sueño. Es el antídoto perfecto para un medio repleto de títulos que luchan de forma ruidosa, colorida y violenta por llamar la atención. *Mushishi* se contenta con dar las buenas noches, mientras que otras recurren a la acción rimbombante y a crueles finales abruptos para mantenernos enganchados un episodio más.

•

Estreno:	2006	*Estudio:*	Studio Ghibli
Formato:	Película	*Género:*	Fantasy
Director:	Goro Miyazaki		

La relación rota entre padre e hijo también es una parte importante de la perturbadora *Neon Genesis Evangelion*. 64

Los traumas familiares no son el plato principal de la deliciosa *Tragones y mazmorras*, pero sí un apetecible aperitivo. 294

Cuentos de Terramar ゲド戦記

Solo el hombre sabe que le llegará la muerte, y ese es un regalo muy preciado.

En nuestras obras de fantasía más queridas, desde *La historia interminable* hasta *El viaje de Chihiro* [→⦿102], descubrimos que los nombres guardan un poder inmenso. En *Historias de Terramar*, una serie de libros escritos por Ursula K. Le Guin, conocer el verdadero nombre de algo significa la capacidad de dominarlo. Para una serie tan obsesionada con este concepto, resulta poético que fuera Gorō Miyazaki quien dirigiera este largometraje. Al fin y al cabo, pocas personas sienten tanto el peso de un nombre como el hijo de Hayao Miyazaki [→⦿98].

Los libros siguen las aventuras de Ged, un mago errante que navega por el archipiélago de Terramar para ayudar a los necesitados y encontrarse a sí mismo sobre las olas. De la arrogancia de su juventud a la sabiduría de su vejez, Terramar traza una evolución asombrosa. No obstante, si hay un elemento recurrente, ese podría ser la huida, con personajes que escapan del peligro o de sus propios destinos oscuros. Por ejemplo, en *Un mago de Terramar*, Ged atraviesa tierra y mar para huir de Gebbeth, un horrible ser de sombra que le persigue a cada paso que da. Una y otra vez, nuestros protagonistas acaban encontrando la paz al enfrentarse a sus demonios.

Del mismo modo, Gorō Miyazaki intentó dejar atrás el legado de su padre. Estudió agricultura y paisajismo, manteniéndose alejado de la animación, hasta que le ofrecieron la oportunidad de diseñar el mágico Museo Ghibli de Mitaka. El hecho de trabajar con el estudio sin tener que acercarse a la intimidante sombra de su padre pareció abrir una puerta para Gorō, que empezó a colaborar como guionista gráfico. Su pasión latente y su talento para la

animación se hicieron notar, y finalmente fue recompensado con un papel de director. ¿Qué mejor lugar para enfrentarse a su propio Gebbeth que una adaptación de *Terramar*?

Como director novel, la visión de Gorō es atípica. Entorna el arte de Ghibli hacia lo agrícola, con escenas cada vez más pausadas que exploran un mundo rural y los momentos más tranquilos dentro de él. *Cuentos de Terramar* no es tanto una adaptación como un homenaje, ya que presenta una mezcla de temas, personajes y arcos argumentales de los libros que demuestran una profunda comprensión, que no fidelidad, a su material original. Estas pinceladas de elegante abarcamiento transmiten un mensaje poderoso y relevante, incluso con su ambientación fantástica. Los libros de Le Guin mantienen una fijación temática en la muerte, y aquí se explora esa misma relación, desde aquellos que la temen por encima de todo hasta los que entienden que es simplemente el siguiente paso en una aventura mucho mayor.

Tras el estreno de la película, Hayao Miyazaki, famoso por sus duras críticas, pidió a su hijo que dejara de hacer películas. Los cinéfilos parecían estar de acuerdo, e incluso Le Guin se mostró discretamente decepcionada. El consenso estaba claro pero, por suerte, Gorō Miyazaki no hizo caso. Continuó creando la encantadora *La colina de las amapolas*, una película realizada con la ayuda y, es de suponer, la bendición de su padre.

En el epílogo de *Un mago de Terramar*, Le Guin escribió que se trata de cuentos populares que cambian según quién los cuenta. Historias de valor y sabiduría que se entrelazan, se cantan y se dividen a lo largo del tiempo hasta que hay un sinfín de variaciones. *Cuentos de Terramar*, de Gorō Miyazaki, es otra de esas historias en las que los elementos nos resultan familiares, los temas están siempre presentes, pero los detalles más sutiles son confusos y llanos. Un mundo tan extraño y rico merece ser explorado, y Miyazaki Jr. lo hace maravillosamente en este filme, encarnando las dificultades de los personajes a los que ha dado vida. En su propio viaje por la animación, Gorō se enfrenta finalmente a sus demonios y, al hacerlo, recupera cierto poder sobre su propio nombre.

•

Tekkonkinkreet
鉄コン筋クリート

Estreno: 2006
Formato: Película
Director: Michael Arias
Estudio: Studio 4°C
Género: Acción, fantasía
Basado en: Manga de Taiyō Matsumoto

Esta es mi ciudad.

Tekkonkinkreet es una película sin igual. Una respuesta, o al menos una alternativa, a la popularidad generalizada de los *shōnen* de peleas [34]; una película de aventuras onírica protagonizada por chicos con superpoderes que se meten en peleas igual de superpoderosas y que se deleita dando la vuelta a las convenciones. *Tekkonkinkreet* nos presenta a niños que saltan por encima de rascacielos y se enzarzan en sangrientas peleas como si fueran hechos mundanos y cotidianos, insinuando de forma subversiva que, hasta ahora, solo hemos hecho caso al tipo de acción equivocado.

Dos huérfanos de lo más revoltosos, el joven e ingenuo Blanco y su hermano mayor y protector Negro, son figuras a tener en cuenta en Ciudad Tesoro. Su banda, conocida como «Los Gatos», es tan temida que ni siquiera los grandes mafiosos se atreven a meterse con ellos a pesar de que solo son dos. Parecen haber existido siempre en este retorcido

El atípico estilo artístico de *Tekkonkinkreet* recuerda a la libertad plástica de Massaki Yuasa. 192

Michael Arias trabajó junto a las hermanas Wachowski cuando produjo *Animatrix*. 120

paisaje urbano, niños perdidos en el país de Nunca Jamás de Ciudad Tesoro, sin necesidad de crecer para enfrentarse a policías y gánsteres.

Blanco y Negro saltaron sin esfuerzo de las páginas de su cómic, representado con el atípico arte del célebre dibujante Taiyō Matsumoto. El suyo es un estilo artístico que intimida a la hora de adaptarlo, pues ese complicado arte tan lineal funciona a duras penas en la página, así que ni hablar de en movimiento. Sin embargo, el director Michael Arias, el primer director no japonés de una gran película de anime, demostró estar más que preparado para hacer frente a tal reto. Ciudad Tesoro cobra vida bajo su colorida dirección, y el singular estilo de Matsumoto danza por la pantalla sin perder nunca ni una pizca de su delicadeza.

Tekkonkinkreet es a veces implacable con el espectador, demostrando una capacidad de atención ridículamente breve en su primer acto. La historia salta de un lugar a otro, de un grupo a otro, tratando febrilmente de presentar al público cada facción y cada personaje de interés antes de adentrarse en la historia en sí. La película, sin embargo, nunca espera a que el espectador esté informado o recupere el aliento: en poco tiempo, nos encontramos con alocadas escenas de persecución por carretera, tríos de temibles sicarios a la caza de nuestros protagonistas y violentos enfrentamientos en lo alto de bloques de viviendas.

No obstante, en el fondo de todo hay un gran cúmulo de ternura. Se llega a poner el foco sobre temas como el abandono, el aislamiento y la soledad, y *Tekkonkinkreet* señala directamente a los adultos —a nosotros— para decir que le hemos fallado a nuestra juventud. Pese a todo, hay un rayo de esperanza: los niños se niegan a fallarse unos a otros. La película logra salir triunfante gracias a sus personajes. Blanco y Negro, esas extrañas y poderosas ratas callejeras con predilección por golpear a la gente con sus tubos metálicos, acaban siendo adorables a pesar de su propensión a la violencia, y si resulta tan fácil empatizar con ellos es gracias al buen ojo de Arias como director.

Al dar vida al impactante mundo de Matsumoto, *Tekkonkinkreet* plantea una pregunta que nosotros, como aficionados, deberíamos plantearnos constantemente: ¿qué es el anime? Dependiendo de cómo sigamos presentando y respondiendo esa pregunta, este medio que todos adoramos tendrá el poder de cambiar y evolucionar, una forma de arte que tiene el potencial de ser una de las más versátiles y emocionantes que existen. En el momento en que dejemos de hacernos esa pregunta, morirá.

•

Destacados: Estudio Kyoto Animation

京都アニメーション

Durante más de dos décadas, Kyoto Animation ha reinado como el maestro del anime colegial. A lo largo de su prolífica producción, el estudio ha creado innumerables historias sobre maduración, ha servido las más exquisitas porciones de la dulce vida escolar y ha hilado historias sobre las tragedias y triunfos de la pérdida y el amor.

Fundado en los 80 por el matrimonio Hideaki y Yoko Hatta, este pequeño estudio de Kioto se centró al principio en ayudar a otras empresas. Sin embargo, con el cambio de milenio, su dinámica evolucionó y Kyoto Animation empezó a labrarse su propio legado dentro de la industria. A principios de los 2000, el estudio causó sensación con populares adaptaciones de novelas visuales como *Air*, *Kanon* y *Clannad*. Estas obras sentaron unas bases sólidas para el joven estudio (y para el prometedor Tatsuya Ishihara, que las dirigió todas), y *Clannad* en particular disfrutó de una gran repercusión y se convirtió en una de las obras más célebres del anime.

Al principio de la historia, el taciturno Tomoya Okazaki está tocando fondo. Enfadado con un mundo que poco a poco le ha ido quitando todo lo que aprecia, ha empezado a retraerse. Pero un encuentro fortuito con la amable pero tímida Nagisa Furukawa pone en marcha un cambio en la vida de ambos, a medida que los grises de su mundo se tornan en hermosos colores.

A lo largo de la temporada y de su entrañable secuela, *Clannad* ofrece mucho por lo que caer rendido a sus pies. Sus personajes, aunque arquetípicos, son maravillosamente cándidos, cada uno más entrañable que el anterior. Sus tramas, famosas por su melancolía, se ven acentuadas por un reparto empeñado en encontrar la luz en los momentos más oscuros. De hecho, es una serie famosa por su naturaleza desgarradora, pero nadie menciona nunca lo divertida que es, o lo cómodo que te sentirás en su compañía. Sus momentos buenos compensan con creces los malos... y si eso no es un estudio optimista de la condición humana, no sé qué lo será.

Conocido ahora por sus hermosos dibujos, su enfoque delicado y sus diseños de personajes *moe*, Kyoto Animation no tardó en convertirse en una potencia con un estilo identificable al instante. En particular, el estudio emplea a más mujeres que muchos de sus compañeros de industria y las asciende fácilmente a puestos directivos. La aclamada Naoko Yamada [→ ⊙236] es un buen ejemplo, una mujer de grandísimo talento que defendió ese enfoque único del estudio con su narrativa tranquila y contemplativa. En adelante, la ola de KyoAni no paró de crecer: en una industria en la que los animadores están extrañamente infravalorados, el estudio se enorgullece de ofrecer puestos estables y bien remunerados, y de comprometerse únicamente a una carga de trabajo razonable cada año, demostrando que el éxito no tiene por qué producirse a expensas de la salud.

En 2006, Kyoto Animation estrenó *La melancolía de Haruhi Suzumiya* [→ ⊙150]. Esta serie sobre una extraña adolescente a la caza de lo

Hyouka

Chūnibyō demo koi ga shitai

Clannad

Air

paranormal se convirtió en una piedra angular para el estudio, y en un fenómeno mundial para el resto de la gente. *Haruhi* cautivó al público, inspirando innumerables imitaciones de su memorable baile, la formación de un falso seguimiento religioso e incluso contribuyendo a un gran avance en el campo de las matemáticas.

El anime encontró en *Haruhi* una nueva imagen y Kyoto Animation obtuvo una reputación estelar que mantener. Se podría perdonar que el estudio tropezara después de semejante éxito, pero a *Haruhi* le siguió un éxito tras otro. *Lucky Star* y *Nichijou* consolidaron a KyoAni como un coloso de la comedia; las inteligentes e implacables ocurrencias de la primera y la locura de la segunda dieron lugar a clásicos atemporales. *Hyouka*, un pastiche de misterios detectivescos, adaptó sus rompecabezas de forma inteligente a ese atípico entorno de instituto. No obstante, fue con la modesta *Sound! Euphonium* donde KyoAni encontró su obra maestra moderna.

Tomando como tema una banda de música escolar, *Sound! Euphonium* cuenta una historia sobre crecer y encontrarse a uno mismo, aunque con algunos problemas por el camino. Estos problemas, junto con la confusión, la angustia e incluso el amor, se llegan a explorar con toda clase de detalle. Kumiko es una estudiante cuya pasión por la música está decayendo. Después de unirse a regañadientes a la banda de su nuevo instituto por un extraño sentido del deber, se reencuentra con una vieja amiga que también está intentando encontrar su lugar. Reina, cuyo feroz talento e implacable empuje intimida y molesta a todos los que la rodean, se siente aislada. Esta yuxtaposición de ambiciones es lo que una vez las separó, pero cuando Kumiko redescubre a su vieja amiga bajo una nueva luz, se despiertan las pasiones.

Sound! Euphonium se atrevió a presentar a las chicas de instituto como adolescentes sensatas y con los pies en la tierra, en lugar de usar el vivaz estereotipo que la propia KyoAni contribuyó a institucionalizar. Kumiko, en particular, parece asombrosamente real: flexible ante la adversidad, confusa y torpe en asuntos del corazón, pero sorprendentemente empática con los personajes rotos por los que la serie a menudo parece dejar de interesarse. El guion es brillante, y es que a veces Kumiko parece romper las reglas de la serie, obligándola a ajustarse a lo que hace. En definitiva, *Sound! Euphonium* es de todo menos un anime típico.

En 2019, un hombre entró por la puerta principal de Kyoto Animation cargado con 40 litros de gasolina, roció el estudio y le prendió fuego. El incendió acabó con la vida de 36 empleados: visionarios, artistas... personas. Fue una tragedia como nunca se había vivido en el mundo del anime, y una de las mayores masacres en la historia moderna de Japón.

Kyoto Animation cree en un mundo bello. Mira cualquiera de sus obras y encontrarás esa creencia sincera en todos y cada uno de los fotogramas. Apoyado por sus fans, compañeros e incluso líderes mundiales, el estudio se recuperó, se levantó de nuevo de una pérdida insondable para seguir —a pesar de todo— creyendo en esa belleza. Es una fortaleza única, que demuestra la pasión que se respira en Kyoto Animation. Los protagonistas del estudio, desencantados con el mundo a causa de un trauma, el aburrimiento o un intento fallido de maduración, se plantean siempre la misma pregunta: ¿Qué sentido tiene todo? ¿Vale la pena esforzarse por vivir?

La miríada de voces que componen Kyoto Animation lleva décadas respondiendo a esa pregunta, y su firmeza nunca ha flaqueado: SÍ. La vida, con sus altibajos emocionales, vale la pena. Al ver estas obras, pocos reconocerán su propia juventud en las tragedias sobrenaturales o en las aventuras de otros mundos por las que a veces pasan estos personajes, e incluso las historias más realistas vienen empapadas de una nostalgia imposible. Sin embargo, KyoAni pinta trazos lo bastante gruesos como para que incluso su retrato de la juventud, teñido de color de rosa, nos resulte íntimamente familiar: colmado de los lazos inquebrantables de la amistad, el electrizante amor juvenil y la aterradora promesa de ese futuro que nos espera a la vuelta de la esquina. Tanto si sus historias se inclinan hacia la seriedad, la dulzura o la comedia, KyoAni nos toma la mano, una y otra vez, en un viaje relámpago por lo que significa ser joven, tonto y honesto.

Esto es Kyoto Animation, y el suyo es un mundo hermoso.

Sound! Euphonium

K-On

Clannad

Violet Evergarden

SOS La melancolía de Haruhi Suzumiya 涼宮ハルヒの憂鬱

Estreno: 2006
Formato: TV
Director: Tatsuya Ishihara
Estudio: Kyoto Animation
Género: Comedia, ciencia ficción
Basado en: Novelas de Tanigawa y Noizi Ito

Naoko Yamada se ha labrado una buena carrera tejiendo historias llenas de estudiantes sorprendentes. 236

Haruhi y Lamu, la alienígena estrella de su serie homónima, se habrían hecho muy amigas de haberse cruzado sus caminos. 20

¡Kyon, te llaman!

La melancolía de Haruhi Suzumiya comienza con un monólogo. Nuestro protagonista, Kyon, se deshace en elogios sobre el mundo ordinario y poco sorprendente en el que vive, y el tono apagado de la serie refleja su cinismo. Aunque entendemos su razonamiento, sorprende un poco encontrar un hombre que se niega a perder el tiempo en lo fantástico. Hay algo en el interior de todos nosotros que quiere creer en un mundo más mágico... Por eso, cuando su compañera Haruhi Suzumiya se presenta el primer día de clase afirmando que intenta hallar lo paranormal, su figura se vuelve como un chaleco salvavidas que han lanzado a un mar demasiado tranquilo. Durante su introducción, el color inunda la pantalla, comienza a sonar una banda sonora alegre y la serie cambia de ritmo: todo lo imposible parece estar ahora al alcance de la mano. Al igual que su protagonista, la serie causó una primera impresión sorprendente cuando llegó a nuestras pantallas en 2006.

Brillante, pero completamente aburrida, la excéntrica Haruhi Suzumiya anhela una vida más emocionante. Con la reacia ayuda de Kyon, ambos crean la Brigada S.O.S., un club diseñado para satisfacer sus fantasías más absurdas, y Haruhi se convierte en su tirana de facto. Convence a un grupo de personajes aparentemente inocentes para que se conviertan en miembros del club, y se dispone a encontrar viajeros temporales, alienígenas y personas con poderes. La ironía es que Haruhi ignora que ya se ha encontrado con estos seres extraordinarios, o tal vez ellos la han encontrado a ella, con la intención de mantener entretenida a esta singular adolescente. Sea una deidad, alguien con delirios o simplemente una experta en detectar lo paranormal, lo que está claro es que Haruhi es única.

Es uno de los personajes más fascinantes del medio. Se podría decir, incluso, que es la villana de la serie, ya que su terquedad impide que los miembros de la Brigada S.O.S. tengan una vida tranquila. De hecho, en su ausencia, la serie destila una calma catártica... así que ¿por qué sentimos alivio cuando por fin irrumpe en escena? ¿Por qué Kyoto Animation [146] se esforzó tanto en que sus escenas brillaran con esa fuerza? Todo se mueve al son del innegable magnetismo de Haruhi. Esa atracción inicial,

que fluctúa y evoluciona de forma impredecible a medida que avanza la serie, está siempre presente a lo largo de la historia. Tenemos que sentirnos atraídos por Haruhi para poder entender por qué los demás también se sienten inexplicablemente atraídos por ella.

Como personaje, Haruhi es como una aguja hábilmente enhebrada, aunque no todas las ideas que se intentaron en la serie fueron un éxito infalible. En cualquier caso, se trata de un anime que ha conseguido grandes golpes de efecto, algunos de los cuales terminaron siendo fallas espectaculares, mientras que otros han marcado un hito en la industria. El problema de que esas victorias se hayan convertido en un icono es que ahora resulta difícil explicar la importancia de la serie: muchas de sus jugadas más atrevidas han sido adoptadas e imitadas por el resto de la industria desde entonces. Aun así, es fácil maravillarse con la forma en que la serie se emitió de forma desordenada, o con ese episodio sobre un bucle temporal que se repitió, reanimó y redobló de forma casi idéntica durante ocho semanas seguidas. Incluso al día de hoy, *Haruhi Suzumiya* tiene la capacidad de asombrarnos.

La serie nunca tuvo miedo de pedirle a sus espectadores que se dejaran llevar sin más por la acción y, al confiar en que su público lo haría sin reservas, *Haruhi* consiguió un seguimiento internacional como pocas veces se había visto en el anime. No solo formaba parte del espíritu de la época, sino que *era* el espíritu de la época, e incluso generó una religión (el haruhiismo) entre sus fans más fieles. Sería difícil encontrar un grupo de aficionados más leal y, sin embargo, *Haruhi* puso a prueba esa lealtad con algunas de las decisiones más extrañas que jamás se han visto en semejante posición. Perdió gran parte de los espectadores con la misma facilidad con la que los ganó. Por cada grabación de su famoso y memorable número de baile que los aficionados subían a las plataformas de video, había un hilo en los foros lleno de un odio extremo.

Antes de empezar la serie, sentí que ya contaba con un conocimiento sólido sobre las posibilidades del anime. *Haruhi*, con un único y extraño episodio, destrozó esa idea mía por completo. Verla ahora, sin tener en cuenta su significado histórico, resultará bastante extraño, pero te animo a que lo pruebes.

•

Code Geass: Lelouch, el de la rebelión コードギアス 反逆のルルーシュ

Estreno: 2006
Formato: TV
Director: Gorō Taniguchi
Estudio: Sunrise
Género: Mecha

Un gran poder conlleva una gran responsabilidad, una certeza con la que tienen que lidiar los Panzer Cops de *Jin-Roh*. 91

Los elegantes personajes de *Code Geass* fueron diseñados por CLAMP, el mismo grupo de autoras que creó Chobits. 110

Si mi alma se interpone en mi camino, me desharé de ella.

En el mundo alternativo que propone *Code Geass*, el Sacro Imperio Británico intenta conquistar el mundo, una nación dirigida por un monarca demente empeñado en el control total y que ha reducido Japón a un mero número. En esta nueva era, en la que ágiles robots conocidos como Knightmares ganan las batallas sin esfuerzo y mantienen la recién apodada «Área 11» bajo el dominio real, se forma una pequeña y desesperada resistencia para recuperar Japón.

Es esta violenta rebelión la que consigue dañar a Britannia, haciéndole una herida lo bastante profunda como para que algunos de sus secretos más oscuros salgan a la luz. Cuando Lelouch —un estudiante de enorme inteligencia que destaca en los juegos de estrategia— se ve envuelto en este caos, llega a conocer uno de esos secretos... una misteriosa chica de pelo verde que le otorga un poder que podría cambiarlo todo.

Con sus espectaculares combates de robots y su

politiqueo cada vez más complejo, *Code Geass* podría haber sido simplemente otra serie más de su género. En cambio, permite que una sola pieza altere todo el tablero. Gracias a la capacidad psíquica de doblegar a otros a su voluntad y en contra de la suya propia, Lelouch comprende que la guerra no es más que otro juego que ganar.

El joven es tan sociópata como parece (recuerda bastante a Light Yagami, el maquiavélico antihéroe de *Death Note* [→⊙154]), retorcido y cruel cuando se trata de manipular a enemigos y aliados por igual. A medida que Lelouch mueve sus piezas y tiende trampas terroríficas sin reparar en el costo humano de sus despiadadas jugadas, la historia se vuelve más y más entretenida.

Code Geass es una serie de ritmo sorprendente, que cautiva de inmediato y rara vez decae. Gran parte de su éxito reside en su protagonista, un perturbado cuya fachada te encanta ver caer; pero ese juego político del gato y el ratón evoluciona y se ve reforzado por unos personajes estupendos. Ese vasto elenco exige que te preocupes tanto por los villanos como por los héroes, y disfruta difuminando las líneas que los separan siempre que surge la oportunidad. El abismo no es algo exclusivo de Lelouch, y sondear las profundidades ocultas de los personajes es uno de los mejores ganchos de *Code Geass*. Desproporcionada a veces, pero absolutamente magnífica y fascinante en todo momento, este es un anime que no cuesta devorar de un tirón.

L Death Note
デスノート

Estreno:	2006	*Género:*	Psicológico, thriller
Formato:	TV	*Basado en:*	Manga de Tsugumi Ohba y Takeshi Obata
Director:	Tetsurō Araki		
Estudio:	Madhouse		

El humano cuyo nombre esté escrito en este cuaderno morirá.

Cuando el tranquilo e inteligente Light Yagami descubre un cuaderno abandonado, una libreta que promete matar a cualquiera cuyo nombre esté escrito en sus páginas, se lo toma como una broma original. Pero el cuaderno de la muerte no es ninguna broma; se trata de un artefacto que procede del reino de los shinigami, los dioses de la muerte. Movido por la curiosidad, Light prueba su poder y mata a un criminal que ha retenido a unos rehenes desde la total comodidad de su habitación. En ese momento, vislumbra un futuro en el que impartirá justicia y un mundo que podrá moldear a su antojo.

No es difícil entender por qué *Death Note* se ha convertido en un fenómeno mundial. Es un misterio sólido y en constante evolución que nunca teme centrar su atención en el espectador, y que disfruta planteando complicados dilemas morales y pidiéndote que opines al respecto. A medida que Light inicia su genocidio contra los criminales (y contra cualquiera que se atreva a oponerse a él), se va transformando en un personaje fascinante, sobre el que *Death Note* evita en gran medida emitir ningún juicio en particular. Que lo veamos como el villano de la obra o como un antihéroe que tiene razón es algo que siempre depende de nosotros mismos, un debate que el mundo entero ha estado discutiendo en internet desde hace décadas.

A medida que las acciones de Light van captando la atención de todo el planeta, nuevos actores emergen de entre las sombras. Algunos quieren acercarse a este misterioso justiciero, otros quieren acabar con él. De estos, destaca L: un brillante y extraño detective que podría estar a la altura de Light. Desde el anonimato, la campaña de L contra Light es absolutamente fascinante, y su

Los duelos mentales y las revelaciones impactantes son pan de cada día en *Kaiji*, un anime de apuestas que va con todo. 165

¿Estudiante educado de día y asesino diabólico de noche? Eso me suena mucho a *Devilman*. 12

creciente batalla de ingenios es lo que vuelve tan adictivo a este oscuro *thriller*.

Es fácil pensar que las reglas de *Death Note* son simples, creer que comprendes el juego al que juegan nuestros protagonistas, pero el duelo intelectual entre Light y L es de encantadora humildad. Verlos indagar en lo conocido y lo desconocido de ese poder, extrapolar revelaciones que cambian la partida a partir de las pistas más minúsculas o sacar provecho de situaciones peligrosas es muy emocionante. Al fin y al cabo, son genios combatiendo entre sí y, para eterno orgullo de *Death Note*, lo parecen de verdad.

El verdadero enemigo de *Death Note* es el aburrimiento. De hecho, es la razón por la que Ryuk —una monstruosa y sonriente parca que vigila alegremente a Light durante toda la serie— pierde «accidentalmente» su mortífero cuaderno. Por suerte, tanto para él como para el público, el aburrimiento nunca se convierte en un problema una vez que queda escrito el primer nombre. Por muy claros que estén, los juegos mentales de *Death Note* nunca se desarrollan como cabría esperar. Al acercarse el final del primer episodio, Ryuk resume, divertido, el atractivo de toda la serie: «¡Ya sabía yo que los humanos son muy interesantes!».

•

Higurashi When they Cry ひぐらしのなく頃に

Estreno: 2006
Formato: TV
Directora: Chiaki Kon
Estudio: Studio Deen
Género: Terror, misterio
Basado en: Novelas visuales de 07th Expansion

Si te gustan los giros de guion, te van a encantar las sorpresas de *Puella Magi Madoka Magica*. 198

Por su origen «videojueguil», *Higurashi* comparte las raíces de las novelas visuales con la espectacular *Steins;Gate*. 201

Me llamo Keiichi Maebara y mi vida está en peligro.

Algo malo está pasando en Hinamizawa.

En las profundidades de las montañas japonesas, cantan las cigarras. Se supone que ese incesante sonido veraniego despierta cierta nostalgia de juventud, pero entonces, ¿por qué aquí nos pone los pelos de punta? Enclavado en un denso bosque, este idílico pueblo podría haber sido escenario del costumbrismo más pacífico... pero las afiladas cuchillas de *Higurashi* vienen a acabar con esa paz que se respira.

Higurashi When they Cry, el mayor engaño del anime, se presenta brevemente con esa visión edulcorada. Cuando el carismático Keiichi Maebara se muda al pueblo, las chicas de Hinamizawa se hacen amigas suyas de inmediato: un séquito de jóvenes simpáticas y de ojos grandes que le acompañarán a lo largo de unos interminables veranos llenos de risas, amor y...

Vamos al grano: todas van a morir gritando y cubiertas de sangre.

En *Higurashi*, nada es lo que parece. Se trata de una serie de terror con un corazón oscuro, una historia de bucles temporales y realidades alternativas, de asesinatos y misterios, y de poner tus manos ensangrentadas alrededor del cuello de tu mejor amiga. Aunque

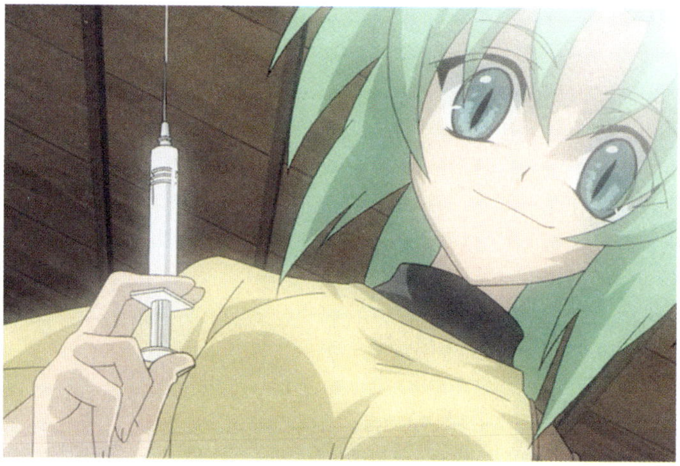

a menudo intenta revisitar su fachada de aparente inocencia, esa sensación de pavor escalofriante nunca llega a desaparecer del todo. Esperar a que estalle esa presión creciente puede acabar volviéndote loco. Cuando se termina una frase con un chasquido cortante o una sonrisa dulce amenaza con convertirse en una mueca desquiciada, seguro que te estremeces, pero así es *Higurashi*, no dejará de intimidar con lo que seguirá.

Hay un veneno emponzoñando Hinamizawa, que amenaza con corromper todo lo que toca. Y para llegar a su podrido corazón, tendrás que vadear a través de sagas que a menudo pueden parecer incomprensibles. Pero *Higurashi* es generosa, es una serie que devuelve tanto como tú estés dispuesto a darle. Si te comprometes a pensar en las preguntas que plantea, te dará respuestas que han sido tejidas de manera muy intrincada, revelaciones tan retorcidas como lo ha sido toda la ultraviolencia que mostró anteriormente. *Higurashi When they Cry* es el anime de misterio más raro que hay, pero vale la pena exprimir su sangriento jugo.

•

7 NANA
ナナ

Estreno:	2006	*Género:*	Drama, Musical
Formato:	TV	*Basado en:*	Manga de Ai Yazawa
Director:	Morio Asaka		
Estudio:	Madhouse		

Otra extraña pareja para recordar es la de *Dirty Pair*, que deja un rastro de destrucción por donde pasa. 42

Saltan chispas entre las paredes de los apartamentos de *Maison Ikkoku*. 30

Amar a alguien nunca es un desperdicio.

Nana Komatsu es una chica inmadura y una romántica sin remedio que se muda a Tokio para seguir a un chico. La independiente Nana Osaki, con un estilo más punk-rock, se muda a Tokio para alejarse de uno. Al encontrarse en un tren que se dirige a la ciudad, las dos Nanas —opuestas en casi todos los sentidos— se convierten en amigas contra todo pronóstico (y, más sorprendente aún, en compañeras de piso) y sus vidas cambian para siempre.

Nana O. forma un grupo con la esperanza de triunfar (y Nana K. se convierte en su mayor fan) y la serie asienta un espíritu musical que se va alimentando del desarrollo narrativo. La adaptación opta deliberadamente por dejar que las canciones intervengan allí donde las palabras podrían quedarse cortas, y las potentes voces de Nana sirven de traducción emocional y temática de sus luchas internas. El manga inició su publicación justo después de la epopeya de la banda juvenil Beck [→⦿124], y comprende igual de bien el poder que puede tener la música cuando no hay palabras, inyectando una gran vitalidad a las escenas que necesitan ese empuje extra.

A medida que las dos Nanas se abren la una a la otra, a medida que sus dispares círculos sociales se entrelazan y se forman relaciones cada vez más complicadas, *NANA* trasciende sin esfuerzo el melodrama con el que la confundimos y termina ofreciendo algo serio y genuino. A veces, es una crítica a la estupidez de la juventud, que condena sin despeinarse a su elenco de atractivos hombres y mujeres por la forma tan temeraria en que juegan con

los corazones de los demás. En otros momentos, es a la vez una reivindicación y una súplica: hay que dejar que estos jóvenes con defectos sean jóvenes con defectos, recordar nuestra propia juventud y reconocernos en sus errores. Es fácil enamorarse de las dos Nanas porque en su torpe espíritu aún adolescente y su rebelde evolución encontramos infinitos ecos de nuestro propio pasado.

Nana K. se enamora con demasiada facilidad, cree que cada relación es la definitiva y rara vez se para a pensar antes de saltar al vacío. Por otro lado, Nana O. ofrece un contrapunto: es una anarquista hastiada que cree saberlo todo sobre el mundo y se resiste a abrir su corazón de nuevo. Juntas, ayudan a limar las asperezas de la otra, convirtiéndose poco a poco en mejores versiones de sí mismas, aunque esta transformación no es en absoluto indolora. Puede que la principal jugada de *NANA* sea el dolor, pero es un dolor demasiado hermoso para ignorarlo, que hace que las lágrimas que derramas en su largo e impredecible viaje valgan la pena.

Pese a tratar estos temas de peso, *NANA* supone una alegría constante, animada por unas protagonistas demoledoramente divertidas que se complementan y chocan entre sí de la mejor manera. La química es algo etéreo en la animación, es más difícil de conjurar (o incluso de apreciar) que en las películas de imagen real... y, sin embargo, las Nanas la tienen a raudales, de manera instantánea e inconfundible. Resulta dolorosamente obvio ver que estas mujeres están hechas la una para la otra, y ese dinamismo te lleva sin esfuerzo a través de una historia que siempre se esfuerza por poner a prueba su relación.

Décadas después de su estreno, *NANA* sigue siendo una especie de anomalía. La historia de Ai Yazawa, un estudio muy cuidadoso de dos personas brillantes, imperfectas y con las que uno se puede identificar (no sin cierto dolor) que atraviesan sus años más turbulentos, sigue capturando la esencia de la juventud, la amistad y el amor de una forma que el resto de la industria continúa persiguiendo.

•

Destacados: Género

Harén

ハーレムもの

Es fácil mostrarse escéptico con el subgénero «harén» del anime. Sustituyendo el tradicional triángulo amoroso de las comedias románticas por un pentágono, un octágono o incluso el hecatontágono del amor (véase: *The 100 Girlfriends Who Really, Really, Really, Really, Really Love You*), sus protagonistas comunes y corrientes se pasan el día acosados por bellas pretendientas, haciendo malabarismos con sus insinuaciones mientras internet decide quién es la «mejor chica» (o el mejor chico). De hecho, si el medio es una forma de vivir las fantasías, entonces el cliché del harén podría ser el anime en su vertiente más desvergonzada... y aun así...

Los harenes tienen más sentido si tenemos en cuenta sus raíces (o, mejor dicho, rutas). Las novelas visuales —literatura interactiva disfrazada de videojuego— suelen pedir a sus jugadores que escojan cuál de los diversos intereses amorosos quieren perseguir. Conocidos popularmente como «rutas», estos desarrollos hacen que los rivales amorosos desaparezcan y que la persona elegida se convierta en el centro de atención durante el resto del juego.

Sin embargo, cuando la animación empezó a explotar este rico filón de los simuladores de citas para crear adaptaciones, hubo que hacer ciertas concesiones. Teniendo en cuenta que cada espectador tenía su propio emparejamiento canónico, estas rutas tenían que permanecer ilusoriamente abiertas el mayor tiempo posible antes de dejar que el indeciso protagonista se comprometiera al final de la historia.

Hoy en día, los harenes rara vez necesitan encadenarse a una narrativa tan vacilante, pero este cliché no suele dar muchas sorpresas. Encontrar tu pretendienta favorita en una nueva serie y animarla durante toda la temporada para que triunfe es de lo más divertido. Perdidos a la deriva en un mar de mujeres (u hombres, lo que se conoce como como «harén invertido»), nuestros torpes protagonistas se convierten en expertos en mantenerse a flote.

Desde la entrañable amiga de la infancia hasta la agresiva *tsundere*, a las historias de harenes no les faltan arquetipos a los que recurrir, siendo cada uno de ellos un ingrediente que se añade con cuidado a la mezcla para cocinar un delicioso drama. En realidad, podría ser un poco duro de ver, sabiendo que muchas de estas historias terminan en decepción, pero el género no está particularmente interesado en la melancolía. Incluso a nuestras enamoradas finalistas se les ofrece a menudo el premio de consolación de la autorrealización (o de un nuevo pretendiente presentado de forma casual).

Los harenes rara vez se toman demasiado en serio a sí mismos. Puesto que buscan la risa fácil, sus torpes personajes masculinos se tropiezan con una comedia de errores (y suelen acabar aterrizando sobre un escote) mucho antes de que se insinúe un verdadero romance. Este enfoque ayuda a limar algunas de las mayores asperezas del género, que conjuga las payasadas gratuitas con escenas subidas de tono aún más gratuitas [véase *Hentai*, [→ ⊙170], lo que de alguna manera termina siendo algo extrañamente entrañable. Se le puede considerar la comida basura del anime, un antojo que solo una hamburguesa grasienta puede satisfacer: quizá no sea del todo sana, pero es muy sabrosa.

¡Ah, mi diosa!

Romantic Killer

Saekano: How To Raise A Boring Girlfriend

Nisekoi

Love Hina

Décadas después de su estreno, *Love Hina* sigue siendo la reina de los harenes. Cuando Keitarō se convierte en el encargado de una residencia universitaria solo para chicas, se suceden las desventuras en la convivencia. A menudo se pillan desnudos unos a otros, pero es cuando muestran sus emociones al desnudo —que se van revelando poco a poco a lo largo de la historia— que estos queridos personajes brillan en todo su esplendor.

Las quintillizas

Futaro Uesugi se va a casar con una de las cinco hermanas idénticas de la familia Nakano, ¡pero tendrá que esperar toda la serie para saber con cuál de ellas! Convertida ya en un clásico moderno, esta serie sorprendentemente reservada lo apuesta todo al encanto único de sus cinco posibles amantes, una jugada que recompensa con cálidos dividendos a lo largo de toda la historia.

Mi nueva vida como villana: ¡Todos los caminos me condenan!

Cuando Caterina Claes renace como la villana de su novela visual favorita, sabe que debe manipular el juego, pues su personaje rara vez consigue un buen final. Pero al salirse del guion, se gana sin querer los corazones de los demás y forma un refrescante harén bisexual. *Mi nueva vida como villana* le da la vuelta al género con mucho humor, encanto y una protagonista atolondrada a la que es imposible no querer.

Rent-A-Girlfriend

Presentada como una desastrosa comedia de situación de las que da vergüenza, la denostada *Rent-A-Girlfriend* es una verdadera obra maestra... intencionada o no. Con atractivos intereses amorosos, pero una protagonista dolorosamente indecisa, se trata de una especie de «antiharén» en el que animarás a tu chica favorita para que corra en dirección contraria en vez de acabar con Kazuya. Un fascinante reto de paciencia.

Las quintillizas, (también conocida como Somos quintillizas en Hispanoamérica)

Azul (Ai yori aoshi)

Instituto Ouran Host Club

Clannad

Instituto Ouran Host Club
桜蘭高校ホスト部

Estreno:	2006	*Género:*	Comedia romántica, harén inverso
Formato:	TV	*Basado en:*	Manga de Bisco Hatori
Director:	Takuya Igarashi		
Estudio:	Bones		

La élite del instituto inicia un duelo para ver quién se acobarda antes en *Kaguya-sama: Love Is War.* 270

Otro grupo muy distinto aunque igual de revoltoso conforma una impenetrable (pero deliciosa) sociedad en *Food Wars.* 231

¿Por qué deberían importarme las apariencias o las etiquetas? Lo importante está en el interior.

Cuando la modesta Haruhi Fujioka se tropieza con el club social de su nuevo instituto (y con su jarrón increíblemente caro), contrae al instante una deuda que costará toda una vida saldar. Pero los atractivos miembros del Ouran Host Club ven algo encantador en la andrógina Haruhi, y le permiten cancelar su cuenta... ¡si entretiene a sus clientas femeninas participando como un miembro travestido de su séquito!

Aunque se trata un concepto extraño para los neófitos, esta clase de clubes de acompañamiento son bien conocidos en Japón. En palabras del presidente, se trata de establecimientos que son «un elegante patio de juegos para los más ricos y guapos». Haruhi tiene poco interés en esa clase de pasatiempos, pero como estudiante becada (es decir, pobre) que se mueve entre la intimidante aristocracia, acepta la treta de cambiar de género.

Algo le pasa a la comida del Instituto Ouran. O sea, tiene que haber algún problema. ¿Cómo es, si no, que todos se comen a Haruhi con la mirada? Los chicos del Ouran se enamoran rápidamente de su sinceridad y hacen todo lo posible por ganarse su afecto. Pasadas varias décadas de su estreno, continúa siendo una serie divertidísima. Su mordaz guion se ensaña con sus adinerados protagonistas, y el principesco Tamaki —un esnob como él solo— es a menudo quien sale peor parado. Con todo, *Instituto Ouran Host Club* nunca priva a sus protagonistas de una sorprendente profundidad y humanidad, y te acabas encariñando con ellos mientras te ríes de todo lo que les pasa.

Es una aguja que *Ouran* enhebra con gran habilidad, ofreciendo una serie que alberga un corazón enorme para acompañar sus constantes gags. Siguiendo el ejemplo de Haruhi, que cree firmemente que lo que cuenta es el interior, la historia permite incluso a sus personajes más desdichados escapar de los estereotipos que los definen inicialmente. Ir pelando estas hermosas capas, a menudo para encontrar al pequeño duende inseguro que está en el núcleo de todo, es lo que ha hecho de *Ouran* un clásico imperecedero.

Estreno:	2007	*Género:*	Suspenso, apuestas, juegos mortales
Formato:	TV	*Basado en:*	Manga de Nobuyuki Fukumoto
Director:	Yūzō Satō		
Estudio:	Madhouse		

Las deudas imposibles se pagan de formas extravagantes en *Instituto Ouran Host Club.* 164

Juégatelo todo con *No Game, No Life*, un isekai muy distinto a los demás. 208

Kaiji
逆境無頼カイジ

Sobrevivir viene en segundo lugar... ¡lo primero siempre es vivir!

Cuando el desventurado Kaiji Itō contrae una deuda colosal, parece que su vida ha terminado. Después de haber firmado sin pensar como aval de un amigo, se ve obligado a pagar varios millones de yenes, hasta que el cobrador de la yakuza le ofrece una salida: pasar una noche en un crucero misterioso y apostar para librarse del problema.

Las apuestas constituyen un subgénero propio del anime, encarnado por series como *Kakegurui* y *No Game No Life*. No obstante, *Kaiji* se desmarca de estas acercándose más a la brutal intensidad de los juegos mortales como *Battle Royale* que a actividades tan refinadas como el mahjong de alto nivel. A bordo de ese terrible barco, los morosos desesperados ponen de manifiesto la naturaleza grotesca de los humanos.

La genialidad de *Kaiji* radica en su sencillez: durante la primera prueba, los concursantes apuestan sus vidas en el sencillo juego de piedra, papel o tijera, y eso basta para que la serie demuestre una profundidad inimaginable pese a encontrarse todavía en aguas poco profundas. A medida que nuestro protagonista idea estrategias cada vez más complejas, cuesta no sentirse impresionado —y también bastante aterrado— por los juegos mentales y la manipulación que se despliegan ante nosotros.

Aunque el inteligente uso de metáforas visuales mantiene fresca la narración, *Kaiji* podría haber resultado claustrofóbica, incluso repetitiva, si no fuera por su magistral dominio de la tensión. Las expresiones de angustia de cada jugador, la banda sonora intimidante y la dramática narración que acompaña a cada jugada no dejan lugar al aburrimiento. Puede que pongas los ojos en blanco con el enésimo ludópata parlanchín o el nuevo juego sobreexplicado, pero la fórmula adictiva y en constante evolución de *Kaiji* garantiza que seguirás mirando con gusto.

Con cada traición y cada incauto al que explotan, *Kaiji* coquetea peligrosamente con retratar a la humanidad como una especie sin remedio. Sin embargo, logra encontrar chispas de redención en los lugares más insospechados, equilibrando su cinismo con un encanto sorprendente. Esta tierna disposición es lo que hace que la serie resulte más emocionante que deprimente. El anime lleva mucho tiempo destacándose por hacer mucho con muy poco, una virtud por la que *Kaiji* lo apuesta todo... y sale ganadora.

•

Gurren Lagann
天元突破グレンラガン

Estreno:	2007	*Estudio:*	Gainax
Formato:	TV	*Género:*	Robots, aventura
Director:	Hiroyuki Imaishi		

El espíritu caótico de Gurren Lagann proviene de la absurdamente delirante *FLCL*. 94

Fullmetal Alchemist presume de contar con la única pareja de hermanos capaz de hacer sombra a Simon y Kamina. 182

¡No hace falta que confíes en ti! ¡Confía en mí, que yo confío en ti!

En las profundidades de la corteza terrestre, la humanidad sobrevive a duras penas: una existencia mediocre, lejos de ser una vida de verdad. La idea misma de «la superficie» se considera una herejía, por lo que Simon, nuestro solitario protagonista, pasa sus días excavando hacia el exterior, ampliando la ciudad y desenterrando tesoros de entre los escombros. Uno de esos descubrimientos lo cambia todo: un enorme rostro enterrado entre las piedras, la cabina de un pequeño pero poderoso robot y, en definitiva, un billete hacia la libertad.

La vida de Simon da un vuelco total cuando se ve arrastrado por las audaces ambiciones de Kamina, un soñador rebelde cuyo carisma es tan contagioso como su determinación. La suya es una relación maravillosa que da gusto ver cómo crece, hermanos que chocan pero que al final se equilibran mutuamente. Pero eso, cuando un robot gigante, conocido como Gunman, se estrella contra el techo de la ciudad al ser perseguido por Yoko, una francotiradora de otro asentamiento, Simon y Kamina responden rápidamente a la llamada a la acción, se suben a su nuevo robot y la ayudan a derribarlo.

Gurren Lagann no tarda en demostrar que es absolutamente incansable. Cuando termina la batalla inicial y nuestros protagonistas salen disparados hacia el inexplorado mundo que hay arriba, la serie se convierte en un sinfín de acción. Cada victoria sobre los restos de un enemigo derrotado es efímera, ya que un nuevo villano aparece en el horizonte casi de inmediato. Si el estudio Gainax mostró reservas durante sus cruentas batallas de robots en

Evangelion [→⦿64], aquí no hay reservas que valgan. Nuestros intrépidos protagonistas toman los Gunmen, los hacen chocar entre sí como si fueran juguetes y los lanzan a la batalla con tanta ferocidad (y frecuencia) que dejan atónitos tanto al público como a sus rivales.

La serie funciona haciendo uso de una virilidad explícita, que hace tropezar a sus héroes tan a menudo como los fortalece. Los robots se combinan perforándose uno sobre otro, las naves exhiben diseños absurdamente fálicos y Kamina no deja de hablar sobre la masculinidad y lo que es ser un hombre. Esta energía rugiente, aunque estimulante, exige cierto equilibrio, y la serie tiene el mérito de evolucionar junto a sus personajes, encontrando una profundidad y unos matices inesperados ante estas primeras exhibiciones.

Lo de la evolución es la clave. Lo que empieza como una historia aparentemente sencilla, alimentada por unas hormonas desbocadas, traiciona rápidamente cualquier atisbo de previsibilidad. El periplo de Simon, Kamina y Yoko —junto a un variopinto grupo de habitantes de la superficie— se desarrolla de un modo que resulta totalmente ajeno a sus humildes comienzos. Lo que comienza con un agujero en el suelo pronto amenaza con perforar los mismísimos cielos, una odisea propulsada por cohetes que sería criminal revelarte aquí. Mírala, cree en ella... y deja que cambie tu vida para siempre.

•

Estreno: 2007
Formato: TV
Director: Kenji Nakamura
Estudio: Toei Animation
Género: Misterio, terror

Mononoke
モノノ怪

Mob Psycho 100 demuestra que hay más de una forma de ocuparse de los espíritus. 244

Miss Hokusai explora el origen del estilo artístico de la era Edo que aparece en *Mononoke*. 232

Para desenvainar la espada sacra de la salvación, debo hallar tres cosas: forma, verdad y razón.

Japón está embrujado. Al menos, el Japón de *Mononoke*, perdido en el tiempo y repleto de espíritus peligrosos. Una misteriosa figura conocida como «el boticario» recorre el país enfrentándose a estos fantasmas, descubriendo sus secretos y escuchando a sus víctimas. Solo entonces, una vez que sus dolorosas verdades han quedado al descubierto, el boticario puede desenvainar su espada sellada, permitiendo que estos lugares turbados vuelvan a quedar en silencio.

Mononoke llama la atención desde el principio por su impactante estilo artístico, una vívida encarnación del arte ukiyo-e traído a la vida. Las texturas visuales, que recuerdan a los grabados y pinturas de la era Edo, parecen ondular y cambiar cuando las miras, recreando una estética tan fascinante como inquietante. Atrevida y experimental, *Mononoke* juega de manera temeraria con las formas en todo momento. Verla es analizar un sueño, uno que parece extraño incluso mientras lo estás soñando.

La serie comparte una afinidad espiritual con *Mushishi* [138], pues ambas narran los viajes de curanderos errantes que se enfrentan a fenómenos sobrenaturales. Pero allá donde *Mushishi* busca reparar y restaurar, *Mononoke* se sumerge en el horror visceral de sus fantasmas. El boticario no es tanto un curandero como un detective de otro mundo que desentraña las oscuras verdades que se esconden tras los asesinatos y los misterios. La serie nunca rehúye de la crueldad que subyace en estas historias. A pesar de su enfoque sobrenatural, su horror es de lo más humano.

Los mononoke son demonios creados por nosotros mismos, espíritus deformados por nuestra codicia, arrepentimiento, dolor y rabia. Esta corriente narrativa es tan poderosa que, a veces, amenaza con arrastrarte con ella, pero el estoico boticario supone una compañía reconfortante para el alma. Sus exorcismos no solo ponen fin a los fantasmas, sino que provocan una catarsis en el espectador cuando las habitaciones dejan de girar y desaparecen los atronadores sonidos que las llenan.

Es un viaje de transición, un mundo seductor por el que deambular y descubrir sus muchos secretos. Aunque puede resultar impactante y doloroso, su extraña belleza nos permite atravesar esas penurias. Para destruir un espíritu, el boticario debe comprender primero su forma, su verdad y su razón… y como espectadores debemos hacer lo mismo. Para ver *Mononoke*, para disfrutarla de verdad, debemos mirar más allá de su espectacular fachada y vislumbrar la oscuridad que yace en su interior. Aunque no tengamos espadas de exorcismo que desenvainar, algo se abrirá en nuestro seno interno.

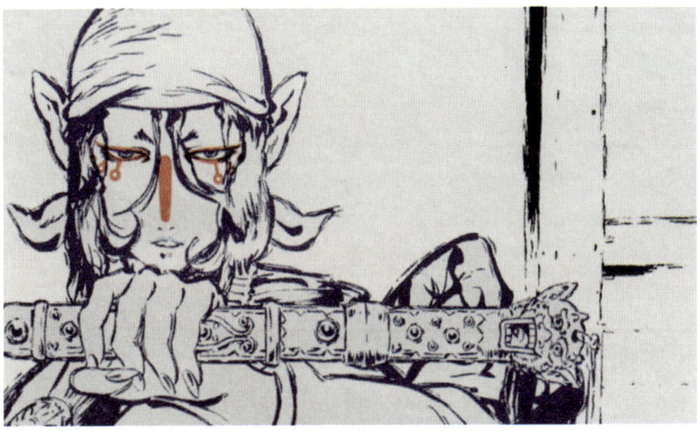

Spotlight — Genre

Hentai

ヘンタイ

El arte siempre ha tenido una estrecha relación con el erotismo. Desde las pinturas rupestres pornográficas hasta los vastos imperios de contenido para adultos en la actualidad, rara vez ha habido un momento en la evolución del hombre en el que no estuviéramos garabateando genitales en algún sitio. Nuestros mejores artistas han explorado durante mucho tiempo esa fascinación por el sexo y la sexualidad, canalizándola a través del arte, la fotografía, la literatura y el cine.

El anime no es una excepción. Incluso en sus formas más inocentes, ha llevado durante mucho tiempo el estigma de ser intrínsecamente vulgar, y no ha rehuido de abrazar esa imagen. A lo largo de los años, el anime se ha inclinado sin reparos hacia sus tendencias más lujuriosas, reflejando una interacción cultural entre el arte, el entretenimiento y la evolución de las normas sociales. A medida que Japón evoluciona, también lo hace su entretenimiento y, por extensión, su erotismo. El *hentai*, tan típicamente japonés como el sushi, ha demostrado tener la capacidad de convertirse también en un producto de exportación internacional.

En Occidente, el término «*hentai*» hace referencia a la pornografía de estilo anime, un género que ha ganado popularidad en las plataformas de *streaming* para adultos y se ha introducido en el tejido de la cultura de Internet, desde los memes hasta la jerga popular. Sin embargo, el término tiene una connotación muy diferente en Japón. Más que una etiqueta de género, la palabra *hentai* es una acusación directa, una palabra utilizada para llamar a alguien asqueroso, lujurioso o pervertido.

Es muy revelador que el concepto occidental de «porno animado» lleve ese estigma inherente, en el que su propio nombre llama al juicio y a la vergüenza. Es una pena, porque el *hentai* se está consolidando rápidamente como una potencia pornográfica internacional, y una muy interesante. A lo largo de la historia, el erotismo y la pornografía han servido de espejo, un espejo que refleja la evolución de nuestra relación con los tabúes, la sexualidad y la sociedad en general.

Del mismo modo, el *hentai* tiene mucho que decir sobre la cultura de la que surgió, las tradiciones artísticas de las que nace y las expectativas sociales a las que responde y subvierte. Asimismo, resulta igual de fascinante el complicado vínculo que comparte con el anime. Desde su creación y distribución hasta su continua producción, el *hentai* nutre a la vez que se nutre de la industria del anime. La evolución de uno tiene enormes repercusiones en el otro, y como perro que persigue su cola, puede ser difícil concretar dónde acaba un medio y empieza el otro.

En el Japón del siglo VIII, el arte con el nombre eufemístico de *shunga* —«arte primaveral»— representaba toda clase de interacciones amorosas, y a menudo se cita como el origen del *hentai*. Estas obras de arte explícitas ganaron popularidad rápidamente, y muchos poseían uno o dos de estos atrevidos pergaminos con la creencia de que podían traer buena fortuna. Incluso el célebre Hokusai [→ ⊙232] pintó *El sueño de la mujer del pescador*, una famosa obra que ha influido claramente en aspectos del hentai actual.

Como sucede con el fetiche de los cefalópodos invasivos de Hokusai de hace doscientos años, *Bible Black* introdujo a toda una generación en una sorprendente nueva ola de pornografía. Durante el cambio de milenio, este desfile de porno desconocido fue como un rito de iniciación y abrió los ojos de muchos al *hentai*. Sin embargo, a pesar de la notoriedad de esta indecencia animada, a menudo representa la vía más débil del medio. Estas producciones, creadas por pequeños equipos con presupuestos modestos, suelen reflejar las limitaciones de sus recursos, tanto en la estética como en la ejecución. Aunque hay innegables excepciones, muchos espectadores rara vez ven *hentai* por su calidad.

Se podría decir que los *dōjinshi* —mangas autopublicados que a menudo se venden en grandes convenciones como el Comiket— forman el corazón del imperio del *hentai*. Mientras que algunos artistas, como Yoshitoshi Abe [→ ⊙86 y 112], utilizan este formato para crear obras originales fuera de las limitaciones de la industria del manga, tan restrictiva por lo general, una gran cantidad de *dōjin* son obras derivadas de propiedades ya existentes. Se trata de ficción hecha por fans, una forma de que los aspirantes al mundo profesional del dibujo amplíen sus historias, personajes y mundos favoritos.

El contenido de estos *dōjin* es variado y ofrece finales alternativos, emparejamientos no canónicos de los personajes o simplemente una historia creada por los fans en un mundo que les encanta. Sin embargo, una parte significativa es de naturaleza explícita, poniendo a personajes queridos en escenas lujuriosas que los pervierten. El mercado para este tipo de obras es enorme, con fans desesperados por ver a sus personajes favoritos, castos y puros, en situaciones de índole sexual, y la intimidante producción de la escena *dōjin* refleja esta sed de material. Más allá de la mera excitación, muchas de estas producciones ofrecen algo que las historias originales evitan deliberadamente: un *dōjin* de *Berserk* [→ ⊙78] le puede conceder a Guts un raro momento de necesario respiro en su mundo, normalmente de brutalidad implacable, mientras que otro sobre *Ghost in the Shell* [→ ⊙62] puede ahondar en las implicaciones sexuales de la conciencia compartida y los receptores sensoriales mejorados. Estas reinterpretaciones ponen de manifiesto la creatividad —y, en ocasiones, la temeridad— de los aficionados a la hora de dar nueva forma a las historias que tanto aprecian.

La legislación japonesa se toma muy en serio la violación de los derechos de autor, pero los *dōjinshi* —puras afrentas a la propiedad intelectual, y con ánimo de lucro— siempre han gozado de una relativa seguridad en un país que no tiene por costumbre hacer la vista gorda. Existe una tolerancia tácita: muchos dibujantes de hoy en día empezaron dibujando *dōjin*, dando finales felices a las obras de otros. A su vez, sus creaciones originales se convierten a menudo en material para la siguiente generación de aspirantes a artistas. En este imperio caníbal del anime y el manga, la industria necesita nuevas voces de forma constante, y pocos están dispuestos a tomar acciones legales contra un artista que está en la posición en la que estuvieron ellos hace años.
El *hentai* es una bestia con muchos tentáculos, tentáculos que se han colado en todos los rincones de la industria del anime. De forma menos explícita, pero más omnipresente, existe también en obras inocentes en forma de escenas subidas de tono, lo que en Japón se conoce como contenido *ecchi*. Independientemente del género o incluso del público al que se dirige, la industria está llena de transformaciones de chicas mágicas semidesnudas [→⊙54], prolongados movimientos de cámara y brisas traviesas obsesionadas con las faldas de las

Manyu Scroll

Mangaka-san to Assistant-san to

adolescentes. Muchos animes se basan en estas emociones voyeristas como principal reclamo, y el anime de harenes [→⦿160] ofrece a menudo tramas banales con el único fin de dar una excusa a la sucesión de accidentes pervertidos.

Cuando se utiliza sin cuidado, puede socavar la sinceridad de una serie e incluso devaluar a sus personajes. Sin embargo, con el título, el público y la ejecución adecuados, un toque erótico puede elevar una buena historia a la grandeza. Cuando los elementos sexuales se presentan con un propósito y se entretejen en dinámicas narrativas complejas, las escenas eróticas difuminan la línea que separa la mera excitación de la intención deliberada del autor.

Chobits [→⦿110] nos presenta a una inocente robot cuyo botón de encendido está ubicado en su vagina; pero lo que podría haber sido una broma sin mucha trascendencia es, en realidad, el núcleo de la complicada relación de la serie con la virginidad y el despertar sexual. *Darling in the FranXX* acopla físicamente a sus protagonistas pubescentes para dar energía a los robots gigantes, extrapolando temas de confianza y dominación antes de darles la vuelta cuando su distintiva protagonista rompe las normas de género establecidas en la serie. Y *Evangelion* [→⦿64] tiene tanto que decir sobre la sexualidad truncada de sus protagonistas, adolescentes y adultos, que intentar resumirlo en una sola frase sería de un reduccionismo atroz. Pero también utiliza sus escenas descocadas para cuestionar nuestra relación con ese contenido, y emplea la libido de sus protagonistas para juzgarnos a nosotros, los espectadores, y para condenar la naturaleza autodestructiva de nuestros propios impulsos.

El sexo en el anime y el manga no es necesariamente un simple acompañamiento del plato principal. Estas industrias llevan mucho tiempo presentando gran cantidad de obras que sitúan la sexualidad y el erotismo en primer plano, una exploración de lo más fascinante. Más allá de las narrativas familiares de amor y deseo, estos títulos proporcionan un prisma único a través del cual examinar la brecha cultural que existe entre Japón y Occidente.

Japón es un país de paradojas sociales que pueden desconcertar a los forasteros. Su pornografía está censurada, pero a menudo es sorprendentemente extrema. Las muestras públicas de afecto son escasas, pero la desnudez colectiva y el baño compartido son convenciones culturales. En una nación llena de hoteles del amor (donde las parejas de enamorados pueden alquilar una habitación por horas), los jóvenes de ambos sexos se muestran cada vez más desinteresados por las complejidades de las relaciones. A pesar del estigma persistente en torno al sexo y la pornografía, la prostitución opera en una zona gris de la legalidad.

En el centro de estas contradicciones se encuentra una soledad omnipresente. Industrias en auge como los clubes de alterne prosperan ofreciendo compañía y conexión humana a precios desorbitados que su clientela paga con gusto. Mientras tanto, las «citas compensadas», o *enjo kōsai*, se desarrollan con estudiantes que se lucran al ofrecer la ilusión de una experiencia de novia a quienes están dispuestos a pagar, lo que subraya la naturaleza transaccional de la intimidad en el Japón moderno.

Los grandes personajes del anime ofrecen una mirada a ese mundo a veces extraño, pero la mayoría de las ocasiones resultan convincentes porque podemos vernos reflejados en ellos. El amor y el sexo son universales: no hacen falta subtítulos para entender la lujuria o el desamor, y el *hentai* puede servir de homenaje a uno de los grandes igualadores de nuestra existencia.

El sexo y la vida están unidos de manera compleja y, del mismo modo, el anime y el *hentai* son dos caras de la misma moneda. Esta relación cíclica ayuda a ambas industrias a sentirse más completas. Gran parte del anime romántico concluye con un abrazo o con los personajes paseando de la mano. Los *dōjinshi*, el *hentai* y las escenas de sexo explícito que aparecen en muchas novelas visuales de gran popularidad ofrecen un contrapunto y un clímax más satisfactorio tanto para los personajes como para los espectadores.

El sexo tiene cabida en todo tipo de medios, pero eso no quiere decir que hayamos encontrado ese lugar, ni que lo vayamos a encontrar nunca. Nuestra relación con la pornografía y el erotismo está en constante evolución, sus límites (moralistas o no) seguirán ampliándose, y nuestros niveles de comodidad con ellos aumentarán y disminuirán. Japón, como todas las culturas, tiene una relación compleja y única con el sexo, que se puede explorar a través de su ficción, en particular a través de los mundos entrelazados del anime y el *hentai*. En algún lugar de estos medios existen innumerables momentos: bellos, desagradables, maravillosamente depravados y embriagadoramente reprimidos. Momentos que nos hablan, nos excitan, nos desafían y nos asustan... pero momentos, al fin y al cabo, sobre nosotros mismos. ¿No te parece apasionante?

Nuestra salvaje juventud

Bible Black
Kyō no Asuka Show

Kite
Urotsukidōji

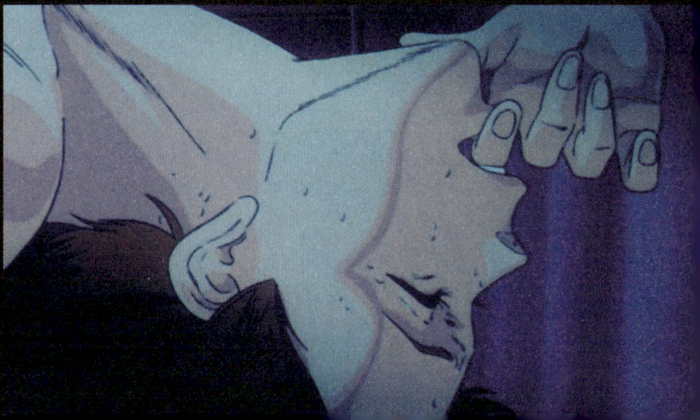

Detroit Metal City
デトロイト・メタル・シティ

Estreno:	2008	*Género:*	Humor negro
Formato:	TV	*Basado en:*	Manga de Kiminori Wakasugi
Director:	Hiroshi Nagahama		
Estudio:	4°C		

El *iyashikei*, un género que pretende sanar a sus espectadores, existe para aliviar las secuelas que deja la comedia cáustica de *DMC*. 134

Krauser estaría orgulloso del príncipe Arren, que empieza *Cuentos de Terramar* matando a su padre. 141

¡MATA! ¡MATA! ¡MATA A TUS PADRES TAMBIÉN!

Detroit Metal City, la retorcida respuesta del anime a Spinal Tap, muestra los altibajos de la banda de death metal más oscura y famosa de Japón y de su legendario líder: un demonio sobre el escenario y fuera de él, el violador de padres y policías Johannes Krauser II.

Si esta introducción te perturba, si choca con tu creencia de que eres una buena persona, abraza esa idea y date un atracón de *Detroit Metal City*. Durante su breve duración, te garantizo que incluso los mejores de nosotros alternaremos entre el asombro absoluto y la risa culpable y descontrolada. Una farsa como esta nunca se debe tomar demasiado en serio, y *Detroit Metal City* se toma a sí misma menos en serio que nadie.

El inocente Soichi Negishi no está en su mejor momento. Es un chico introvertido que solamente aspira a tocar un pop tan dulce como él, pero su carrera musical se ha estancado, lo que le obliga a convertirse en el terrorífico Krauser solo para pagar las facturas. La dicotomía entre Negishi y su alter ego secreto, que pasa las noches en antros de mala muerte, gritando sobre Satán y arrancando la cabeza a los murciélagos de un mordisco, es el corazón negro y sangriento que da vida a *Detroit Metal City*, y la razón por la que es tan increíblemente divertido.

Las buenas acciones de Negishi se malinterpretan mientras lleva el denso maquillaje de Krauser, y cada torpe accidente crea una nueva leyenda en el registro de las fechorías diabólicas de *Detroit Metal City*. Las numerosas situaciones ofensivas y las largas listas de blasfemias no serán para todos los gustos, pero ver a Negisihi en su intento de sortear los numerosos retos de la vida sin recurrir a los poderes de Krauser es tremendamente entretenido... y todavía más cuando se resigna a su papel.

Estreno:	2008	*Género:*	Iyashikei, sobrenatural
Formato:	TV	*Basado en:*	Manga de Yuki Midorikawa
Director:	Takahiro Ōmori		
Estudio:	Brain's Base		

Los problemas con espíritus abundan en la inquietante paz de *Mushishi*. 138

El león de marzo trata sobre otro joven desarraigado que aprende a aceptar el cariño de otros. 252

Natsume's Book of Friends
夏目友人帳

Una vez que has sido amado y has amado también, ya no puedes olvidarlo.

Natsume puede ver yōkai. Ya se trate de un espíritu de río parecido a una rana que anda en busca de agua o de un imponente dios equino vestido con un kimono que retumba por el bosque, Natsume siempre ha podido percibir e interactuar con lo extraño y lo sobrenatural.

Estos seres nos pueden parecer peculiares (un desfile de duendes tuertos, paraguas saltarines, demonios imponentes y zorros que cambian de forma), pero los yōkai son una de las quintaesencias culturales más profundamente arraigadas en Japón. Desde los más juguetones hasta los más peligrosos, estas traviesas criaturas, protagonistas del folclore y la mitología japoneses, continúan apareciendo por todas partes, desde *Pokémon* [→⦿75] hasta *Mushishi* [→⦿138]. *Natsume's Book of Friends* es el manual perfecto para un concepto tan extraño, ya que nos presenta un peculiar grupo de figuras que nos resultarán cada vez más familiares a medida que nos adentremos en el mundo del anime y el manga.

Cuando Natsume hereda el «Libro de las amistades» de su difunta abuela, lleno de los nombres —y parece que las riendas— de innumerables yōkai, decide devolvérselos a sus dueños. Una historia a lo «monstruo semanal» con un curioso giro, pues *Natsume's Book of Friends* sigue al joven e intrépido Natsume durante el proceso de liberación de las criaturas a las que su abuela (absolutamente genial y que empuña un bate de béisbol) había intimidado para convertirlas en siervos. Ayudado por un gato parlante de dudosas intenciones, Natsume no se limita a curar a estos yōkai, sino que entabla amistad con ellos de forma seria, una lista que va creciendo a medida que el libro empieza a menguar.

Sin embargo, no son solo los yōkai los que se curan. *Natsume's Book of Friends*, un claro ejemplo del género *iyashikei* [→⦿134], es una serie relajante para disfrutar sin prisas. Acompañada por una banda sonora maravillosamente cándida, nos pide que observemos a estos yōkai, ya sean amistosos o malvados, y veamos cómo son de verdad. Aunque de vez en cuando recurre al terror de un yōkai fantasmal, o al peligro de un «amigo» desbocado, siempre lo hace con un toque amable, con la intención de comprender a estas criaturas: su dolor, su alegría... su alma.

Hermosa, divertida y genuinamente conmovedora, *Natsume's Book of Friends* se cuela sin esfuerzo en cualquier lista de favoritos.

•

Michiko & Hatchin
ミチコとハッチン

Estreno: 2008
Formato: TV
Director: Sayo Yamamoto
Estudio: Manglobe
Género: Aventura

Con sus colores vivos, su bulliciosa ciudad y los jóvenes repartiendo estopa, *Tekkonkinkreet* entra muy bien después de *Michiko & Hatchin*. 144

NANA cuenta con otro par de mujeres indomables que intentan sobrevivir en estos tiempos que corren. 158

¡Te voy a mandar al infierno en un expreso directo!

Hana Morenos está atrapada: es una Cenicienta moderna atrapada en una familia de acogida que la maltrata. Su joven vida transcurre a la espera de un «felices para siempre» que nunca termina de llegar. Pero en lugar de un príncipe, la que irrumpe por su ventana es Michiko Malandro, una convicta fugitiva con una moto tremenda y la boca más sucia que un camionero. Al principio, parece exagerado llamarlo «rescate», pero este secuestro puede que sea lo mejor que les ha ocurrido a ambas.

Ambientada en una Sudamérica ficticia pero de gran viveza, *Michiko & Hatchin* pasa a toda velocidad dejando una vibrante y embriagadora estela. El suyo es un mundo que rara vez se explora en el anime, y que se muestra con una autenticidad absolutamente cautivadora. Sentirás que estás allí en cada carrera por las favelas, lo saborearás en los bulliciosos *botecos* y mercados, y lo escucharás en la expresiva y trepidante banda sonora. Puede que el país ficticio de Diamandra no sea Brasil, pero no hay duda de que Brasil palpita en el corazón de la serie, que se empapa de su lengua, sus colores y su energía.

Por eso es bueno que *Michiko & Hatchin* sea una aventura por carretera a través de un mundo tan rico. Hana, que recibe el apodo de Hatchin, es la última pista sobre el paradero de su padre. El gran amor de Michiko dejó un rastro que hay que seguir y que lleva a esta pareja a vivir situaciones realmente extravagantes. Desde enfrentamientos desesperados con la policía a peleas con adolescentes con

pistola, pasando por concursos de bebida con estríperes, los problemas parecen encontrarles a cada paso que dan. Es desternillante verlas caer en estos contratiempos, pero ver cómo salen de ellos a duras penas suele ser doloroso.

Todo esto tiene algo de alquimia, y es que cada escapada por un pelín les acaba costando algo. A menudo me quedaba atónito al final de un episodio, y los créditos de la serie parecían preguntarme: «Bueno, ¿qué esperabas que pasara?». Se trata de protagonistas sin recursos que se enfrentan cara a cara con asesinos a sueldo y gánsteres. A veces hay que pagar el pato.

En muchos sentidos, la serie parece una especie de sucesora espiritual de *Cowboy Bebop* [→⦿82], lo que resulta muy adecuado, dado que su banda sonora fue producida por el legendario director de esta. Pero lo que llama la atención de *Michiko & Hatchin* es el camino que abre. La descarada Michiko es una heroína para recordar: segura de sí misma, directa y rápida a la hora de gritarle obscenidades a una niña de nueve años. Verla inspirar a Hatchin para que sea tan valiente y segura como ella constituye una maravillosa parte central de su viaje. Hatchin, por su parte, se convierte en una deuteragonista que merece el mismo respeto, ya sea por emborracharse con un jugo de naranja o por enfrentarse a un toro con un cucharón de sopa. *Michiko & Hatchin* nunca necesita decir «soy mujer» para ser escuchada. Simplemente pregunta: «¿Pero tú quién diablos eres?».

•

Destacados: Director

Mamoru Hosoda

細田 守

Cuando Mamoru Hosoda intentó trabajar en Studio Ghibli [→⊙98] en 1991, se encontró con un sorprendente rechazo del mismísimo Hayao Miyazaki. «He decidido no contratarte porque, si lo hiciera, disminuiría tu talento». Está claro que Miyazaki vio algo especial en el joven Hosoda, algo que todos llegaríamos a ver en las siguientes décadas.

Mamoru Hosoda ha desarrollado una dilatada carrera en el mundo de la animación. Inspirado por *El castillo de Cagliostro* de Miyazaki [→⊙18] y *Galaxy Express 999* de Rintarō, se abrió camino en la industria durante los 90, animando e incluso dirigiendo episodios desde muy joven. A pesar de coquetear con el Studio Ghibli a lo largo de su historia como profesional (desde aquel rechazo inicial hasta un fallido paso por la dirección de *El castillo ambulante* -también conocida como *El increíble castillo vagabundo* en Hispanoamérica-), Hosoda acabó aterrizando en Toei Animation. Allí tuvo oportunidades que definieron su carrera y se labró un nombre dirigiendo películas de la franquicia *Digimon* e incluso *One Piece* [→ ⊙88].

Sin embargo, Hosoda no empezó a perfeccionar su arte y a consolidar su hueco en la historia del anime hasta que dejó Toei y se aventuró como director independiente. En la actualidad, Hosoda es uno de los directores más conocidos de la industria, célebre en todo el mundo como cineasta de renombre con una voz distintiva y reconocible al instante.

Para muchos, esta voz se escuchó por primera vez en *La chica que saltaba a través del tiempo*. Cuando la joven e inmadura Makoto obtiene la capacidad de saltar, literalmente, a través del tiempo, decide hacerlo de forma imprudente. Utilizando sus nuevos poderes para aprobar un examen o disfrutar de un flan por segunda (o tercera, o cuarta) vez, Makoto empieza a consumir su poder mucho antes de darse cuenta del daño que está causando a los demás. Con el toque ligero de Hosoda y su ojo para representar los vínculos que nos unen, la película se convirtió en un gran éxito y sigue siendo una de sus mejores cintas.

Le siguió su primera obra original, un drama familiar ambientado en una gran casa de la exuberante campiña japonesa. *Summer Wars* podría haber sido fácilmente una historia más tradicional, con su poderosa matriarca, su enorme elenco de extraños miembros de la familia y el trauma intergeneracional que se esconde bajo esa idílica superficie. En vez de eso, Hosoda se centra en OZ, un enorme espacio online lleno de coloridos avatares y una subtrama sobre hackers, apuestas de alto riesgo y una amenaza nuclear. Parece imposible que este maridaje entre lo viejo y lo nuevo pudiera funcionar... y sin embargo, Hosoda enhebra la aguja con tanta destreza que te quedas preguntándote cómo osaste dudar de él.

Tras este éxito, la fama de Hosoda empezó a crecer de verdad. Sus películas fueron aclamadas por todo el mundo, lo que le llevó a crear su propio estudio de animación, Studio Chizu, que cofundó junto al productor Yuichirō Saito. Aunque era imposible predecirlo en aquel momento, *Summer Wars* marcó un momento crucial en la carrera de Hosoda y le proporcionó un modelo para su estilo cinematográfico todavía en evolución. El

Mirai, mi hermana pequeña

La chica que saltaba a través del tiempo
El niño y la bestia

Belle

director retomaría esos deslumbrantes mundos artificiales en obras posteriores como *Belle*, y su amor por los protagonistas con forma de animales antropomórficos se convirtió en un rasgo definitorio de su carrera, sobre todo en *Wolf Children*, de una belleza conmovedora. No obstante, lo que realmente cimentó el éxito de *Summer Wars* es la fijación más profunda de Hosoda: su exploración de la familia.

La obra de Hosoda se arraiga por completo en una rica obsesión genealógica que estudia los lazos de la sangre, las situaciones dolorosas y difíciles que surgen al crecer y, por último, el descubrir quién eres averiguando de dónde vienes. Sus películas tratan, en términos inequívocos, sobre la familia, y cada nueva incorporación a su filmografía es muy consciente de su propia historia dentro de este rompecabezas narrativo en constante evolución.

Wolf Children —una de las grandes favoritas— explora cómo una familia puede fracturarse (y, con suerte, reconstruirse) tras sufrir una pérdida colosal. Dentro de la misma narrativa, Hosoda aborda con maestría las complejidades de las rivalidades entre hermanos y el inevitable cambio en el equilibrio de poder cuando estos niños se vuelven adultos y descubren que la edad ya no equivale a superioridad. Es una película increíblemente personal para los que hemos tenido la suerte de crecer con hermanos, ya que capta sin esfuerzo una relación que se caracteriza tanto por una fealdad sin reservas como por una lealtad inquebrantable.

Esa misma sensibilidad y perspicacia resulta evidente en la película *El niño y la bestia*, una historia sobre un monstruo de otro mundo que adopta a un pequeño niño humano. Vuelve a aparecer en *Belle*, el regreso de Hosoda a los reinos digitales, que plantea este artificio como una vía de escape de unas vidas familiares profundamente atribuladas. Pero quizá la mejor forma de captarlo sea en *Mirai, mi hermana pequeña*, que fue nominada al Oscar: una película sobre una familia que se tambalea mientras hace lugar a un nuevo miembro.

Es una película totalmente intransigente en su presentación de la familia: atronadora, áspera y cada vez más claustrofóbica; consigue captar el alboroto y la incertidumbre no solo relativos al esfuerzo de criar a los hijos sino de ser uno de ellos. Capta la aterradora duda que surge al darse cuenta de que uno no es más que un niño grande criando a uno pequeño, y todos los celos de un crío que es apartado sin miramientos del centro de atención en favor de una nueva hermana, más blandita e indiscutiblemente más adorable.

Aunque sus películas demuestran una enorme imaginación, siempre tan rebosantes de fantasía y respaldadas por unos ganchos narrativos maravillosamente extraños, lo que las mueve siempre es la humanidad, incluso cuando esta viene envuelta en piel de lobo. Porque no importa si Hosoda explora vastos mundos virtuales o se tropieza con bucles temporales, si sus personajes son criados por monstruos o crían a sus propios monstruitos: estas obras demuestran una profunda comprensión de la condición humana. Es difícil saber qué rumbo tomará Mamoru Hosoda pero, a través de su catálogo en constante evolución, queda meridianamente claro de dónde viene.

Wold Children

Summer Wars

Belle

Mirai, mi hermana pequeña
Summer Wars

Wold Children

Fullmetal Alchemist: Brotherhood 鋼の錬金術師FA

Estreno:	2009	*Género:*	Aventura, Steampunk
Formato:	TV		
Director:	Yasuhiro Irie	*Basado en:*	Manga de Hiromu Arakawa
Estudio:	Bones		

El puño de la Estrella del Norte se burla de la ambigüedad moral de *Brotherhood:* en ella, los buenos son buenos y los malos ya están muertos... aunque ellos aún no lo saben. 32

Puedes explorar toda la gama de grises entre el blanco y el negro en *Code Geass*, que cuenta con uno de los mejores antihéroes. 152

La guerra no decide quién tiene razón, solo quién es el que quedará en pie.

Hasta el arte de la alquimia tiene sus reglas. En el mundo de Fullmetal Alchemist, donde los alquimistas con más talento pueden reducir cualquier cosa a sus componentes originales y reconstruirla en algo totalmente distinto, parece que las posibilidades son infinitas. Los objetos rotos se pueden reparar en un abrir y cerrar de ojos, la tierra que pisamos se puede transformar en herramientas e incluso el agua de nuestro cuerpo se puede volver de forma violenta contra nosotros.

Pero cuando los hermanos alquimistas Edward y Alphonse Elric intentan resucitar a su madre, rompen el mayor de los tabúes y pagan un alto precio por su arrogancia. Perpetrada la tragedia, Edward se queda sin un brazo y una pierna, asimilados por la exigencia alquímica del intercambio equivalente: el principio de que todo lo que se gana se debe equilibrar con una pérdida del mismo valor. Alphonse, sin embargo, no tiene tanta suerte, y todo lo que Edward puede hacer es sellar su alma en una armadura vacía.

Fullmetal Alchemist: Brotherhood cuenta esta historia prácticamente en retrospectiva, optando por comenzar en medio de la acción. Los hermanos Elric, ahora alquimistas oficiales, trabajan para el gobierno y utilizan sus poderes para acabar con peligrosas amenazas y otros alquimistas renegados...

a la vez que buscan la forma de restaurar sus cuerpos.

Brotherhood tiene muchas virtudes. Destaca su espectacular acción, con combates dinámicos e ingeniosos que se desarrollan como duelos mágicos. Ver a los alquimistas lanzarse armas recién fabricadas unos a otros es de un deleite sorprendente, con enfrentamientos muy animados que cuentan con coreografías de la mejor clase. La serie resulta aún más emocionante cuando los verdaderos villanos salen de las sombras, y cada uno de ellos resulta más letal y malvado que el anterior.

Aun así, es la historia tan oscura y cada vez más compleja lo que late con mayor fuerza bajo ese armazón de acero. Repleta de misterios irresistibles y revelaciones que sacuden todos los cimientos, la retorcida historia de *Brotherhood* es lo que te arrastrará una y otra vez a decir «solo un episodio más», una promesa que raramente podrás cumplir.

Brotherhood es la segunda adaptación animada del manga *Fullmetal Alchemist*, firmado por Himoru Arakawa (*Silver Spoon*, [218]). Aunque su predecesora (titulada simplemente *Fullmetal Alchemist*) es una gran serie por derecho propio, se realizó mucho antes de que el manga llegara a su conclusión y, por tanto, cuenta con un desenlace totalmente original. La serie tiene una energía y un sabor propios, y se aleja de los sombríos temas que hay en el fondo de *FMA* con temerario abandono, por lo que no vale la pena verla si se quiere disfrutar de la experiencia completa. *Brotherhood*, no obstante, es una adaptación más fiel y está ampliamente considerada como uno de los mejores animes de la historia.

El concepto del intercambio equivalente exige un delicado equilibrio, una armonía que, si se juzga mal, provoca un sinfín de desgracias. Así pues, es lógico que la serie defienda el equilibrio ante todo. Sus muchas crueldades quedan contrarrestadas por la compasión, sus innumerables traumas se salvan con un constante sentido del humor. Su emocionante acción alienta la reflexión contemplativa y cada descenso a las tinieblas de la humanidad es resarcido por encantadores protagonistas que nunca se rinden ante la muerte. Algo así no debería funcionar, pero tiene que hacerlo. Por suerte para todos los implicados, siempre es un intercambio equivalente. *Fullmetal Alchemist: Brotherhood* sabe que no hay que romper los tabúes

•

Bake-monogatari 化物語

Estreno: 2009
Formato: TV
Director: Tatsuya Oishi
Estudio: Shaft
Género: Misterio
Basado en: Novelas de NisiOisiN

Golden Boy comparte con *Bakemonogatari* su sed de conocimiento... y su insaciable contemplación de la figura femenina. 61

Las muchas aristas de *Bakemonogatari* quedan contrarrestadas perfectamente por la suave *Rilakkuma y Kaoru*. 272

No lo sé todo, solo sé lo que sé.

Bakemonogatari es un enigma. A medio camino entre el misterio y una descarada historia de harén [→⊙160], supone el punto de partida de una de las franquicias más fascinantes (e impredecibles) del anime: la serie *Monogatari*, de larga duración y ampliamente respetada.

Cuando una chica resbala con una piel de plátano y cae por una barandilla, cualquiera esperaría su fin. Pero un chico, unas plantas más abajo, intenta atraparla sin pensarlo mucho... pues debería haber sido su fin también. Sin embargo, cuando ella aterriza suavemente en sus brazos, sabemos que algo falla, pero pocos de nosotros adivinaríamos que un dios cangrejo le robó su peso. Esto es *Bakemonogatari* y, a pesar del dios cangrejo, la atrapada milagrosa y —lo más importante— la piel de plátano, es un anime que quiere que lo tomes en serio.

Lo curioso es que es muy fácil hacerlo. Por muy raro que se ponga *Bakemonogatari* (y te aseguro que de pronto se pone raro), no deja de ser una experiencia profundamente intelectual. El protagonista, Koyomi Araragi, va conociendo a mujeres cada vez más desconcertantes, sigue aprendiendo sobre sus singulares maldiciones, y a través de estas historias de fantasmas nos muestra conmovedores relatos sobre las rarezas que nos afligen a todos.

Basada en las novelas de NisiOisiN, no hay duda de que esta adaptación hace honor a su legado. *Bakemonogatari* es una maravilla que goza de una explosión de colores, una animación de lujo y una dirección siempre impactante, pero sin duda es el guion y la afilada lengua de sus personajes lo que se lleva todo el protagonismo. Está repleta de largos e ininterrumpidos

enfrentamientos verbales que hacen que los rápidos monólogos de *The Tatami Galaxy* [→⊙196] parezcan aburridos y todo. La serie, siempre aguda y elegante, es capaz de obsesionarse con algo completamente trivial y seguir siendo absolutamente cautivadora.

A pesar de ello, se trata de un gusto adquirido. *Bakemonogatari* es un anime para fans del anime que da por sentado que encuentras familiares los numerosos clichés del medio (y también *Dragon Ball* [→⊙38]). Además de estas trampas metatextuales, es probable que la mirada lasciva de la serie y sus cuestionables intereses románticos atraigan a los novatos incautos... pero la clave de su esencia y la de toda la franquicia es el sentimiento perturbador que deja.

Insiste en que lo cuestionemos todo, no solo lo que te dicen, sino lo que te dices a ti mismo. Al igual que su fascinante reparto de protagonistas femeninas, *Bakemonogatari* no para ni un momento, presentándonos una dosis de sorprendente acción y comentarios lascivos antes de golpearnos directamente en la boca del estómago. Esos golpes críticos son el verdadero objetivo y, en poco tiempo, los recibirás con los brazos abiertos.

Redline
レッドライン

Estreno:	2009	*Estudio:*	Madhouse
Formato:	Película	*Género:*	Carreras, ciencia ficción
Director:	Takeshi Koike		

Koike fue pupilo del legendario Yoshiaki Kawajiri, cuya visión dinámica de la acción le ha ayudado a adoptar la suya propia. 26

Domina el arte del derrape yendo a toda velocidad con *Initial D.* 81

Solo eres una voz, colega. ¡No tienes ni idea de lo que es correr!

Redline tardó siete largos años en ondear la bandera a cuadros pero, cuando por fin cruzó la línea de meta, estaba a años luz del resto. La película es una oda al poder y la versatilidad de la animación dibujada a mano, pero también a la sangre, el sudor y las lágrimas que exige esta industria. El debut como director de Takeshi Koike (*Animatrix*, [→⦿120]) es, sin duda, una obra maestra, una estremecedora maravilla del cine que se niega a seguir otras reglas que no sean las suyas propias; pero como ocurre con cualquier monumento de este tipo, también se cobró su precio.

Los rugientes motores de los pilotos de *Redline* se escuchan en todo el universo. Es la forma definitiva de competición, un torneo interestelar que ha reunido a los contendientes más extraños, las ropas manchadas de grasa y los fanáticos de las carreras de toda la galaxia en la misma línea de salida. Mientras suena su cacofonía mecánica, es imposible no dejarse arrastrar por esa pasión y unirse a la multitud que reclama una carnicería automovilística y grandes emociones de alto octanaje.

Redline coloca a su público en el asiento de copiloto de un Trans Am color amarillo plátano hasta arriba de combustible, un vehículo con una misión singular: hacerte arañar el reposabrazos más cercano. Lo consigue con un sentido de la velocidad sin parangón, una electrizante energía visual y una banda sonora atronadora, ofreciendo el tipo de escalofríos que solo el mejor cine sabe provocar. Sweet JP cuenta con uno de los tupés de pelo más espectaculares del anime y es quien lleva el volante, pero la película nunca pierde su visceral inmediatez: el peligro, la velocidad... así es una carrera.

La mezcla audiovisual de *Redline* exhibe una curiosa pureza. Según cambia la clasificación, la banda sonora reacciona con una floritura; cuando se despliegan las banderas de la victoria, los graves se intensifican y

los gritos guturales de los pilotos acompañan a cada pastilla de nitro. Es una película que se siente, en cada botón que pulsan y en cada guardabarros que abollan, y su compromiso a la hora de acelerarnos el pulso es inquebrantable.

Su trepidante arranque consigue impresionar más en solo diez minutos que la mayoría de las películas en toda su duración, aunque es un ritmo que ni siquiera Koike y compañía pueden mantener. Entre esas explosivas carreras, *Redline* no puede evitar decaer ligeramente, si bien es cierto que las alocadas vidas de los rivales alienígenas son un divertido y necesario respiro. La problemática producción de *Redline*, que se demoró mucho y sobrepasó con creces el presupuesto, hizo perder el trabajo a Koike y contribuyó a la quiebra del estudio de animación Madhouse, una gota que colmó el vaso de forma espectacular. Aunque ambos resurgirían de sus cenizas, es justo decir que ninguno de los dos volvió a ser el mismo. El resplandor de gloria con el que se apagaron fue tan brillante que dejó un punto ciego permanente en quienes lo vieron: la certeza de que nunca se volvería a hacer nada parecido.

Kimi ni Todoke: Llegando a ti
君に届け

Estreno:	2009	*Género:*	Romance, comedia, costumbrista
Formato:	TV	*Basado en:*	Manga de Karuho Shiina
Director:	Hiro Kaburagi		
Estudio:	Production I.G.		

Si el magnetismo de los protagonistas de *Llegando a ti* te parece irrefrenable, alucinarás con el paradigmático tira y afloja de *Maison Ikkoku*. 30

Desciende a la locura con *Belladonna of Sadness* y descubre lo que significa una dulce tortura. 13

Tú has traído color a mi vida.

Sawako Kuronuma no tiene amigos. Es una colegiala socialmente torpe a la que sus compañeros temen desde hace mucho tiempo por su larga melena negra y su actitud involuntariamente sombría, una combinación que le hace parecerse a Sadako, la famosa fantasma de *The Ring*. Sin haber conocido nunca el calor de la amistad, la patita fea del anime acepta esa vida que le ha tocado... hasta que el chico más popular de la escuela empieza a hablar con ella, y todo cambia poco a poco. A medida que comienzan a abrirse las puertas que antes parecían cerradas para Sawako, su vida en blanco y negro se llena de color con las amistades, las rivalidades y los romances.

Dulce, delicada y dolorosamente divertida, *Llegando a ti* presenta una juventud nostálgica, bañada en tonos pastel y brillantes destellos típicos del *shōjo*. Aunque suele adentrarse en la angustia adolescente, es en la honesta y optimista Sawako donde la serie se salva de caer en un enfoque atribulado. Ha conocido durante mucho tiempo el amargo pinchazo de la soledad, de modo que no está dispuesta a condenar a nadie más a esas profundidades: una compasión que salva de ser planos incluso a sus compañeros de clase más malvados.

Si hay un enemigo claro, son los prejuicios, algo que la serie se complace en dar vuelta. Cuando Sawako se hace amiga de «la peor de la clase» y «la zorra de

El amor está en el agua

Mind Game
The Tatami Galaxy

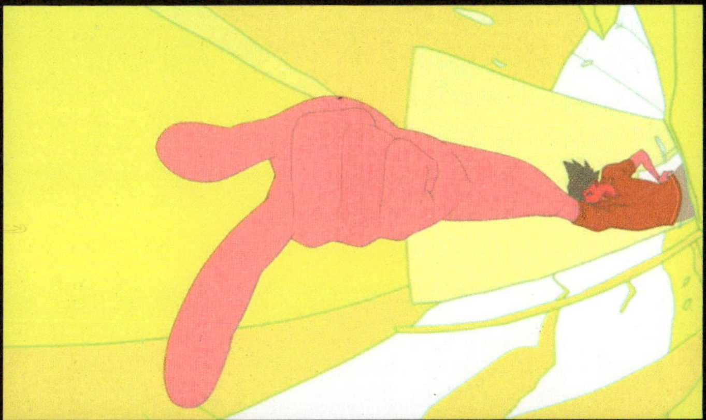

Mind Game
Kick-Heart

repleta de auténticos clásicos. Para los más neófitos, la experimental *Mind Game* es un punto de partida... interesante. Su primera película propia, una especie de monumento multimedia, supuso un punto de inflexión en su trayectoria, demostrando sin esfuerzo que tenía la clase de extraña imaginación necesaria para diferenciarse de sus colegas. *Mind Game* se niega a tomar una forma concreta y se deleita en el uso de todo y de nada a la vez para dar vida a su alucinógeno desfile: desde rostros fotografiados que han sido pegados sin ningún pudor sobre los cuerpos animados hasta un colorido sueño febril lleno de plesiosaurios, falos de cartón y una espectacular rutina de natación sincronizada.

Su obra no siempre es tan maravillosamente delirante, pero siempre es así de ingeniosa. Si prefieres una entrada (solo un poco) más convencional al mundo de Yuasa, *Lu Over The Wall* es una fábula encantadora que cambia la locura artística de *Mind Game* por una narrativa más accesible. Es la historia de un chico que se hace amigo de una sirena gracias a la música, para disgusto de su ciudad natal, que odia a las sirenas, y de su abuelo, que odia la música, pero es una cinta divertidísima para toda la familia.

Si *Mind Game* recuerda a *Fantasía*, de Disney, *Lu Over The Wall* se inspira más en *E. T.*, de Spielberg, aunque ambas se atreven a hacer cosas que sus contemporáneas occidentales jamás osarían. La música juega un papel muy importante, y es que mientras nuestro protagonista, Kai, intenta esconder a su nueva amiga sirena de la desconfiada gente del pueblo, nos llega un ritmo que lleva el peso de la película. Es un pulso con el que late durante todo su metraje y, al igual que les pasa a los protagonistas, te costará no mover los pies con su ritmo contagioso.

Personalmente, me enamoré de Yuasa con *The Tatami Galaxy* [→ ⊙196], una singular comedia psicológica que utiliza su premisa de bucles temporales para presentar gags cada vez más intelectuales, y eso por no hablar de su pseudosecuela *Night Is Short, Walk On Girl*. Este fantástico largometraje cambia las melancólicas reflexiones de *Tatami* por una noche en la ciudad, inundada de colores estridentes y mucho alcohol, añadiendo otro peculiar éxito a la ecléctica filmografía de Yuasa. Eso es lo que pasa con él: su obra es de todo menos monótona. Su hiperviolenta reinterpretación de *Devilman* [→ ⊙12] vomita sangre y vísceras sin despeinarse, una serie que vino seguida rápidamente por *El amor está en el agua* (también conocida como *Ride Your Wave: Juntos en el mar* en Hispanoamérica), la obra más risueña de Yuasa. Su legendariamente extraña *Ping Pong The Animation* [→ ⊙222] se sitúa en la cima del género deportivo, desafiando a sus compañeras más convencionales, mientras que la épica ciencia ficción de *Kaiba* parece rezumar de nuestros televisores con su redonda y fluida animación.

De hecho, la maquinaria del anime rara vez parecía capaz de contener a Yuasa y su desbordante imaginación, al punto que acabó creando su propio estudio —el incomparable Science SARU— con su colaboradora de toda la vida, Eunyoung Choi. Se podría decir que este estudio merece su propio protagonismo, ya que en él ha trabajado con artistas de la talla de Naoko Yamada [236] en su epopeya histórica *The Heike Story*, Bryan Lee O'Malley para la sensacional *Scott Pilgrim da el salto* e incluso Disney con su antología animada *Star Wars Visions*. Cada uno de estos proyectos dice algo sobre el tipo de rarezas que engendra Masaaki Yuasa y su voluntad de probar algo completamente distinto. Ya se trate de escenas psicodélicas con penes o de un ebrio recorrido por la vida nocturna de Kioto llena de neones, una vez que sintonizas con la alocada energía de Masaaki Yuasa, te resultará difícil encontrar satisfacción en otro lugar que no sea el final de su imaginación.

Devilman Crybaby

Inu-Oh

Lu Over the Wall

Kaiba

Ping Pong The Animation

No te metas con el club de cine -Eizouken-

四 The Tatami Galaxy 四畳半神話大系

Estreno: 2010
Formato: TV
Director: Masaaki Yuasa
Estudio: Madhouse
Género: Comedia
Basado en: Novela de Tomihiko Morimi

La adictiva *Chihayafuru* muestra cómo es la verdadera vida color de rosa. 204

La melancolía de Haruhi Suzumiya presenta el bucle temporal más infame del anime. SOS 150

Allí se encontraba un hombre siniestro con cara de estar tramando la mayor de las maldades.

En el corazón de Kioto, un joven añora tiempos pasados. A medida que se acerca el final de su vida universitaria, una vida marcada por la desilusión, anhela volver a empezar de nuevo. «Esta vez tomaré otras decisiones. Las decisiones correctas. Tendré una vida universitaria color de rosa», piensa.

The Tatami Galaxy conoce la locura que esconden esas ensoñaciones. Esta serie, el más delirante de los bucles temporales, permite a su héroe anónimo tantas oportunidades como quiera, aunque solo sea para demostrar que los resultados seguirán siendo los mismos en gran medida. El primer paso en esos caminos que se ramifican es decidir a qué club extraescolar unirse, una elección que da color a los vibrantes episodios y pone en marcha una desventura que se volverá familiar pero será siempre única.

Tatami es una serie que le exige mucho a su público. El director Masaaki Yuasa [→⦿192] rara vez ha sacrificado las idiosincrasias de su visión en favor del beneplácito de las masas, y este extraño descenso a una locura claustrofóbica sin par no es

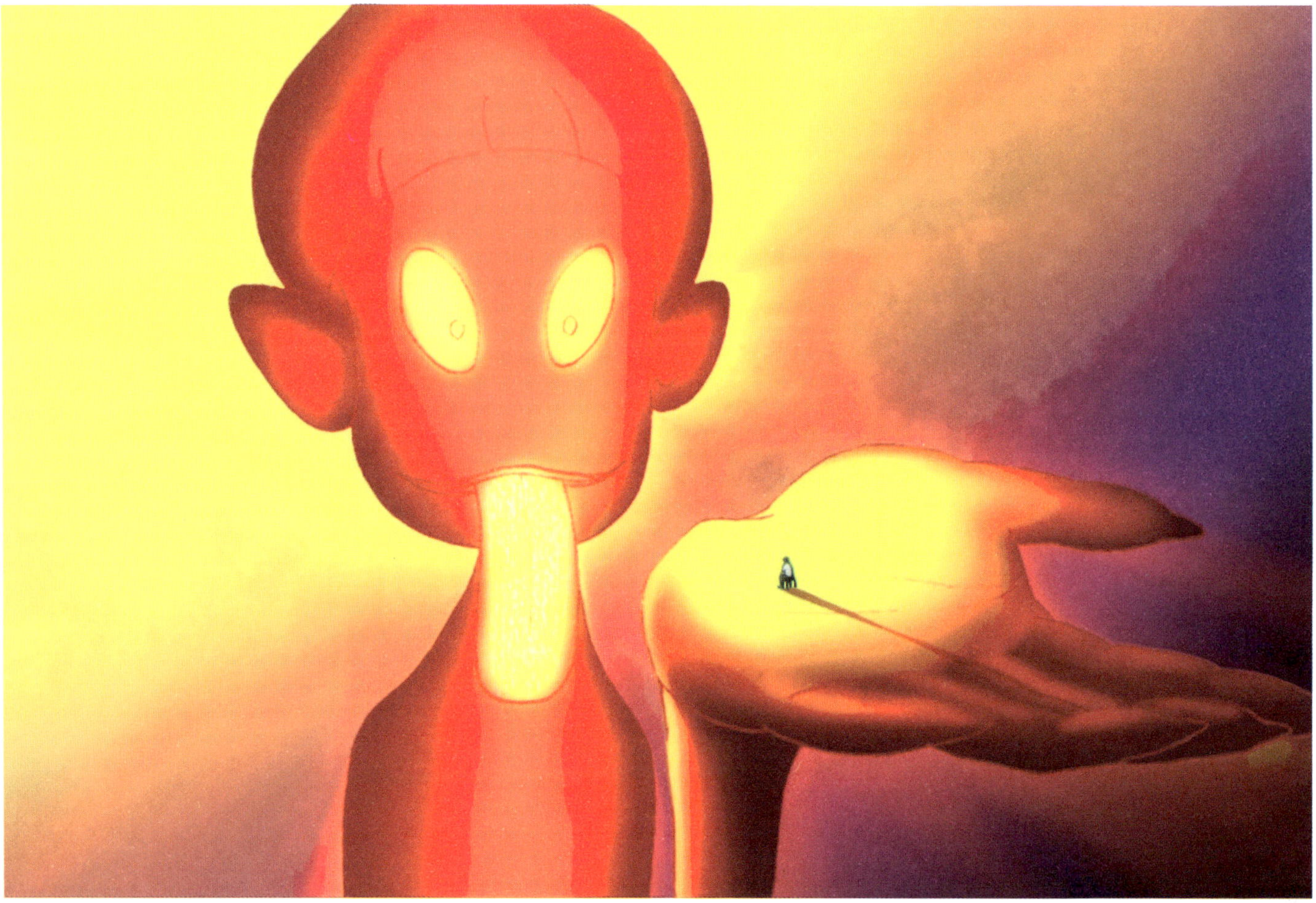

diferente en ese sentido. Desde su monólogo inicial hasta su complejo desenlace, *The Tatami Galaxy* reclama que le sigas el ritmo. Incluso los diálogos se suceden con la cadencia y la velocidad de un fusil de asalto, lo que hace que los subtítulos aparezcan y desaparezcan en tiempo récord. Podría resultar exasperante, pero ese frenetismo le confiere a la serie un espíritu propio. Y a nosotros, una taquicardia.

A medida que nuestro desdichado héroe se abre paso a través de un interminable laberinto de buenos recuerdos, un pequeño elenco de caras conocidas aparece en pantalla de forma recurrente. Tienen algo de teatral, pues vemos a personajes como el diabólico Ozu o la distante Akashi interpretando un nuevo papel en cada episodio. Como todo bucle temporal que se precie, *The Tatami Galaxy* entiende que la familiaridad deriva en carcajadas, y por eso reencontrarnos con un viejo favorito que viene con un nuevo sabor supone una parte importante de su encanto. Del mismo modo, la abrumadora sensación de *déjà vu* se aprovecha de forma brillante para hacernos reír, con los comentarios metatextuales de nuestro protagonista siempre a punto de dar la nota.

De belleza elocuente y pretenciosa a más no poder, *The Tatami Galaxy* es un triunfo de la narrativa. Dice más que nadie, y antes de que termine el primer episodio sabrás si te está hablando a ti. No obstante, una vez que te atrapa, ya no hay vuelta atrás, y como esas escenas revisitadas que se aceleran con cada repetición, el impulso no hace más que aumentar a medida que te acercas al remate intelectual de la serie. Con cada episodio, la serie se repliega sobre sí misma (otra capa con la que jugar mientras muestra un gag cada vez más complicado), pero nunca se olvida de la hermosa ignorancia de la adolescencia. Independientemente de sus temas sobre la desilusión y el destino, independientemente de lo rápido que dispare su embriagadora filosofía, *The Tatami Galaxy* habla en un idioma que comprendemos demasiado bien: no hay nadie más tonto que los jóvenes, salvo los tontos que creen que podrían hacerlo mejor si se les diera otra oportunidad.

•

Puella Magi Madoka Magica
魔法少女まどか☆マギカ

Estreno: 2011
Formato: TV
Director: Akiyuki Shinbo, Yukihiro Miyamoto
Estudio: Shaft
Género: Chicas mágicas

Madoka parece interpelar directamente a *Sailor Moon*, la serie que redefinió lo que eran las chicas mágicas. 58

Casi nada es lo que parece en *Rosa magnética*, la joya de la corona en la exquisita antología *Memories*. 72

Ser una chica mágica... no es divertido.

Puella Magi Madoka Magica te está mintiendo. En un mundo asediado por monstruosidades enigmáticas conocidas como brujas, las adolescentes son reclutadas para convertirse en chicas mágicas. Seducidas con la promesa de un único deseo, estas colegialas defensoras del bien reciben poderosos moderes mágicos (y un glamoroso cambio de vestuario, por supuesto) con los que proteger al resto de la humanidad de esas terribles amenazas.

Pero a pesar del fiel estereotipo que exhibe su primer episodio (con un compañero animal que habla y una llamativa secuencia de transformación), a *Madoka Magica* no le interesa entretenerse con esas fantasías de poder. Por el contrario, echa abajo la reluciente fachada del género de las *magical girls* [54] para mostrar cómo es en realidad una vida dedicada a luchar contra el mal.

Con sus mundos de pesadilla en los que el papel y la fotografía se mezclan con los tonos pastel de la animación tradicional, la serie vende muy eficazmente la paradoja de su esencia: «no quiero ser una chica mágica». ¿Quién iba a querer? Los peligros a los que se enfrentan son demasiado reales y, aun así, rehuir de ellos es una opción condenatoria: cuando tienes el poder de ayudar y decides no hacerlo... ahí empieza la verdadera pesadilla.

Una carta para Momo
ももへの手紙

Estreno:	2011	*Estudio:*	Production I.G.
Formato:	Película	*Género:*	Maduración, comedia
Director:	Hiroyuki Okiura		

La entrañable *Natsume's Book of Friends* es la entrada perfecta al extraño y maravilloso mundo de los yōkai. 175

El Japón rural se reserva generalmente para las historias de nostalgia o de terror. Puedes comprobar lo segundo en la inquietante *Higurashi: When They Cry*. 156

Querida Momo...

Momo, una adolescente gruñona y malhumorada, está pasando por una crisis. Acaba de perder a su padre, ha dejado a sus amigos y se ha mudado con su madre a una isla remota. Si los espíritus que ha empezado a ver indican algo, puede que también se esté volviendo un poco loca.

Una carta para Momo es el segundo largometraje de Hiroyuki Okiura, que debutó como director con la espectacular *Jin-Roh* [→⦿91]. Libre de aquella paleta apagada y el mundo sombrío de la brigada del lobo, Okiura inicia aquí una colorida rebelión, pintando una cómica historia de maduración que se aprovecha de los rostros hiperexpresivos de sus ridículos protagonistas.

Comenzando con la desconsolada y arrepentida Momo, que tuvo un último encuentro con su padre un poco desagradable, se podría suponer que esta película se perdería en temas más tristes. Pero cuando la joven empieza a ser perseguida por tres inquietantes yōkai, la película cambia radicalmente de rumbo y se convierte en algo alegre, divertido y mucho más mágico.

Los traviesos yōkai y la extraña relación que poco a poco van estableciendo con Momo son la clave del magistral equilibrio de la película. Por cada escena de introspección obsesiva, surgen un sinnúmero de payasadas. Cuando Momo cae presa de la tristeza, se produce un crecimiento conmovedor. Como suele pasar con los menores, Momo salta rápidamente de una emoción a otra, sin pasar demasiado tiempo en la tristeza, el enfado o la torpeza adolescente. Al final, *Una carta para Momo* se consolida como un clásico de la maduración y una introducción sorprendentemente sincera a la particular visión japonesa de lo sobrenatural.

Estreno: 2011
Formato: TV
Director: Hiroshi Hamasaki, Takuya Satō

Estudio: White Fox
Género: Ciencia ficción
Basado en: Novela visual de 5pb y Nitroplus

Steins;Gate afirma que todo es importante; *The Tatami Galaxy* presenta un convincente contraargumento. 196

Los misterios que se resuelven poco a poco aceleran rápido el pulso, aunque ninguno tanto como el legendario *Monster* de Naoki Urasawa. 132

Steins;Gate

シュタインズ・ゲート

El Psy Congroo.

Viajar en el tiempo es una idea cautivadora y emocionante de la que el público no se cansa nunca. Al obsesionarnos con lo que haríamos de otra manera, con lo que podríamos hacer de un modo diferente si tuviéramos la oportunidad, estas historias se dirigen a nuestro singular rasgo humano del arrepentimiento.

Steins;Gate, una novela visual convertida en fenómeno del anime, aborda ese concepto de forma más contundente que la mayoría. En un mundo en el que puedes alterar el presente de inmediato enviando un mensaje de texto a tu pasado, el arrepentimiento no es más que un obstáculo a superar... algo que deshacer.

Aprovechando el poder de un microondas hecho trizas, un grupo de científicos disfuncionales lanzan al azar consejos y advertencias al pasado con mayor o menor éxito. Tradicionalmente, en las historias de viajes en el tiempo son sus protagonistas, y no sus mensajes, los que atraviesan el tiempo a lo loco como un elefante no-lineal en una cacharrería temporal, pero *Steins;Gate* no lleva bien eso de las tradiciones. Este curioso gancho aporta algunas sorpresas de lo más bienvenidas a la historia: como nuestros protagonistas permanecen inmóviles en el tiempo, los resultados de sus experimentos suceden a su alrededor de forma instantánea, sin importar lo leve que sea el cambio o lo vastas que resulten sus consecuencias imprevistas. A medida que nuestro grupo manipula el tiempo, con tanta precisión y delicadeza como permiten 36 personajes, el tiempo demuestra que no le interesa nada que lo manipulen sin trabas.

Steins;Gate se desarrolla casi por completo en las claustrofóbicas calles de

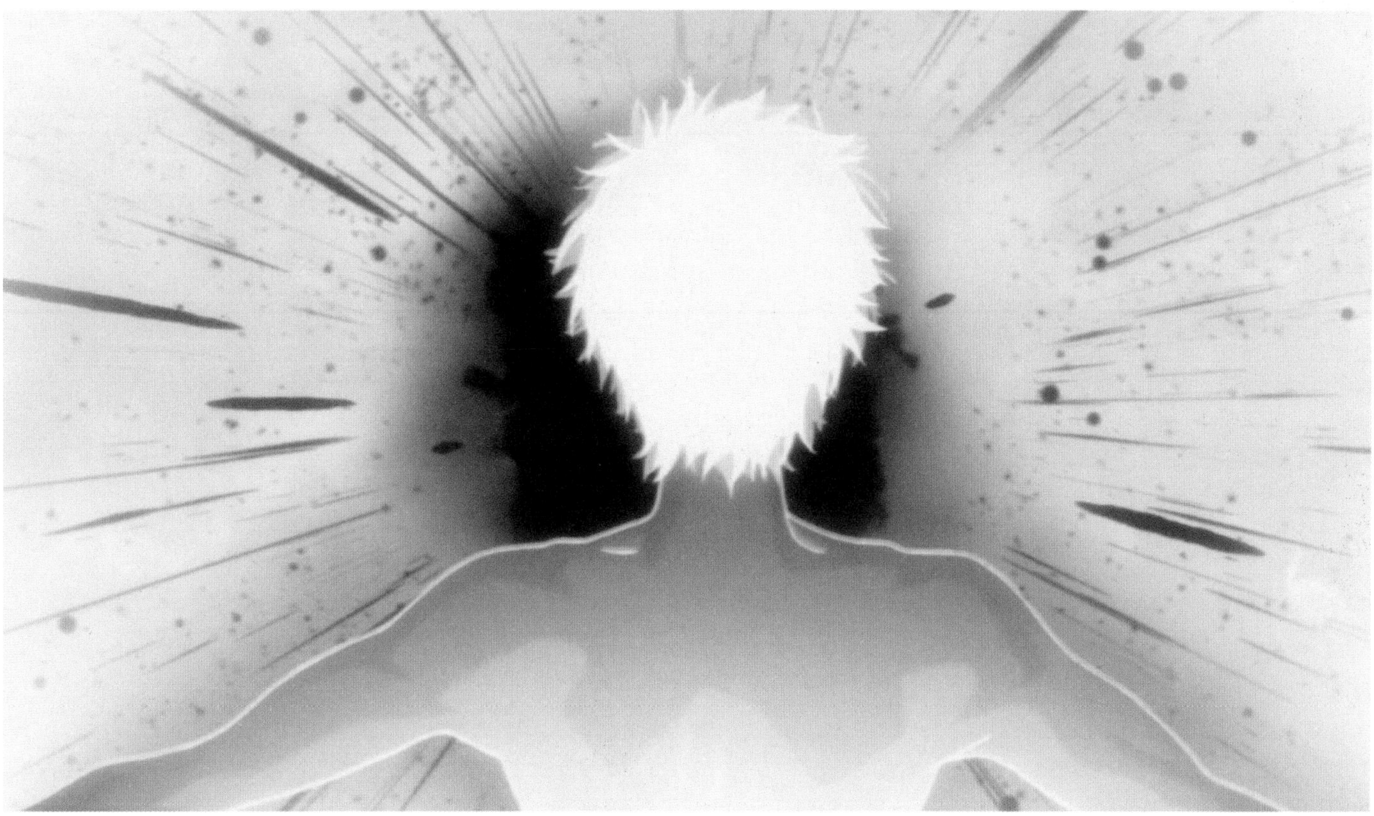

Akihabara —meca del moe y templo de la tecnología en Tokio— y se centra en las acciones de un científico particularmente loco, Rintarō Okabe. Es lo que en Japón se conoce como un «*chūnibyō*»: una persona con delirios que no ha llegado a abandonar sus fantasías adolescentes de egolatría, alardeando a pleno grito ante cualquiera que le escuche sobre su brazo maldito, su ojo que todo lo ve y las diversas organizaciones que van a por él porque sabe demasiado.

Hay que reconocer que Okabe no es un personaje fácil de querer. Por suerte, su laboratorio, que es poco más que un lugar cómodo para pasar el rato, está ocupado por un reparto bastante más entrañable: su amiga de la infancia, la ingenua y eternamente optimista Mayuri; su compañero de fechorías y extraordinario hacker Daru, y la científica prodigio Kurisu, que es exactamente tan inteligente como Okabe se cree él mismo. Este cuarteto compone la lista inicial, que se va ampliando con un grupo cada vez más interesante a medida que avanza la trama.

Sin embargo, donde *Steins;Gate* brilla de verdad, tanto en cuestión de personajes como en su narrativa propiamente dicha, es en las profundidades ocultas que se van revelando poco a poco a lo largo de esta larga epopeya. Todos los personajes, especialmente nuestro tedioso protagonista, tienen una fachada y, a lo largo de la aventura, esas caretas van cayendo de formas cada vez más interesantes y vulnerables. Es en esa lucha, a medida que se complican las cosas y surgen amenazas de todos los rincones sombríos de Akihabara, cuando Okabe, contra todo pronóstico, entra en el panteón de los protagonistas más espectaculares.

Steins;Gate es un rompecabezas creado con gran minucia. Opaca e impenetrable al principio, parece que solo sabe recompensar la curiosidad con más enigmas. Te exige que pienses en ella incluso cuando no estás explorando sus secretos activamente, provocando la urgencia de descifrar aquello que esconde. En cualquier caso, su mayor belleza reside en el momento antes de que todo se revele, justo cuando las piezas empiezan a encajar con total exquisitez.

•

Chihayafuru
ちはやふる

Estreno:	2011	*Género:*	Deportes
Formato:	TV	*Basado en:*	Manga de Yuki Suetsugu
Director:	Morio Asaka		
Estudio:	Madhouse		

El género deportivo cubre toda clase de competiciones, de las pistas de *Haikyū!!* a los tableros de *El león de marzo*. 222

Otro romance *shōjo* igual de poético sería *Llegando a ti*, que traza un camino más directo al corazón. 190

Los dioses más impasibles jamás han visto el rojo del río Tatsuta.

El *Hyakunin isshu*, una colección de cien poemas, cada uno aportado por un único poeta, abarca seis siglos de historia japonesa y ofrece un vistazo a las emociones de señores, emperadores, princesas, exiliados, sacerdotes e incluso shogunes. Estos poemas hablan de la belleza de las estaciones, de la majestuosidad de la naturaleza, del dolor de la separación y de los momentos de felicidad robados. *Chihayafuru*, un anime que trata sobre un juego de cartas competitivo basado en estos poemas, puede no ser tan breve como la lírica que lo inspiró, pero su corazón roto y hermoso late con fuerza.

Chihaya es una prometedora estrella del *karuta*, una estudiante que pasa las noches y los fines de semana agazapada sobre un mar de cartas con las últimas frases del *Hyakunin isshu*. Mientras un narrador recita el principio de cada poema, Chihaya debe memorizar la ubicación de cincuenta cartas y levantar del suelo la que tiene escrito su final antes que su contrincante: un juego que parece aburrido de describir, pero muy emocionante de jugar. El *karuta* contrarresta con furiosa habilidad el ritmo pausado de la poesía leída. En los segundos que preceden a la lectura de un poema, los jugadores se tensan, se familiarizan con un campo de juego siempre cambiante y, a la primera sílaba pronunciada, se lanzan con velocidad explosiva hacia la carta correspondiente, levantándola del tatami y reclamando un punto.

Al principio, el *karuta* —y también *Chihayafuru*, por extensión— puede abrumar por la brecha cultural, un juego que nos puede resultar extremadamente ajeno por su identidad japonesa. *Gambito de dama*, una serie de Netflix, sorprendió al público occidental con una emocionante historia sobre ajedrez, pero *Chihayafuru*

y sus predecesoras, como las series sobre go (*Hikaru no go*), sobre shogi (*El león de marzo* [→⦿252]) o sobre mahjong (*Akagi*), llevan mucho tiempo comprendiendo que la tensión, la rivalidad y el deseo de convertirse en el mejor sobrepasa cualquier diferencia cultural. Aunque la antigua poesía japonesa de las cartas pueda parecer complicada al principio, el sudor que corre por los rostros de los personajes es algo universal. Algo humano.

A medida que Chihaya, sus amigos y sus rivales ascienden en la jerarquía competitiva del *karuta*, la serie demuestra ser muchas cosas. Es una introducción maravillosa y directa a la poesía histórica japonesa, tratada no simplemente como piezas de un juego que hay que ganar sino como piezas que hay que respetar y comprender, y con las que hay que conectarse.. La serie se llena de la alegría y la tristeza que defienden estos poemas: el dolor hermoso, la victoria rugiente y el amor imposiblemente difícil. Sin embargo, en el fondo, *Chihayafuru* trata sobre la juventud triunfante, una idea que explora a través de unas vidas dedicadas a buscar la siguiente carta.

Kids on the Slope
坂道のアポロン

Estreno: 2012
Formato: TV
Director: Shin'ichirō Watanabe
Estudio: MAPPA, Tezuka Productions
Género: Maduración, musical
Basado en: Manga de Yuki Kodama

En *Beck* logran unirse sonidos dispares, una historia a un ritmo diferente. 124

La isla de Giovanni explora una infancia afectada por la guerra 20 años antes de la historia de *Kids on the Slope*. 220

A veces, la vida es como el jazz y avanza en direcciones inesperadas.

El director Shin'ichirō Watanabe es, desde hace tiempo, un maestro del sonido. Su currículum, que incluye títulos como *Cowboy Bebop* [→⦿82], *Samurai Champloo* y *Carole & Tuesday*, se obsesiona con juntar a personas muy dispares para ver qué tipo de música pueden crear sus sonidos diversos. A menudo, sus variopintos grupos de protagonistas son como el jazz: músicos ruidosos, incluso estridentes, a menudo discordantes, pero indiscutiblemente bellos en su conversación. En muchos sentidos, *Kids on the Slope* parece la culminación de esa carrera y su obra más personal hasta la fecha.

Nos encontramos en la década de los 60. Nagasaki disfruta de lo que parece un verano interminable, y el abatido Kaoru Nishimi, un nómada escolar a merced del trabajo de su padre, vuelve a mudarse por enésima vez. Al comenzar en su nueva escuela en Sasebo, Kaoru espera otro año sin amigos dedicado a estudiar y tocar el piano. Sin embargo, cuando un delincuente percusionista amante del jazz atrapa a Kaoru en su órbita, el ritmo constante de su vida empieza a cambiar.

Tal vez sean las anchas calles de Sasebo, los familiares discos de la tienda de música o la sonrisa fugaz de un amor de juventud, pero *Kids on the Slope* logra transmitir una nostalgia dolorosa antes de que termine siquiera. Puede que la vida de Kaoru no te resulte familiar (a lo mejor nunca te has arrojado al mar con tus amigos desde un barranco ni te has peleado con los bravucones después clase),

pero su visión de la juventud resuena igualmente con todo el mundo. A medida que florece la improbable amistad de Kaoru con el impulsivo Sentarō, también lo hace su amor por el jazz, por las bolas de arroz y por la chica tan bonita de la tienda de discos. No todo es frivolidad y desenfreno, por supuesto (el melodrama y el amor adolescente nos vuelven tontos a todos), pero uno encuentra una agradable comodidad en esta cuesta, con sus baches y todo.

Donde realmente brilla esta serie es en el apartado musical. Kaoru y Sentarō continúan tocando juntos y, a medida que lo hacen, su química musical evoluciona hasta que encuentran un ritmo compartido. Y qué ritmo tan maravilloso, impregnado de la rica historia del jazz y rebosante de sus esperanzas y decepciones, su júbilo y su dolor. Según se suceden sus actuaciones en vivo, increíblemente animadas y bellamente interpretadas, ambos parecen conversar también con el resto de la serie, lo cual aporta mucho brío a esa dosis de juventud tan nostálgica.

•

Destacados: Género

Isekai

異世界

El nombre «*isekai*» se extiende sobre un medio repleto de impactantes ganchos narrativos y fascinantes premisas. Este subgénero de la fantasía, cuyo nombre se puede traducir como «mundos paralelos», toma a personas cotidianas y las transporta a un lugar completamente extraño. Ya sea mediante teletransporte o por una reencarnación, la cuestión es que sus vidas anteriores han terminado. Es aquí, en tierras fantásticas y peligrosas, donde deben labrarse una nueva.

Estar atrapado en otro mundo no es algo exclusivo, por supuesto. Occidente tiene sus propios referentes, como *Alicia en el País de las Maravillas* y *El mago de Oz*, y el interés de Japón por esta clase de premisa ha fluctuado a lo largo de los años. Puede que *El viaje de Chihiro* [→ ⊙102], de Studio Ghibli, revitalizara el género a escala internacional, pero el anime lleva mucho tiempo enviando a sus jóvenes a tierras imposibles con series como *Inuyasha* y *Fushigi Yuugi*.

El actual renacimiento animado de los *isekai* —que ahora se dedica, sobre todo, a satisfacer las fantasías de poder masculinas— nació en gran medida a partir de las novelas autopublicadas en la red. Estos escritores aficionados encontraron un público enorme en plataformas como Shōsetsuka ni narō («Convirtámonos en novelistas»), donde el género —sus principales tendencias y clichés— evolucionó rápidamente. Al estar mantenido por un público joven y conectado a internet las 24 horas, resulta irónico que el concepto de los *isekai*, que suele despojar a sus protagonistas de la tecnología actual y los abandona en épocas arcaicas, nos parezca tan moderno. Desde principios de los 80 se ha regodeado en la gamificación de sus numerosas aventuras, colmando a sus personajes desplazados con puntos de experiencia y botines con tanta generosidad como lo hace con los harenes de fascinantes intereses amorosos.

A pesar de lo bien establecidas que están estas fantasías, y de lo homogéneo que amenaza con volverse el género, los mejores animes *isekai* comprenden desde hace mucho tiempo la importancia de mantenerse únicos. Títulos como *The Devil Is a Part-Timer!* se divierten traicionando nuestras expectativas al enviar a sus extraños personajes a nuestro mundo, para variar. Por otra parte, las parodias más descaradas se burlan de las normas establecidas: *Mi tío es de otro mundo* devuelve a casa a su viajero interdimensional tras décadas de aventuras y lo convierte de nuevo en un pez fuera del agua.

Con un mercado tan sobresaturado, estos títulos tienen que encontrar la forma de destacarse. Literalmente. Los nombres mismos tienen que competir entre ellos, con largas cadenas de palabras que transmiten su particular giro: *I've Been Killing Slimes for 300 Years and Maxed Out my Level*, *Campfire Cooking in Another World with My Absurd Skill*, o mi favorito de todos: *Reborn as a vending Machine, I Now Wander the Dungeon*. Lo que antes era una forma de atraer al público en una plataforma hipercompetitiva es ahora una seña de identidad.

El *isekai* es un género potente, que está en constante conversación consigo mismo. Es fácil poner los ojos en blanco al ver un camión atropellando a otro protagonista más, pero se trata de una tradición narrativa rica y variada. Los *isekai* son puro escapismo: nunca dejaremos de fantasear con todas las vidas que podríamos estar viviendo, y los creadores nunca dejarán de intentar contar nuevas historias en espacios familiares.

Magic Knight Rayearth

The Devil is a Part-Timer!
Re:Zero

Sonny Boy
Didn't I Say to Make My Abilities Average in the Next Life?!

Magic Knight Rayearth

Magic Knight Rayearth encuentra su espacio en algún lugar entre el *isekai*, las chicas mágicas y los robots. Esta memorable serie de las CLAMP, con sus colegialas de colores en un viaje para salvar otro mundo, continúa siendo uno de los grandes clásicos del medio.

No Game No Life

En un mundo en el que los elaborados juegos de estrategia lo deciden todo, un par de muchachos introvertidos podrían conseguir la mayor de las victorias. *No Game No Life* es un *isekai* retorcido, tan estimulante a nivel mental como visual, y un gran ejemplo de este maleable género.

Konosuba

Cuando Kazuma sufre una muerte tan vergonzosa que hasta la diosa de la reencarnación se burla de él, aprovecha su único deseo para vengarse: que ella le acompañe en el otro mundo. *Konosuba* nunca teme jugar con los trillados clichés del género para crear algo diferente y absolutamente desternillante.

Now and Then, Here and There

No hay mucha fantasía en la desgarradora *Now and Then, Here and There*. Cuando Shu viaja a un mundo posapocalíptico para salvar a una extraña chica, se ve sometido a una nueva realidad sombría y violenta, donde la supervivencia nunca está garantizada.

La visión de Escaflowne

Mushoku tensei: Reencarnación desde cero
La visión de Escaflowne

Aquella vez que me convertí en Slime

Sword Art Online
ソードアート・オンライン

Estreno:	2012	*Género:*	Isekai, ciencia ficción
Formato:	TV	*Basado en:*	Novelas de Kawahara
Director:	Tomohiko Itō		
Estudio:	A-1 Pictures		

¡Los videojuegos han cambiado mucho desde *Pokémon*! 75

Grimgar of Fantasy and Ash presenta una terrorífica mirada a la experiencia de estar en el nivel 1. 250

En este mundo, una sola espada te puede llevar adonde quieras.

En sus mejores momentos, los videojuegos ofrecen escapismo en estado puro. Es fácil perderse explorando vastos paisajes simulados, dejarse llevar por sus desafiantes aventuras o simplemente descubrir un lugar digital al que llamar hogar. La realidad virtual ha sido durante mucho tiempo el ideal de esos pasatiempos, una tecnología inmersiva que por fin se acerca a las promesas que la ciencia ficción nos hizo hace tanto: basta con ponernos unos auriculares y desaparecer por completo en nuestros mundos de ficción favoritos.

En *Sword Art Online*, este emocionante futuro ya ha llegado. Miles de jugadores se conectan al juego epónimo durante su esperado debut, ansiosos por explorar un mundo de fantasía tan real que casi pueden sentirlo en su cuerpo. Pero mientras se preparan para derrotar a los monstruos, reclamar su botín y domar ese mundo salvaje, el creador del juego les explica el sorprendente giro de *SAO*: no se puede cerrar la sesión hasta que alguien supere el juego. Atrapados en cascos a prueba de manipulación que matarán a los usuarios si fallecen digitalmente, la fantasía se convierte rápidamente en una pesadilla: escapismo sin escape.

Una serie de menor calidad evitaría esa clase de premisa tan arriesgada, pero *SAO* no tarda en demostrar que no tiene intención de ir a lo seguro. Cuando conocemos a nuestros protagonistas, el espadachín solitario Kirito y la campeona

del gremio Asuna, parece fácil pensar que la serie se volverá predecible. Pero no es el caso: aunque nuestros héroes están decididos a ganarse su libertad, son las aventuras que viven cuando no están escalando el intimidante laberinto del juego lo que consigue que la serie dé el do de pecho.

Los episodios van acelerando en su cronología y pronto aumenta el número de cadáveres, así que los jugadores se resignan a vivir sus días en este mundo virtual, lo que nos permite observar una sociedad que empieza a tomar forma. Ya sea viendo florecer el amor entre avatares como al ser testigos de cómo la corrupción se apodera de esa civilización incipiente, en este extraño microcosmos surgen historias profundamente humanas. Algunas de ellas son escenas demoledoras que nos hablan de la fealdad de nuestra naturaleza, pero siempre vienen equilibradas con historias de compasión y valentía.

A pesar de este interesante enfoque, *SAO* nunca se olvida de la adictiva progresión que tiene como premisa. Ya sea en sus llamativos combates o en sus legendarios botines, la gamificación de este periplo amenaza con chocar con la pesadilla a la que se enfrentan la mayoría de los jugadores. Sin embargo, en la práctica son dos caras de la misma moneda: un toma y daca de fantasía contra realidad que da como resultado una serie que te costará no devorar de un tirón.

Sword Art Online parecía una fuerte evolución cuando se estrenó; aunque seguía la misma dinámica que otros contemporáneos de los «juegos mortales» como *Kaiji*, [165], fue fundamental para revitalizar los *isekai* [208] para el público moderno. Este subgénero, hasta entonces inactivo, explotó a raíz de la enorme popularidad mundial que adquirió *SAO*, dando lugar a una oleada de nuevos productos en los que seguimos inmersos hoy en día. Con semejante marea de imitadores, es fácil olvidar lo fresca que fue la temporada inicial de *SAO*. Aunque pronto se convirtió en una gallina de los huevos de oro, ese no debería ser su legado. Emocionante e infinitamente influyente, fue un estreno que de verdad lo cambió todo.

•

Ataque a los titanes
進撃の巨人

Estreno:	2013	*Género:*	Acción, fantasía oscura
Formato:	TV	*Basado en:*	Manga de Hajime Isayama
Director:	Tetsurō Araki		
Estudio:	MAPPA		

El director Tetsurō Araki, que también ocupó el mismo cargo en *Death Note*, es uno de los máximos responsables de la influencia que ha ganado el anime en Occidente. 154

La humanidad también está en peligro en *Guardianes de la noche*, otra seriaza de acción sangrienta en la que nos rebelamos contra nuestros opresores. 268

En aquel terrible momento, lo comprendimos de verdad: nuestro hogar era una granja, y la humanidad... el ganado.

Cuando Eren Yeager contempla el rostro titánico que le devuelve la mirada, asomando por el borde de su ciudad amurallada, sabe que su fin está cerca. En un mundo en el que la humanidad se ha convertido en una especie en peligro de extinción (aplastada, despedazada o devorada por los despiadados gigantes conocidos como titanes), esos muros de imposible altura eran nuestra última defensa entre una vida de miedo... y la aniquilación total.

Ataque a los titanes (también conocida como *Ataque de los titanes* en Hispanoamérica) no se anda con rodeos. En sus primeros y desgarradores episodios, nuestros jóvenes protagonistas se ven empujados al borde del abismo por las grotescas características de la serie, y su atrevido estilo artístico capta miedos primitivos en sus rostros mientras sus hogares son arrasados y sus familias, devoradas. Este impactante inicio ya deja entrever los horrores que están por venir, pero es en la decidida sed de venganza de Eren donde *Ataque a los titanes* se reivindica: hasta una rata es capaz de hacer daño si la acorralas.

Esa dicotomía es la clave del enorme éxito de la serie. Resulta imposible no ponerlos del lado de los supervivientes cuando empiezan a luchar contra tan abrumadoras adversidades, desatando algunas de las mejores escenas de acción que el anime puede ofrecer. Estando al borde del exterminio, nuestros héroes confían sus vidas al característico equipo de movilidad omnidireccional, un dispositivo de garfios propulsados por gas que los

lanzan contra los gigantes, espada en mano.

Durante esas trepidantes escenas, que enfrentan a un puñado de Davides contra un ejército de Goliats, es fácil entender por qué se convirtió en un símbolo internacional de esta forma de arte. En un medio en el que la protección que la trama ofrece a sus protagonistas suele privar a la acción de la importancia que merece, *Ataque a los titanes* elimina a los personajes que parecen relevantes sin pestañear siquiera (y, por ello, se ha ganado un estatus legendario entre los fans a los que les gusta discutir sobre anime). Estos sacrificios insensibles no servirían de nada si no fuera por el reparto de la serie, que está lleno de grandes favoritos del público. Mikasa, la distante hermana adoptiva de Eren; Hange, de genialidad demente y fan de los titanes, y Levi, el soldado más fuerte e intimidante. Estos, entre otros muchos, conforman un elenco de personajes fabulosos que no querrás ver devorados.

Mantener la popularidad de *Ataque a los titanes* durante los diez apasionantes años que duró era una tarea difícil incluso contando con una acción de semejante nivel pero, por suerte para todos nosotros, es una historia que jamás baja el ritmo. La serie está repleta de intriga, desde el origen de los titanes hasta el misterioso poder que despierta en algunos de los supervivientes. A pesar de sus problemas de ritmo, se ha convertido en una de las épicas que más gusta ver de un tirón: no puedes parar, aunque solo sea para descubrir qué hay más allá de los muros, qué poder alberga el titán colosal o resolver el misterio de «¿qué hay en el sótano?».

Ataque a los titanes se estrenó cuando las series como *Juego de tronos* y *The Walking Dead* se consideraban la cumbre de la televisión, una feliz coincidencia que ahora parece increíblemente relevante. Sus peligrosos mundos crearon un nicho que este anime ocupó con mucha comodidad: era otro universo aterrador en el que podía suceder cualquier cosa y la seguridad nunca estaba garantizada. Esta epopeya sangrienta fue un punto de entrada natural para muchos de los aficionados a esta clase de televisión. Se podría decir que nuestro *fandom* creció a pasos agigantados tras el asombroso inicio de *Ataque a los titanes*, lo que provocó que a muchos veteranos se les acercaran sus amigos (ahora nuevos adeptos del anime) y les hicieran esa maravillosa pregunta: «¿Qué veo después?».

•

Silver Spoon

銀の匙

Estreno:	2013	*Género:*	Costumbrista, maduración
Formato:	TV		
Director:	Tomohiko Itō	*Basado en:*	Manga de Hiromu Arakawa
Estudio:	A-1 Pictures		

Si no aguantas el calor, mejor no te acerques a los fogones de *Food Wars*. 231

Silver Spoon fue un reto para la propia Arakawa, que venía con la presión de haber creado el superéxito *Fullmetal Alchemist*. 182

¿Cómo puede salir de un ano algo tan delicioso?

Cuando Hiromu Arakawa, la autora de *Fullmetal Alchemist*, empezó a publicar una historia sobre un centro de tecnificación agraria, creo que muchos fans se quedaron sorprendidos. Se trataba de una dibujante que había triunfado con su narrativa desgarradora y sus constantes giros dramáticos, por lo que este relato cálido y contemplativo sobre la agricultura parecía un cambio de tono muy radical. En realidad, Arakawa es una autoridad en la materia, ya que nació, creció y trabajó en una granja de producción lechera. Como un potrillo recién nacido, *Silver Spoon* se alzó en cuestión de minutos, y echó a andar con una extraña y hermosa historia que contiene la pasión, la sabiduría y el ritmo típicos de Arakawa.

Yuugo Hachiken quiere escapar de las expectativas de su estricto padre y se matricula en el primer internado que lo acepta. Pero cuando llega al Instituto Agrícola de Oezo, no tarda en darse cuenta de que se ha metido en un buen lío. Hachiken tiene poco o ningún interés por la agricultura y la ganadería, lo que le pone en la misma posición de ignorancia que el público, y es así que nos introducimos junto a él en este mundo completamente desconocido.

Por supuesto, *Silver Spoon* es una obra de ficción, pero basada en una realidad implacable. Aunque la serie no se corta con los chascarrillos y el humor tonto, ese encanto bobalicón está presente para equilibrar una obra llena de reflexiones que exige una exploración profunda. No se acobarda ante la cruda realidad de la vida en el campo, y la difícil relación de Hachiken con la industria refleja nuestra propia incomodidad con ella. La agricultura es un negocio voluble: las cosechas se pueden perder sin previo aviso, el mal tiempo puede arruinar meses de duro trabajo y la relación de un granjero con su ganado es complicada.

Como suele suceder con lo mejor del género, *Silver Spoon* deja espacio para que interioricemos estos episodios agridulces. Una de sus cuestiones más atractivas

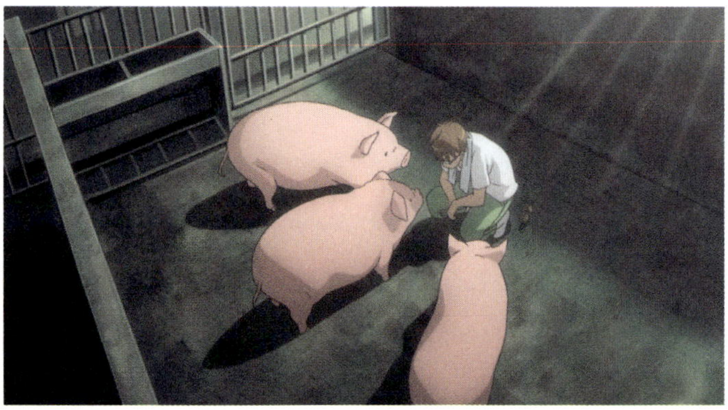

es la ética que subyace al consumo de la carne: Hachiken entra en contacto con muchos de los animales que luego se come cuando aún están trotando por el corral (de hecho, tiene la tarea de cuidar y, por consiguiente, amar, a una gran variedad de animales que acaban en su vientre), y su relación con la comida se vuelve algo fascinante. Resulta refrescante que la serie no tenga ningún objetivo concreto, que no intente empujar a sus espectadores al vegetarianismo o a comer más carne (aunque es verdad que toda la comida parece deliciosa). En vez de eso, solo pide que seamos sinceros con nosotros mismos, que no demos nada por sentado y que prestemos atención a una industria que nos es más cómodo ignorar.

Cuando termina, creo que muchos espectadores habrán aprendido mucho, y no solo sobre lo difícil que es la vida en la granja. *Silver Spoon* invita a la conversación, tanto con los espectadores como con uno mismo. Esas oportunidades son raras en la ficción, y por eso hay que apreciar cualquier producto que fomente la autorreflexión. Aunque la serie tiene mucho encanto (ofrece una visión cálida, divertida y relajada de un mundo que es verdaderamente fascinante), es su naturaleza contemplativa lo que cala en nosotros mucho después de que terminan los créditos finales.

•

La isla de Giovanni
ジョバンニの島

Estreno:	2014	*Estudio:*	Production I.G.
Formato:	Película	*Género:*	Histórico, drama
Director:	Mizuho Nishikubo		

La isla de Giovanni nos enseña a dejar nuestros prejuicios de lado, una lección que *A Silent Voice* lleva bien aprendida. 240

En este rincón del mundo es otra película de guerra que encuentra paz en las lindes de la tragedia. 242

¡Llega el tren nocturno de la Vía Láctea! ¡Todos a bordo!

En septiembre de 1945, cuando se apagaba el fuego de la Segunda Guerra Mundial, 600 soldados rusos desembarcaron y ocuparon la pequeña isla de Shikotan, frente a la costa de Hokkaido. El destino de los japoneses que vivían allí fue duro y cruel, y la herida que esta ocupación abrió entre los dos países continúa sangrando hoy en día. Es lo que pasa con las brasas, que marcan la presencia de un fuego que ya se ha extinguido, pero te pueden quemar igual.

La isla de Giovanni no es una película de guerra. Aunque se la compara sin pensar con películas como *En este rincón del mundo* [→⦿242], en realidad comienza cuando todo ha terminado, cuando Japón ondea esa bandera blanca tan inusual y el mundo entero se permite un respiro.

Nuestros protagonistas, los hermanos Junpei y Kanta, demuestran esa resistencia especial que solo permite la juventud. A pesar de haber perdido su hogar y a sus seres queridos, siguen encontrando la alegría en las pequeñas cosas. Lo que más les gusta es leer juntos su libro favorito, *El tren nocturno de la Vía Láctea*. La obra maestra de Kenji Miyazawa, en la que se basa toda la película, es una novela que defiende la compasión y el altruismo en una historia en la que estos temas suelen ser delicados y difíciles de tratar. Como muchas grandes obras de ficción, tanto *La isla de Giovanni* como el relato de Miyazawa hablan sobre encontrar el sentido en situaciones donde hay que hacer frente a su aterradora ausencia, de aceptar la pérdida y de encontrar la felicidad dondequiera que se presente.

Por increíble que parezca, *La isla de Giovanni* lo consigue: a pesar de su ambientación,

no es una historia de miserias. Guiada quizá por el eterno optimismo de Miyazawa, la película evita el tono adusto de otros largometrajes parecidos, y se permite dar paso a las risas, canciones y bailes. La inocencia infantil de nuestros protagonistas nos anima durante el intimidante comienzo, en el que las fuerzas de ocupación se apoderan de los hogares y edificios escolares; pero más allá de esta jugada inicial, la película demuestra ser increíblemente ecuánime a la hora de tratar a los personajes. Los que vienen del lado ruso —los soldados y sus familias, que pronto se unen a ellos en Shikotan— no son tratados como villanos, que sería la solución fácil. En vez de eso, en una época en la que los medios continúan presentando a los rusos como si fueran el hombre del saco, aquí se muestran como personas honestas, cálidas y cariñosas. Cuando Junpei y Kanta entablan amistad con la misma familia que se apoderó de su hogar, la isla empieza a cambiar. Los niños rusos cantan canciones japonesas con sus nuevos compañeros. El golubsti y el borscht se saborean como se hace con los manjares exóticos. Las personas pueden ser personas: gente complicada, imprudente, esperanzada, problemática y hermosa.

Al igual que sucede con *El tren nocturno de la Vía Láctea*, esta película es un viaje en sí mismo. Sus estaciones —esos lugares en los que se detiene un momento antes de seguir adelante— suelen ser encantadoras y, a menudo, desgarradoras. Pero la historia no se detiene demasiado tiempo en ningún lugar, y su destino se vislumbra en el horizonte. Interactuar con este tipo de obra, llorar no solo por las penurias que representa sino también por sus alegrías, requiere de mucha templanza. La mayoría se prestará a verla con las defensas levantadas, y siempre será más difícil arrancar una lágrima o respirar con alivio cuando es menester. Pero es el tipo de película con el que es fácil entregarse, permitirse ser vulnerable. *La isla de Giovanni*, con sus bellos protagonistas y su enfoque en la bondad de las personas, merece cada respiración temblorosa que te dispongas a concederle.

•

Destacados: Género

Deportes

スポーツ

Las grandes competiciones se basan en la rivalidad: un apasionado choque de titanes que lo dan todo en la pista. Esa es la clave del éxito, encontrar a esa persona que te empuja a ir más allá de lo que jamás podrías conseguir en solitario; a innovar de forma alocada, a entrenar más duro que nunca, a poner a prueba los límites de la tradición, la seguridad y la deportividad... solo para abrirte camino hasta la cima. Puede ser difícil, por supuesto, pero en el mejor de los casos, es una simbiosis que beneficia a todos los que se ven conmovidos por ese espíritu indomable.

El anime entiende ese espíritu como pocos medios lo hacen, y lo aprovecha de un modo sorprendentemente universal. El anime deportivo —que abarca todo tipo de competiciones, desde los bailes de salón hasta los juegos de mesa— puede generar reparo en cualquiera que no haya invertido tiempo en el deporte real. Si acabas de entrar en el mundo del anime y tienes reservas sobre este género, quizá porque no te interesan los deportes en sí, te pido que les des una oportunidad. En el anime deportivo no se trata de ver béisbol, golf o tenis, sino de observar a personas, de ser testigos de sus amargas derrotas y de sus emocionantes victorias. Y esa experiencia es poco menos que vital.

Son historias fundamentalmente humanas. Según se van desarrollando, su enfoque deportivo suele quedar en segundo plano, dejando que la trama forme increíbles arcos de personajes en los espacios que hay entre los partidos, hasta el punto de crear narrativas enteras dentro de esos mismos partidos. De repente, cada carrera rebosa significado por todo lo que está en juego. Cuando el relato se centra por fin en las competiciones (temporadas enteras dedicadas a un único torneo o, más osado todavía, a un único partido (*Haikyū!!*, [→ ⊙226]), no es solo para hacer alarde de una animación increíble o una acción que pone los pelos de punta sino para demostrar una comprensión y un dominio de la narrativa que solo pueden existir en un contexto tan exigente.

En definitiva, el anime deportivo consigue que su tema nos importe. Al final de cualquier serie, es posible que acudas a YouTube para ver a competidores reales dándolo todo, aunque solo sea para comprobar cuánta libertad se ha tomado tu nuevo anime favorito con el ritmo, la potencia, la habilidad e incluso la gravedad... y nunca es tanta como crees. Quizá tengas que hacer un esfuerzo para creerte el tiempo que una pelota puede permanecer en el aire pero, por lo demás, este es un género que aboga por las experiencias auténticas. Ahí es donde el anime deportivo se nutre de verdad, en las historias humanas de sus imperfectos protagonistas: en ver a nuestros héroes caer y, cuando tenemos suerte, volver a levantarse.

La caja azul

Tiger Mask W

Kuroko no Basket

Cross Game

Si buscas un buen punto de partida, prueba con *Cross Game*. Esta serie llena de sentimiento es perfecta dentro y fuera del terreno de juego, y presenta una de las historias de maduración más dulces del anime en una epopeya sobre béisbol.

Run With The Wind

Las maratones son una de las actividades deportivas más difíciles de trasladar al anime, pero *Run With The Wind* lo consigue sin esfuerzo. Este éxito se debe enteramente a su brillante y divertido elenco de universitarios, que se convierten en adultos maravillosos ante nuestra atenta mirada.

Ping Pong The Animation

Ping Pong The Animation es un espectáculo electrizante en constante movimiento, dirigido por el inimitable Masaaki Yuasa [→ ⊙192]. Un clásico en las listas de los diez mejores animes que hay que ver para creer.

Yuri!!! on ICE

Con una animación impactante y un espíritu honesto, *Yuri!!! on ICE* logra capturar la belleza etérea del patinaje sobre hielo y la montaña rusa del amor joven en una misma instantánea.

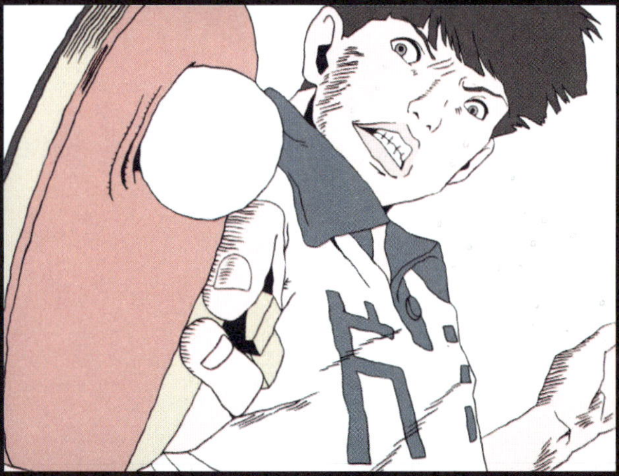

Megalo Box

Raqueta de oro
Birdie Wing

Run With The Wind

Haikyū!!
ハイキュー!!

Estreno:	2014	*Estudio:*	Production I.G.
Formato:	TV	*Género:*	Deportes
Director:	Susumu Mitsunaka	*Basado en:*	Manga de Haruichi Furudate

Las personas no tenemos alas, por eso buscamos formas de volar.

Haikyū!! nos sorprendió a todos. Un título cuyo alcance se extendió mucho más allá de los incondicionales del género, una serie sobre voleibol que se convirtió rápidamente en un fenómeno y nos convirtió a todos en aficionados al deporte. Este atractivo tan amplio quizá se pueda atribuir a su trepidante espíritu de *shōnen de peleas* [→⦿34], que muestra la evolución constante de sus protagonistas: una cornucopia de fracasos necesarios y el dominio de nuevas habilidades que cambian la dinámica del juego. Sí, habremos cambiado el Kamehame ha por un poderoso servicio, pero *Haikyū!!* sabe encender esa llama tan familiar en todos nosotros: gritamos con euforia cuando nuestros héroes triunfan, nos secamos una lágrima amarga cuando fracasan y rugimos de emoción con cada pelota que rematan majestuosamente para que caiga en la cancha contraria.

La serie se centra al principio en el diminuto Shoyo Hinata, un chico obsesionado con el voleibol que por fin ha encontrado su lugar entre iguales en el equipo, pero no tarda en descubrirse como una obra coral. El instituto Karasuno cuenta con un equipo desanimado al que es imposible no querer: son miembros confundidos, imperfectos y llenos de potencial. Estando a punto de entrar en la edad adulta, son personas que intentan alcanzar ese ideal en el que se quieren convertir cuando aún son la versión mejorable y a veces decepcionante de sí mismos.

Ryu, estudiante de segundo año, intenta quitarse la reputación de irresponsable que se ganó cuando era un despreocupado estudiante de primer año, pero le cuesta cumplir con esas nuevas expectativas. Asahi, un tipo

Kyoto Animation entiende desde hace mucho el atractivo de explorar las actividades extraescolares, desde la natación al tiro con arco y las competiciones de bandas de música. 146

No hay rivalidad más fuerte que en *Redline*, un delirio de alto octanaje con coches de carreras a propulsión y modelos sinuosas. 188

que es en verdad genial, no para de lamerse viejas heridas que le hicieron perder la confianza en sí mismo. Incluso Kageyama, uno de los primeros rivales de Hinata, rompe con su estereotipo al mostrarse perfectamente flexible frente a la dura competencia, inseguro sobre sus viejos hábitos y tan inútil cuando se trata de chicas como el resto del equipo. Es este enfoque humano, y la inmutable química que desarrollan estos entrañables personajes, lo que hace funcionar la serie durante toda su extensión.

Cuando saltan a la cancha para disputar partidos cada vez más emocionantes, su pasión es contagiosa. *Haikyū!!* se gana a pulso su espectacular intensidad gracias a un montaje de infarto, una banda sonora intensísima y un estilo visual que no teme reflejar cómo se dejan la piel estos chicos en el fragor de un partido. Crea una euforia tan real que puedes sentir en tus sudorosas palmas el deseo desesperado de ver a estos jóvenes —NUESTROS jóvenes— arrancando la victoria de las garras del equipo rival cuando su derrota parecía clara.

Pero entre los remates que suenan como cañonazos, las dejadas maliciosas y los engañosos saques flotantes, *Haikyū!!* siempre está ahí para explicarle al profano lo que está pasando de forma sencilla. Puede que esa sea la clave con la que se ganó su sorprendente estatus de megaéxito, al utilizar de forma tan inteligente esos momentos de frenetismo para guiar a los recién llegados sin dejar nunca que las explicaciones interrumpan la sagrada tensión.

Sin embargo, el mayor logro de *Haikyū!!* está en su facilidad para conseguir que te involucres emocionalmente. Desde los entrenadores y gerentes hasta los aficionados en las gradas, pasando por los chicos al otro lado de la red, la serie se esfuerza por que te encariñes con todos ellos. Este amplio enfoque es el que llena cada partido con intereses más allá de los evidentes: por supuesto que queremos que el Karasuno salga victorioso, pero cada punto pesa, y cada victoria personal cuenta con una historia de fondo que consigue que un partido que abarca varios episodios continúe siendo absolutamente arrebatador. La lección más importante de *Haikyū!!* es también la más universal: en la vida, rara vez encontramos auténticos villanos; solo otro equipo al que no seguimos tan de cerca.

•

Shirobako
シロバコ

Estreno: 2014
Formato: TV
Director: Tsutomu Mizushima
Estudio: P.A. Works
Género: Costumbrista, comedia

Mejor preguntar y parecer tonto que no hacerlo y ser tonto para siempre.

Shirobako, un anime sobre la creación de anime, camina por la cuerda floja. Hay momentos en su desarrollo en los que se puede sentir a los animadores japoneses del mundo real (y famosos por su exceso de trabajo) atrapados en una sala de espejos, al borde del desmayo mientras dibujan una versión de sí mismos al borde del desmayo. Desde luego, a nadie le gusta ver cómo se hacen las salchichas... pero *Shirobako* sigue un mantra que resuena en cada asistente cansado, cada actor de voz afónico y cada director desesperado: «nos encanta el anime».

Desde su estruendoso homenaje a las carreras callejeras de *Initial D* [→⦿81] hasta la tapicería de un sofá con temática de *Evangelion* [→⦿64], *Shirobako* está repleta de referencias y cameos reverenciales... ¡Mira si sale el director de *Genshiken* [→⦿127]! La serie se podría haber quedado en esa clase de visión superficial, pero su verdadero valor reside en que nos permite echar un vistazo entre bambalinas.

La protagonista es Aoi Miyamori, una ayudante de producción cuyo trabajo la lleva —y, por tanto, a nosotros también— por casi todas las fases por las que pasa un anime, y es una mirada interesantísima a esta industria tan electrizante. En un mundo en el que cada fecha de entrega es como un jefe final de videojuego, resulta fácil burlarse de la frecuencia con la que ganan por los pelos... O, al menos, lo sería si la película secuela de *Shirobako* no se hubiera terminado TRES DÍAS ANTES de llegar a los cines. La vida imita al arte, y así una y otra vez.

Si la ves después de cualquier otra obra que salga en este libro, *Shirobako* te hará apreciar aún más la sangre, el sudor y las lágrimas que se vierten en cada aspecto de tu nuevo anime favorito. A veces da un poco de miedo y, como fan veterano, casi diría que es, incluso, un poco humillante. Pero es imposible exagerar el valor que tiene esta historia.

Mira esta serie y *Genshiken* para comprender no solo cómo se hace el anime sino cómo se disfruta... ¡con la compañía del grupo de otakus más adorable que encontrarás! 127

Makoto Shinkai es un genio con la manía de explayarse muy poco. 246

Yona, princesa del amanecer
暁のヨナ

Estreno: 2014
Formato: TV
Director: Kazuhiro Yoneda
Estudio: Pierrot
Género: Fantasía, romance
Basado en: Manga de Mizuho Kusanagi

Sé que no tengo fuerza que ofreceros, me fastidia lo débil que soy. ¡Pero dejad que os proteja!

Cuando sale el sol en *Yona, princesa del amanecer*, cuesta saber qué esperar de ella. A medida que la sobreprotegida princesa Yona se acerca a su decimosexto cumpleaños, el amor es todo lo que tiene en mente y, por un momento, es fácil confundir la serie con una «fantasía» pastelosa ambientada en una tierra lejana... hasta que Yona descubre a su futura pareja asesinando a su padre y usurpando el trono.

Mientras Yona y su (muy, pero que muy guapo) guardaespaldas Hak escapan del castillo, la serie se convierte en una auténtica epopeya fantástica que lleva a esta princesa malcriada por todo un viaje de autorrealización. Las primeras escenas en las que dispara el arco, con sus característicos mechones escarlata al viento, prometen un largo y tortuoso camino por delante. Sin embargo, es un camino que se vuelve cautivador por el rico mundo y los entrañables personajes que lo recorren con ella.

Lo que comienza como una misión para recuperar su reino pronto se transforma en un viaje a través de sus confines, mientras Yona intenta comprender y ayudar a su pueblo. Durante la travesía, reúne a un grupo de poderosos (y deliciosamente extraños) aliados que la acompañarán. Expulsar al usurpador de su trono es algo que suele quedar en segundo plano frente a las sesiones de educación política de Yona y su floreciente y dolido corazón, pero eso no quiere decir que la serie se ande con rodeos. Cuando pasa a la acción, lo hace de forma espectacular, con llamativos y horripilantes derramamientos de sangre que te hacen preocuparte de verdad por los personajes.

Habrá quien haga a un lado a *Yona* alegando que es «*Berserk* [→⊙78] para chicas», pero semejante comparación no hace más que privar a la serie de su encanto único (y malinterpreta totalmente el atractivo universal de *Berserk*). Pero no, el indómito espíritu *shōjo* de *Yona* une un romance serio a su aventura de alta fantasía, una en la que todo un reino (y algún que otro dragón) se enamora de nuestra exprincesa. Sin embargo, el verdadero golpe maestro de *Yona, princesa del amanecer* es conseguir que la amemos con la misma lealtad. A medida que Yona deja de intentar gobernar y aprende a liderar, pocos habrá que se nieguen a seguirla.

La fantasía de mayor nivel se cruza con la acción más sangrienta en *Thunderbolt Fantasy*. 256

Belladonna of Sadness analiza la fragilidad y la fuerza de las mujeres, ofreciendo un visionado doloroso pero necesario. 13

Estreno:	2015	*Género:*	Comedia, cocina
Formato:	TV	*Basado en:*	Manga de Yūto Tsukuda y Shun Saeki
Director:	Yoshitomo Yonetani		
Estudio:	J.C. Staff		

Cuando se trata de comida en el anime, los suculentos platos de Studio Ghibli no tienen rival. 98

Food Wars es en realidad un shōnen de peleas. ¡Vaya que sí! 34

Food Wars

食戟のソーマ

Un viaje no es divertido si ya sabes adónde vas.

La comida es una guerra: al menos, así es como saldan sus cuentas los estudiantes de la academia de cocina más selecta de Japón. Estos gladiadores modernos han cambiado sus espadas por sartenes y sus coliseos por islas de cocina... pero que no te engañe la vista, se trata de un juego a vida o muerte.

Cuando Soma Yukihira llega a la Escuela de Hostelería Tōtsuki, entra en un mundo sediento de sangre donde solo los más fuertes sobreviven, y la cumbre de esa retorcida jerarquía está coronada por un cuerpo estudiantil conocido como la Élite de los diez. Esto no es el típico concurso de cocina de la tele, sino que se acerca más a ser un shōnen de peleas [→⦿34] que ha cambiado los enfrentamientos violentos por espectaculares batallas culinarias.

Es una historia emocionante y caótica, y cada delicioso plato viene aderezado por las reacciones explosivas de quienes lo prueban. Ya sea el asco que provoca un plato que ha salido mal o el júbilo directamente orgásmico que desata una receta especial, Food Wars prefiere no andarse con sutilezas.

Soma lucha en torneos gastronómicos y empieza a ascender en el escalafón de la prestigiosa escuela, y en el camino se encuentra con un delicioso elenco de amigos y rivales. Erina Nakiri, dueña de un paladar tan refinado que es conocida con el apodo de «la lengua divina», es una primera incorporación fantástica, pero toda la serie rebosa de un sabor similar. Tan adorables como ridículos, los personajes son el verdadero tesoro de Food Wars.

Desternillante y tierna a partes iguales, y rebosante de manjares suculentos, Food Wars resulta sorprendentemente deliciosa. Quizá sea una especie de gusto adquirido, pero a su favor hay que decir que solo hacen falta un par de bocados para tragarse su ridícula dinámica. En poco tiempo, te encontrarás asintiendo con la cabeza mientras la ropa de los jueces en plena convulsión estalla en pedazos mientras murmuras: «Sí, parece que ha ganado».

Miss Hokusai
百日紅

Estreno: 2015
Formato: Película
Director: Keiichi Hara
Estudio: Production I.G.
Género: Histórico, drama
Basado en: Manga de Hinako Sugiura

El director Keiichi Hara también es el responsable de la mejor película de *Shin Chan, Los adultos contraatacan*. 52

En este rincón del mundo es otro relato de época con toque artístico. 242

Con dos pinceles y cuatro palillos, llegaremos a cualquier parte.

Puede que Katsushika Hokusai sea el artista más conocido de Japón. Autor de la icónica *Gran ola de Kanagawa*, fue increíblemente prolífico durante la era Edo, creando unas 30 000 obras de arte a lo largo de su vida. Sin embargo, esa cifra no sería tan asombrosa sin la contribución de su hija, O-Ei, que trabajó de manera incansable como su ayudante y «pincel fantasma» sin acreditar, produciendo probablemente una parte considerable de su obra.

Miss Hokusai, una película serena y cuidada del director Keiichi Hara, permite por fin a O-Ei salir de la sombra de su padre. Hara, director de obras como *Colorful*, sensible y espiritual, y la mejor película de *Shin Chan* [→⦿52], es un maestro de la narración afable. Esa destreza nunca ha sido tan evidente como en este caso.

En el fondo, *Miss Hokusai* es una película biográfica, pero nunca deja que esa definición la limite. Repleta de giros temáticos inesperados, tramas secundarias realmente impresionantes y un montón de libertades artísticas, esta película de construcción episódica explora la vida de O-Ei tropiezo a tropiezo. Desde las complicaciones románticas hasta su relación con el arte, la dispar cronología de la cinta aprovecha para pintar una imagen más amplia y completa de la vida de la artista.

Aunque a algunos les moleste la idea de una película con capítulos tan distintos, este formato es un modo muy hermoso de sondear realmente las profundidades de una vida bien vivida, una que recuerda a *Millenium Actress*, de Satoshi Kon, que también cuenta con un ritmo similar. En estas instantáneas podemos ver a una chica común que se convierte en una mujer maravillosamente común, como también la rápida evolución de la fascinante ciudad en la que vive y el inagotable brío de su padre, un hombre al que le cayó un rayo y sobrevivió para convertirse en uno de los más grandes artistas que jamás hayan existido.

Con semejante grandeza a su alrededor, O-Ei podría haber tenido dificultades para destacarse con un largometraje

de estas características. Sin embargo, al oponerse tanto a los clichés del anime moderno como a las normas de género para las mujeres de la época, su figura domina el relato: su icónico tocado insinúa una sed creativa capaz de rivalizar con la de su padre. En vez de llevar una vida cómoda en casa con su madre, duerme en el tosco y sucio taller de Hokusai, rodeada de obras maestras aún por terminar.

Pero el verdadero pilar de la película podría ser su relación con O-Nao, la hermana ciega de O-Ei. O-Nao nos muestra la gran división que hay entre Houksai y O-Ei. Mientras que su padre ignora completamente todo en busca de la evolución artística (una búsqueda que jamás saciaría del todo, suplicando en su lecho de muerte cinco años más para «convertirse en un verdadero artista»), la humanidad de O-Ei brilla en cada escena con O-Nao. Es en esos momentos, cuando describe lo hermoso que es el mundo o se detiene a escuchar los pasos en un puente, cuando las asperezas de la artista se suavizan, momentáneamente, hasta convertirse en algo de asombrosa belleza. Estas escenas son indicativas de la película en su conjunto: cálida, a veces inquietante y realmente especial. La historia del artista más famoso de Japón y de la maravillosa hija que tiene a su lado.

•

El caso de Hana y Alice
花とアリス殺人事件

Estreno: 2015
Formato: Película
Director: Shunji Iwai
Estudio: Steve N' Steven
Género: Maduración, comedia

Rilakkuma y Kaoru no serán una pareja tan caótica como Hana y Alice, pero su visión del anime es igual de atípica. 272

Las *Dirty Pair* son otro dúo bastante alocado, que resuelve crímenes al mismo tiempo que lo destruye todo. 42

¿Te has enterado de eso del asesinato?

Shunji Iwai es uno de los directores más fascinantes de Japón. Ha dedicado su carrera a estudiar la juventud –sus partes bellas y también las feas– con historias de maduración que equilibran el romanticismo conmovedor con toques de realidad cruel. La suya puede ser una filmografía desgarradora, así que fue toda una sorpresa verlo cambiar el melodrama por la desventura con su comedia *Hana y Alice* y su precuela animada.

Las estudiantes Hana y Alice son las tontuelas más dulces del cine, un par de adolescentes atolondradas con un don para meterse en líos. Sus películas están llenas de momentos habituales en la juventud: carreras para subir al último tren, matar el tiempo en los rincones más apacibles de la ciudad o suspirar por un amor desde lejos. Ese sentimentalismo tan clásico de Iwai se utiliza a menudo para recordarnos las penurias de hacernos mayores, pero aquí, en cambio, emplea esa misma nostalgia para capturar sus alegrías más tontas.

El caso de Hana y Alice es una rara obra de animación nacida de la necesidad. A pesar de los diez años de diferencia con la película original, sustituir a las actrices Anne Suzuki y Yu Aoi era algo imposible: sus caras tan expresivas, su impecable ritmo cómico y su fascinante química en pantalla es lo que convirtió el filme anterior en un clásico de culto. La rotoscopia —el arte de calcar una película rodada de forma tradicional para transformarla en animación— permitió a Iwai

y compañía dar marcha atrás en el tiempo y dejar que Suzuki y Aoi volvieran a ponerse el uniforme colegial.

La historia de cómo se conocieron es otra farsa igual de divertida, pero aún más sincera y llena de corazón que su predecesora. Alice se acaba de mudar a la ciudad y le cuesta hacer amigos, pero un loquísimo rumor en su clase sobre una posesión fantasmal y un sangriento asesinato despierta todo su interés. En un intento por resolver el caso, se asocia con su vecina Hana, una chica recluida que intenta desaparecer del mapa por su propio pasado social. Se podría decir que la trama es solo una excusa para desatar su contagiosa energía, pero a medida que Hana y Alice dan tumbos a través de una desenfadada comedia de errores, es difícil culpar de nada a la cinta.

Puede que esta extraña película sea una precuela de aquel curioso relato pero, en muchos sentidos, es también una evolución de sus personajes, de sus temas y del director al timón de ese barco. Resulta fascinante ver cómo Iwai, tan obsesionado con la noción de juventud, rejuvenece también en este proyecto: un cineasta que juega en un espacio totalmente ajeno a él.

•

Destacados: Directora

Naoko Yamada

山田 尚子

Naoko Yamada pasó su juventud en clubes extraescolares. Al igual que los protagonistas a los que algún día daría vida en pantalla, la joven Yamada se forjó y se encontró a sí misma en estas actividades de después de clases, participando en equipos de voleibol, fotografía y tenis. Pero en su tiempo libre también dibujaba, copiando personajes de *Dragon Ball* [→ ⊙38] y *Patlabor* [→ ⊙50] para pasar el rato.

Yamada se incorporó a Kyoto Animation [→ ⊙146] en 2004 para dibujar los fotogramas de intercalado entre los «fotogramas clave» de la animación (que llevan a un personaje del punto A al punto B de la forma más fluida posible), aunque no tardaría en empezar a trabajar en esos fotogramas clave ella misma. Bajo la tutela de la superestrella de KyoAni Tatsuya Ishihara, Yamada participó en algunas de las series más importantes del estudio. Su huella está presente en *Air*, *La melancolía de Haruhi Suzumiya* [→ ⊙150] y *Clannad*. En poco tiempo, su talento y tenacidad la llevarían a dirigir su propia serie y a iniciar una ilustre carrera.

K-On! fue como una celebración de los puntos fuertes, no solo de Yamada, sino de Kyoto Animation en general. Con sus estudiantes vivarachas, cada una más atolondrada que la otra, Yamada y compañía recuperaron el brío y la energía que *Haruhi* había demostrado años antes, sin ninguna de las reservas que su recomendación conlleva hoy en día. *K-On!* presenta a las integrantes del club de música ligera de Sakuragaoka y es una extraña combinación de relajadas tardes de té y conciertos de rock. Como suele ocurrir con este tipo de bandas, es en las diferencias entre las protagonistas donde se logra un perfecto sentido del equilibrio. Además de nuestro avatar como público, la inexperta y despistada Yui, están la ansiosa Mio, la alborotadora Ritsu y la dulce Tsumugi. Entre todas crean una cuidadosa armonía que les permite destacar, ¡y eso hacen! El apartado musical de *K-On!*, aunque evidente, no se puede pasar por alto como parte de su entrañable (y memorable) encanto. Cada vez que las chicas salen al escenario o que se estrena un nuevo tema de apertura o cierre a lo largo de sus dos temporadas, podemos estar seguros de que nos espera un ritmo pegadizo y ecléctico.

Yamada continuó cultivando ese ambiente despreocupado en sus obras, aprendiendo a equilibrar su ritmo pausado con una pizca de melodrama. Esta evolución se puede apreciar en la tierna *Tamako Market*, una comedia romántica que juega con la duda y está aderezada con la tristeza del desamor sáfico como trama secundaria. A pesar de la alegría que desprende su debut, Yamada es una profesional a la hora de hablar sobre el dolor, y su narrativa es capaz de clavarte un cuchillo entre las costillas con absoluta tranquilidad y retorcerlo con todas sus fuerzas. Su dirección es incisiva y consciente de lo que hace, y ha conseguido una carrera de éxito a costa de manipular nuestras emociones. No hay mejor lugar para ver esa cruel maestría que en su primer largometraje, *A Silent Voice* [→⊙240], una película considerada ahora como una de las mejores de todos los tiempos.

Yamada continuó la racha con la sorprendente *Liz and the Blue Bird*, derivada de *Sound! Euphonium* de Ishihara, otro anime sobre

Tamako Market

Liz and the Blue Bird
The Heike Story

A Silent Voice

una banda de música extraescolar que cambia el enfoque contenido de *K-On!* por un reparto más amplio. En *Sound! Euphonium*, hay mucho espacio para dejar respirar a su extenso elenco de personajes, y aquí, en la seguridad de una historia secundaria, Yamada permite exactamente eso, siempre fuera de plano y con un ligero desenfoque.

Liz and the Blue Bird pone a prueba la entereza de Kyoto Animation, centrándose en una relación que floreció en gran medida en el trasfondo de la serie propiamente dicha. La mirada afligida de Yamada se centra ahora en el tipo de amor no correspondido, anhelante y dolorosamente bello por el que se está dando a conocer con rapidez, truncado por unas protagonistas que, sin saberlo, empiezan a destruir su recién descubierta relación. Por mucho que les haya costado iniciarla, clavan sus uñas en ella con demasiada fuerza, sin saber cómo dejaría respirar de forma sana o, tal vez, incluso abandonarla por completo. Con el respaldo narrativo lo bastante lejos del punto de mira, *Liz* presenta una película delicada y discreta que simplemente pregunta: ¿puede una persona rota aferrarse a su «felices para siempre»?

En 2020, Yamada cerró su etapa con Kyoto Animation, quizá temiendo que ella también se estuviera aferrando demasiado a algo. Durante quince años, KyoAni había sido su hogar, el único que había conocido desde que comenzó en el mundo de la animación. Nadie sabe adónde irá a partir de ahora, aunque ya ha demostrado que no tiene ningún interés en bajar el ritmo. En 2021 se estrenó *The Heike Story* con gran éxito, un testimonio del valor, el arrojo y la energía de Yamada. Sea cual sea su próxima obra, seguro que será espectacular.

Liz and the Blue Bird
K-On!

K-On!

Liz and the Blue Bird

Air
The Heike Story

Liz and the Blue Bird

☒ A Silent Voice

聲の形

Puedes cambiar. Empieza ahora, no es demasiado tarde.

Estreno:	2016	*Género:*	Drama, romance
Formato:	Película	*Basado en:*	Manga de Yoshitoki Ōima
Director:	Naoko Yamada		
Estudio:	Kyoto Animation		

Hacer amigos es difícil, pero aún más cuando te persiguen tres extraños yokais, como sucede en *Una carta para Momo*. 200

A Silent Voice no es solo una de las grandes obras de Naoko Yamada, sino también del estudio Kyoto Animation. 146

A Silent Voice (también conocida como *Koe no katachi: Una voz silenciosa* en Hispanoamérica) fue la película adecuada en el momento equivocado. Un largometraje de anime estrenado tan solo un mes después de *Your name.* [Makoto Shinkai, [→⦿246] podría haber permanecido a la sombra y haberse desvanecido en el olvido. De hecho, comparada con la grandilocuencia de la obra de Shinkai, *A Silent Voice* es mucho más reservada, casi parece silenciada (como su nombre indica). Pero en los años posteriores, ha demostrado ser algo realmente especial, con una voz propia y un mensaje desesperadamente importante que transmitir. Merece tu atención, solo tienes que aprender a escuchar.

Dirigida por Naoko Yamada [→⦿236] y basada en el manga homónimo de Yoshitoki Ōima, *A Silent Voice* comienza con una niña que no puede oír y es acosada por un niño que sí puede. La obra original es un hito espectacular, no solo por su hermoso dibujo y su conmovedora historia, sino también por su serio compromiso con la representación de la diversidad funcional, que le valió incluso el apoyo oficial de la Federación japonesa de sordos.

El tema central de *A Silent Voice* es la redención. Terminado el prólogo infantil de la película, centrado enteramente en la tortuosa relación de Shoya con Shoko, vemos a Shoya como un hombre roto al borde de la edad adulta. Acosado por la culpa de su pasado, es un paria solitario y deprimido que ha levantado sus propios muros para proteger lo poco que queda de su ego.

¿Podemos compensar un pasado verdaderamente atroz? ¿Es egoísta intentarlo? Estas son las preguntas que lanza *A Silent Voice*, y está obsesionada por encontrar una respuesta. A medida que Shoya redescubre a Shoko

como la persona que siempre fue más allá de su problema de audición, un problema que él solo veía como una molestia para su despreocupada vida escolar, su doloroso pasado se cierne sobre ellos. Shoko se revela tan atormentada y rota como Shoya, pero según avanzan a tropezones durante los comienzos de su recién descubierta amistad, empiezan a curarse mutuamente. Las revelaciones desagradables y los sentimientos heridos salen a flote una y otra vez, situaciones que mejoran o empeoran por la reaparición de viejos compañeros de clase y nuevos personajes. Pero a medida que la película prosigue su curso, nuestros protagonistas encuentran su equilibrio no solo como amigos sino como individuos.

Ver *A Silent Voice* es como subirse a una montaña rusa, con subidas maravillosas y bajadas absolutamente aterradoras. Es una película que te destroza emocionalmente, que te llena pero te agota. Aunque puede ser brutalmente directa con su crueldad, logra brillar al máximo cuando es más sutil. Sus momentos más tranquilos se representan con alto detalle, pero esta fijación alcanza su máximo esplendor cuando se centra en el ostracismo de Shoko. A lo largo de la película, se explora visualmente su forma de percibir a los demás, ya sea a través de la distancia física con sus compañeros de clase o enmarcándola entre rejas, prisionera de su dolencia y la incapacidad de conectarse.

A Silent Voice es la historia de una niña sorda y sus torturadores en la infancia, y de la evolución de esa dinámica a medida que crecen esos personajes. Trata sobre las distintas formas en que podemos reaccionar ante la adversidad o el dolor. Trata sobre el perdón y el resentimiento. Pero en definitiva, *A Silent Voice* trata sobre la amistad, los lugares inesperados en los que puede surgir y cómo rara vez avanza en línea recta. Entiende que las relaciones pueden florecer en un lodazal de amargura, y que el amor y el odio son dos caras de la misma moneda. Para ser una película que a veces tropieza consigo misma para llegar al siguiente momento desgarrador de la historia, y que recurre casi explícitamente al melodrama juvenil, es una historia sorprendentemente adulta sobre cómo nos encontramos con otros a pesar de todo.

•

En este rincón del mundo
この世界の片隅に

Estreno: 2016
Formato: Película
Director: Sunao Katabuchi
Estudio: MAPPA
Género: Histórico, drama
Basado en: Manga de Fumiyo Kōno

Otra guerra cuya acción sucede mayormente fuera de pantalla es la de *Frieren*, que entiende que menos es más. 292

Aventura, sororidad y muchas ganas de llorar. *A Place Further than the Universe* lo tiene todo. 262

Los caminos que no elegimos andar… son como sueños de los que nos despertamos.

No es ningún secreto que las historias ambientadas en el Japón de los años 40 no tienen finales felices. Por supuesto, el mundo en general estuvo privado de ellos durante esa década, pero en el caso de Japón quedan uniformemente salpicados por el mismo golpe devastador. Un punto final nuclear.

En este rincón del mundo, un drama ambientado en la Segunda Guerra Mundial, se niega a existir únicamente bajo esa sombra. Durante gran parte de su metraje, es una experiencia transportadora, una ventana abierta y emocionante a otro mundo y otra época de los que rara vez somos testigos. Esta película de documentación íntima y representación hermosa es una especie de cápsula que logra capturar cómo era Hiroshima antes de que cayera la bomba.

A través de la joven y optimista Suzu, nos introducimos en este mundo completamente ajeno a nosotros. A pesar de haber sido casada con un desconocido y llevada a un nuevo hogar, la actitud de Suzu de no rendirse nunca transmite algo inefable sobre los japoneses en tiempos de guerra, y anima una película que trata constantemente de eludir el dolor. Pronto, sus días —y el filme en general— se acomodan a un ritmo agradable. Mucho antes de que la guerra llegue en serio, nos ofrece una mirada contemplativa a las alegrías y penurias en la vida de la esposa de un soldado. Es esta vida, y el modo en que Suzu la lleva con entereza, lo que merece tu afectuosa atención.

Suzu es una protagonista a la que es inevitable querer. Sus expresiones tontas, sus manías torpes y la valentía con la que se enfrenta a todo son rasgos de lo más entrañables. Estas características se ven realzadas por un estilo visual suave y cálido que se destaca por ser totalmente único en el medio. Al adaptar el estilo magníficamente extravagante del manga original de Fumiyo Kōno, Hiroshima cobra vida con dibujos de líneas gruesas y pinceladas de acuarela. Todo parece una reliquia del pasado, con un estilo que nunca pasó de moda. Este arte maleable muestra la belleza de un Japón ya desaparecido y los horrores más impactantes y funestos de la guerra, cuando finalmente llega, con trazos toscos y violentos.

Sin embargo, el mayor logro de la película es la sensación de luz que impregna el oscuro género al que pertenece. *En este rincón del mundo* no quiere ser una película bélica, sino una exploración del Japón en guerra y una historia de madurez contada con cariño que utiliza ese conflicto como telón de fondo y no como marco central. Recuerda a la también excelente *Miss Hokusai* [→⦿232], que se permite explorar plenamente y con colores vibrantes un mundo que nunca conoceremos en persona.

La vida de Suzu es fascinante, a menudo empañada por el dolor, pero siempre equilibrada por el amor. A través de ella, vemos una guerra que nos es muy desconocida. Podría ser incómodo, si no fuera porque sus dulces relaciones y sus divertidas caras nos guían con suavidad por este extraño viaje. Suzu es nuestra estrella polar y, a través de ella, el horrible enfoque de la historia permanece compasivamente desenfocado, liberando la imagen para captar algo maravillosamente humano en tiempos que no lo fueron.

•

Mob Psycho 100
モブサイコ100

Estreno: 2016
Formato: TV
Director: Yuzuru Tachikawa
Estudio: Bones
Género: Comedia, acción
Basado en: Manga de One

Confiado, arrogante y apuesto: el ladrón galante *Lupin III* es el total opuesto del pobre Mob. 18

Akira también cuenta con sus propios niños con poderes y los agita en medio de su apocalipsis hasta hacerlos estallar. 43

Cuando las cosas pintan mal, ¡no hay nada de malo en huir!

Shigeo Kageyama es un don nadie. Apodado «Mob» (personaje de relleno) por su aspecto anodino, es un personaje secundario que parece haber tropezado sin querer con el centro de atención. De hecho, el resuelto Arataka Reigen —«¡El mayor psíquico (autoproclamado) del siglo XXI!»— tiene más atractivo como personaje principal con su pelazo rubio del que Mob podría reunir jamás con su mirada de pescado muerto. Pero a veces no podemos elegir a nuestros protagonistas. Resulta que Reigen es un inútil y un mentiroso, mientras que Mob es una de las personas con poderes más poderosas del planeta. Para que veas.

Llevar una oficina de consultas espirituales es un trabajo duro para un hombre sin una pizca de poder, así que Reigen hace lo que cualquier charlatán psíquico que se precie haría: contrata a Mob para que sea su músculo extrasensorial. Realizando exorcismos con el sosegado Mob a cuestas, los dos se labran un nombre rápidamente, tanto entre los vivos como entre los muertos, y no tardan en formarse colas para pedir su ayuda... o sus cabezas.

Mob Psycho 100 es un auténtico tesoro. Al ser tan discreta como su protagonista, es fácil confundir la serie con algo que no es: otro desfile de acción ruidosa y poco más. En cambio, *Mob* es uno de los títulos más frescos, divertidos y encantadores que puede ofrecer el anime en la actualidad. Impulsada por el humor irreverente del *mangaka* conocido como ONE, que nos regaló otra emblemática comedia de acción con el título de *One-Punch Man*, esta serie es un auténtico desmadre desde el principio. A ello contribuye que

Reigen sea tan deliciosamente patético y Mob tan entrañable, lo que crea una batalla silenciosa entre ellos. El ingenuo contra el cínico, el palurdo contra el estafador; son una pareja dispar, y sus constantes interacciones son casi lo más divertido de la serie. Casi.

No, el mérito es del interminable cargamento de personajes secundarios de *Mob Psycho*. Se trate del líder de una secta, de un rival con poderes o de un grupo de estudiantes fans de lo paranormal, todos los personajes intentan robar la atención, y normalmente lo consiguen. Mob necesita esa clase de coprotagonistas; su expresión inmutable y su discurso plano hacen que sus reacciones hiperexpresivas y sus exclamaciones estridentes resulten más graciosas. La serie adora lo feo, lo acoge en sus brazos siempre que surge la oportunidad y, al hacerlo, nos ofrece paradójicamente una de las series de anime más atractivas hasta la fecha.

Era difícil creer que el estilo... singular de ONE se pudiera adaptar de forma fiel. Al fin y al cabo, sus dibujos, encantadoramente mediocres, parecen sacados de un cuaderno escolar y pasados en clase entre risitas ahogadas. Verlos cobrar vida, tan primitivos como siempre pero combinados con la mejor animación del estudio Bones, podría ser la guinda más divertida de *Mob*. Siempre sorprendente, el anime salta de la pantalla con una cornucopia de colores y unas líneas especialmente gruesas. Estos elementos se hacen notar en las escenas de acción frenética (que incluyen toda clase de técnicas superpoderosas llenas de luces y tormentas eléctricas), pero la serie es igual de dinámica cuando Reigen engulle una hamburguesa.

Si el extraño viaje de *Mob* a través de lo paranormal nos enseña algo es a vivir nuestra vida sin remordimientos. Sí, también hay mensajes muy hermosos sobre por qué debemos ser amables con los demás, sobre no reprimir nuestros sus sentimientos, hacer amigos y nunca juzgar un libro por su estoica portada... pero morir con remordimientos crea fantasmas idiotas. No te arrepientas de perderte *Mob Psycho 100*.

•

Destacados: Director

Makoto Shinkai

新海 誠

Nadie apostaba por Makoto Shinkai. Lejos de ser un marginado, su obra había gozado de relativo éxito y cosechado premios y reconocimientos en los años que llevaba haciendo películas. Su estilo bello y detallista destacaba entre sus colegas. Se le había señalado como un director a tener en cuenta, sin duda. Pero no creo que nadie viera venir *Your name.* y lo decisiva que fue para el anime.

Your name. le abrió al medio una puerta reservada normalmente a las obras más universales de Ghibli, y fueron muchos los neófitos que aprovecharon esa ocasión para entrar por ella. Pocas veces se derrumban los intimidantes y extraños muros del anime. Incluso en Japón, donde el arte está presente en todas partes, no es así con el consumo de anime.

Pero, aunque fuera solamente por un momento, *Your name.* cambió esa máxima. Durante un tiempo, se convirtió en la película de anime más taquillera de la historia. Su éxito le valió a su creador comparaciones no deseadas con gigantes de la industria, cuyas pesadas responsabilidades resultaron comprensiblemente molestas para Shinkai. El público de todo el mundo se enamoraba sin remedio de su última película.

A finales de los 90, Shinkai trabajaba en la empresa de videojuegos Falcom, creando atractivas cinemáticas de apertura para sus creaciones. Fue allí donde empezó a dar forma a un estilo que acabaría definiéndole como artista, mezclando la animación tradicional con el 3D de una forma que más tarde lograría perfeccionar. Fuera de sus horas de oficina, Shinkai también era cineasta aficionado, y produjo varios cortometrajes que le valieron algunos elogios tempranos.

Sin embargo, no fue hasta su largometraje de 2002 *Voces de una estrella distante* cuando captó realmente la atención de los fans del anime de todo el mundo. Tras dejar su trabajo para crear la película casi en solitario, esta exploración del amor a distancia de 25 minutos de duración, con un telón de fondo de robots espaciales pilotados por colegialas, supuso una declaración de intenciones de su parte.

Al tratarse de un proyecto mayormente en solitario, se puede ver mucho del futuro de Shinkai en este fragmento de su pasado. Por su alcance, se puede vislumbrar de inmediato hasta dónde le llevarían la visión, el empuje y la pasión de este hombre. Tras el éxito de *Voces*, las estrellas le siguieron sonriendo a Shinkai, lo que le permitió contar con mayores presupuestos y un equipo real en sus siguientes largometrajes, como *5 centímetros por segundo* y la dolorosamente bella *El jardín de las palabras*. A pesar de este nuevo torrente de talento creativo, la voz del director se ha mantenido independiente y reconocible al instante.

Las películas de Shinkai son claramente suyas porque pone mucho de sí mismo en cada una de ellas. Se deleita mostrando sus propios intereses en cada proyecto (como la lluvia, los trenes e incluso los pies), pero más allá de estas obsesiones superficiales hay un peso único y reconocible en las emociones que transmite cada largometraje. Un profundo hilo conductor que parte de la habilidad de Shinkai para evocar la sensación de espacio, de tiempo e incluso de soledad.

5 centímetros por segundo

Voces de una estrella distante
El tiempo contigo

El tiempo contigo

Grimgar of Fantasy and Ash

灰と幻想のグリムガル

Estreno: 2016
Formato: TV
Director: Ryosuke Nakamura
Estudio: A-1 Pictures
Género: Isekai
Basado en: Novelas de Ao Jūmonji y Eiri Shirai

Volverse más fuerte es un camino que no tiene fin, como se demuestra en la longeva *Hajime no Ippo*. 96

Descubrir cómo encajan entre ellos es el encanto efímero de los personajes de *Cowboy Bebop*. 82

Seguiré viviendo hasta el día en que muera.

Definido por sus héroes excesivamente poderosos y sus singulares poderes, el género *isekai* [→⦿208] es uno sobre el que a veces es fácil apostar sobre seguro. Esa seguridad no existe en *Grimgar of Fantasy and Ash*, un título que lanza a sus desprevenidos protagonistas a un mundo despiadado solo para ver cómo se hunden.

Cuando un gran grupo de personas aparece de la nada sin recordar cómo han llegado hasta allí, al mundo fantástico de Grimgar apenas le importa. Estos héroes por sorpresa no tienen más remedio que tomar las armas y ganarse la vida como mercenarios, y se desenvuelven más o menos como cabría esperar de la gente común, sufriendo incluso con los monstruos de nivel más bajo. *Grimgar* decide rechazar esa protección argumental de la que hacen uso otras series y por eso transmite el peligro incluso en sus momentos más tranquilos, pues un ataque fallido o un hechizo mal lanzado puede acabar en tragedia.

La serie se aleja de las típicas fantasías de poder del género, de modo que las victorias pírricas sobre los

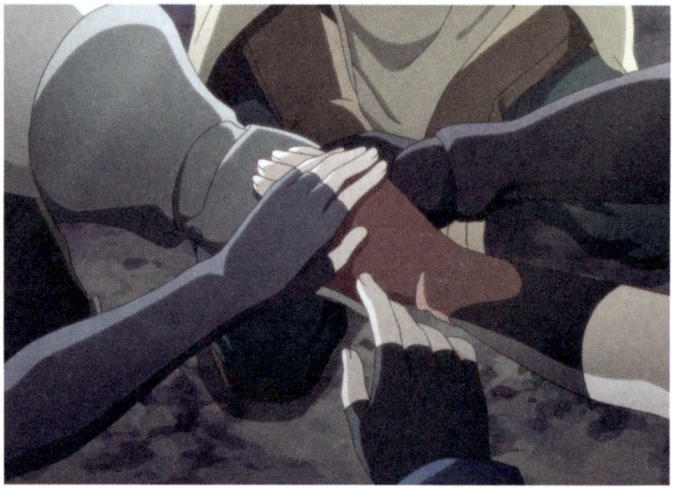

enemigos más simples resultan, paradójicamente, mucho más emocionantes que las de sus similares más bestias. Ver crecer a nuestro grupo —no solo en fuerza, sino en la propia armonía con la que luchan— es muy emocionante. Del mismo modo, no hay ninguna amenaza apocalíptica contra la que luchar, ningún MacGuffin que suba artificialmente el valor de lo que se juegan; solo la necesidad de monedas y la vida que hay que jugarse para ganarlas.

Con apenas doce episodios, *Grimgar* se acaba antes de empezar, pero lo que decide hacer con una duración tan limitada resulta importante y merecido. Sus delicados colores acuarela ocultan un mundo oscuro lleno de consecuencias mortales, pero esa historia de terror para novatos de nivel 1 también da paso a momentos de asombrosa humanidad. «Es una batalla de vida o muerte», afirma el sanador del grupo al principio de la historia, y es un mensaje que *Grimgar* defiende en todo momento: nuestras vidas son importantes y también lo que decidimos hacer con ellas... sea cual sea el mundo en el que nos encontremos.

•

El león de marzo
3月のライオン

Estreno:	2016	*Género:*	Costumbrista, deportes
Formato:	TV	*Basado en:*	Manga de Chica Umino
Director:	Akiyuki Shinbo		
Estudio:	Shaft		

La soledad es el tema amargo y doloroso de *Serial Experiments Lain*. 86

Genshiken es un maravilloso homenaje a la alegría de encontrar a tu gente. 127

Es la soledad lo que nos aporta el valor y nos permite alcanzar un nuevo mundo.

El shogi es un juego sobre la pérdida.

Aunque el objetivo es acorralar al rey de tu oponente, un jugador experto debe lidiar constantemente con las pérdidas: cómo evitarlas, cómo aceptarlas e incluso cómo utilizarlas. Se trata de mitigar el daño, llenar los huecos que quedan en tu defensa y encontrar la forma de recuperarte de su inevitabilidad.

La vida es un juego sobre la pérdida...

El león de marzo se centra en cómo jugamos a ese juego. Aunque su protagonista, Rei Kiriyama, es un profesional del shogi, es la vida misma —desde sus aplastantes derrotas hasta sus emocionantes victorias— la que se convierte en su verdadero campo de batalla. Después de perder a su familia en un trágico accidente de tráfico, el joven Rei recurre al shogi como refugio psicológico y vía de escape. Cuando lo conocemos, ha reunido suficientes victorias con los torneos para abandonar el hogar de su familia de acogida y emprender un camino que promete ser dolorosamente solitario. Por suerte, tanto para Rei como para los espectadores, las vivarachas hermanas Kawamoto abren las puertas de su cálido hogar a nuestro frío protagonista, un perro callejero al que ven con necesidad de que lo salven desesperadamente.

Siendo un avezado perdedor en el ajedrez, me acerqué a *El león de marzo* con la esperanza de poder seguir el ritmo de sus medidos combates de acción peón contra peón. Aunque el shogi y el ajedrez han evolucionado hasta convertirse en juegos claramente distintos, su genealogía común ayuda a los recién iniciados a percibirlo como algo familiar. El equilibrio cada vez más frágil de los tableros, entrecruzados con

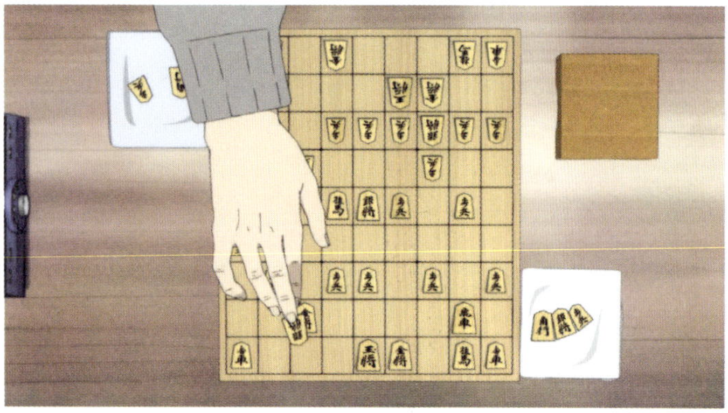

líneas de visión y trampas a la espera de saltar, resulta emocionante y amenazador a la vez, y los torneos y los enfrentamientos por el título traen consigo la expectación de la que suelen gozar los animes sobre competiciones.

Es evidente que existe un profundo amor por el juego, una increíble comprensión de sus entresijos y un gran respeto por quienes se sumergen por completo en ese mundo. Sin embargo, al igual que nuestro sabio protagonista, que utiliza el shogi únicamente para independizarse, la serie usa el shogi para llegar a un destino muy distinto, un caballo de Troya que alberga un dulce, lento y melancólico relato costumbrista.

Rei parece condenado cuando vemos el inicio de su viaje: condenado a enrocarse en la vida, a construir muros defensivos y a evitar jugadas arriesgadas o emocionantes. Pero la miríada de inadaptados de este anime no tarda en hacerse un hueco en su corazón, avanzando por su tablero para promocionar a un nivel mayor. Amigos, familiares, rivales e incluso aquellos que en un principio parecen villanos se cuelan en la vida de Rei, convirtiéndose en figuras de enorme importancia para nuestro protagonista no tan solitario... y también para nosotros. Al igual que él, aprendemos que esas jugadas arriesgadas a menudo valen la pena; hay que abrirse y mostrarse vulnerable. Nunca sabes lo que puedes conseguir a cambio.

•

Shōwa Genroku Rakugo Shinjū 昭和元禄落語心中

Estreno: 2016
Formato: TV
Director: Mamoru Hatakeyama
Estudio: Studio Deen
Género: Histórico, drama
Basado en: Manga de Haruko Kumota

Los retorcidos misterios de *Mononoke* dan para una historia de rakugo. 169

Los tatamis nunca se han llenado tanto como en las batallas de poesía de *Chihayafuru*. 204

El arte del rakugo trata de crear empatía.

Shōwa genroku rakugo shinjū está elaborado con elegancia y narrado con exquisitez: es lo que se dice una obra magistral. Un espectáculo que se desarrolla en gran parte sobre el escenario —muy valiente eso de limitarse a un marco tan singular— y que narra la historia del propio arte de narrar.

El rakugo es una forma de arte profundamente japonesa y universalmente humana. Se trata de un espectáculo unipersonal, con narradores solitarios sentados en el escenario que cautivan al público con historias de tragedia, comedia y romance. Con una inclinación de la cabeza o un cambio de tono, encarnan a varios personajes, creando vívidos retratos de los disparates y manías humanas. Plantados en postura *seiza* (es decir, sobre las rodillas), es la forma de narración más primitiva —la primordial—, y bajo el hechizo de un verdadero maestro casi se puede sentir el calor del fuego en torno al cual nos habríamos reunido para escuchar otra fascinante historia.

Con lo mucho que el país le debe a ese largo legado de narradores, tiene sentido que *Shōwa genroku rakugo shinjū* decida mirar al pasado. Cuando Yotaro, recién salido de la

cárcel, comienza su aprendizaje para convertirse en el próximo gran *rakugoka* de Japón, parece dispuesto a ser nuestro único protagonista. Pero la serie es como una matrioska que nos revela historias encadenadas que avanzan y retroceden en el tiempo. Su forma de explorar el Japón de posguerra y el alivio que proporciona el arte en tiempos tan oscuros es un enfoque fascinante y muy atractivo; sus personajes de voz suave se vuelven guías expertos de mundos distantes pero dolorosamente humanos.

Shōwa genroku rakugo shinjū confía en la fuerza de sus artistas, permitiendo que episodios enteros dependan de sus actuaciones. Capta sus peculiaridades, manierismos y la magia de la narración para que, literalmente, ocupen el centro del escenario. A primera vista, esa forma de funcionar puede parecer una decisión extraña para un medio como la animación pero, como sucede con el propio rakugo, pronto te sentirás atraído por el poder de sus protagonistas, esperando el desgarrador remate que le dé un nuevo sentido a todo.

Thunderbolt Fantasy 東離劍遊紀

Estreno: 2016
Formato: TV
Director: Chris Huang
Estudio: Pili International Multimedia
Género: Acción

Los duelos espectaculares son el pan de cada día en *Guardianes de la noche*, cuya estética impacta tanto como la de *Thunderbolt Fantasy*. 268

El anime es un concepto cada vez más difundido, como demuestra la producción francesa de *La cumbre de los dioses*. 280

En vez de vivir el resto de mis días acumulando gloria, prefiero morir con una sonrisa de satisfacción en los labios.

Sería normal rechazar que *Thunderbolt Fantasy*, una producción taiwanesa de títeres, aparezca en un libro sobre animación japonesa, y sin embargo... puede que sea lo más anime que encontrarás aquí. Como proyecto personal (y pasional) del legendario guionista japonés Gen Urobuchi [*Puella Magi Madoka Magica*, [→⦿198], el pedigrí de esta serie es indiscutible.

Thunderbolt Fantasy toma todo lo que ha aprendido sobre el anime para ofrecer una historia con títeres totalmente inédita. Estos guerreros que blanden espadas y lanzan conjuros mágicos se divierten convirtiendo a sus enemigos en géiseres de sangre, con coreografías rápidas y atrevidas que llevan al límite los movimientos de esos enormes muñecos hiperdetallados. Ver explotar un objeto que parece caro es un gusto curioso, pero se disfruta aún más cuando lo que salta por los aires son esos títeres, y sucede con total indiferencia por su integridad.

La serie emula el *wuxia* acrobático de las películas

de acción chinas como *Tigre y dragón,* y recompensa tu tolerancia a lo inverosímil con emociones articuladas imposibles de ver en ningún otro lugar. Sin embargo, incluso fuera de estos estupendos decorados, *Thunderbolt Fantasy* se destaca (sorprendentemente) en los momentos más tranquilos, consiguiendo unas preciosas interpretaciones tan intrincadas como los propios muñecos.

Al principio, *Thunderbolt Fantasy* propone una historia aparentemente sencilla: dos guerreros errantes deben proteger a una joven —y la poderosa arma que custodia— de un clan malvado. Esta fantasía oriental podría haber tenido éxito sin demasiada necesidad de evolucionar; le sobra con ser un derroche de diversión y fuegos artificiales. Pero a medida que avanza la historia, su dimensión se expande con rapidez, presentando una saga llena de giros realmente asombrosos y un reparto que sufre bajo el peso de tan enormes muñecos. Es como una fábula moderna, una dinastía que se lo debe todo a las epopeyas del pasado... y sin embargo, de alguna manera, logra ser totalmente original al mismo tiempo.

•

Destacados: Directora

Mari Okada

岡田 麿里

La tensa relación que Mari Okada mantuvo con su madre se cierne como una sombra sobre gran parte de su carrera. Es dolorosamente fácil entender por qué: se trataba de una mujer que nunca entendió a la hija que se encerraba en casa, nunca apreció sus extrañas tendencias u obsesiones y, en su momento más bajo y aterrador, intentó asesinarla con un cuchillo de cocina. El distanciamiento entre ambas formó una relación que Okada continuaría explorando en muchas de sus obras, quizás intentando dar sentido a un vínculo madre-hija en la animación que nunca llegó a forjar en su vida real.

En ese historial lleno de matriarcas problemáticas, realidad y ficción se mezclan de manera incómoda para crear una filmografía que explora, juzga, condena y, en definitiva, intenta comprender a una mujer tan perdida y rota como la niña a la que crio. Pero no fue hasta su debut como directora con *Maquia, una historia de amor inmortal* (también conocida como *Maquia, una historia de amor eterno* en Hispanoamérica), cuando vimos a Okada empezar a perdonar por fin a su madre y, dentro de la belleza redentora de su etéreo relato, la vimos empezar a perdonarse también a sí misma.

Por muy importante que *Maquia* pareciera en aquel momento, no era más que el último nombre de una larga lista, un historial que Okada había estado construyendo toda su vida; en respuesta a toda ella, se podía decir. Así, pues, resulta adecuado que *Maquia* trate sobre el legado: sobre las cosas que logramos, sobre aquellos a los que elegimos amar y aquellos a los que no tenemos elección de amar y, por último, sobre lo que dejamos atrás. Al igual que la propia Okada, su camino hacia el reconocimiento no fue fácil, pero desde entonces se ha convertido en uno de los nombres favoritos de la industria. Mari Okada es una de las guionistas más prolíficas en el mundo del anime. Empezó escribiendo guiones para la floreciente industria pornográfica japonesa, pero pronto encontró su verdadera vocación en la animación a finales de los 90. Ahora, con una respetable lista de créditos a sus espaldas, que abarca 20 años de trabajo, es muy probable que haya participado en la creación de al menos uno de tus animes favoritos.

La vida de Okada, que explora con doloroso detalle en su autobiografía *De nini a guionista de anime*, no siempre fue feliz, pero canaliza ese pasado problemático en sus obras como pocos pueden o están dispuestos a hacerlo. Su juventud como marginada introvertida, paranoica y recluida se puede percibir en muchas de sus historias, con protagonistas que comparten la incapacidad de la joven Okada para integrarse en la sociedad y una destructiva manía persecutoria. En su famosa serie original *AnoHana: Aún no sabemos el nombre de esa flor que vimos aquel día* queda al descubierto la difícil juventud de la guionista, que faltaba a clase constantemente y se encerraba en su habitación.

Evidentemente, nuestro periodo de estudios es un momento único para extraer historias de este tipo. Nadie escapa a la mierda de la pubertad y, como toda etapa de confusión, hay algo inusualmente divertido en los estragos egoístas que termina causando en nosotros. Con el perfecto título de *Nuestra salvaje juventud*, encontramos

Maquia, una historia de amor inmortal

Maquia, una historia de amor inmortal

AnoHana: Aún no sabemos el nombre de esa flor que vimos aquel día

Kiznaiver

un viaje de reconfortante incomodidad por ese infierno personal. Es una historia tan honesta y poco halagüeña como cabría esperarse de Okada, que se ha labrado una hermosa carrera a base de compartir más de la cuenta.

Las cinco jóvenes protagonistas conforman el club de literatura de su instituto y leen muchas novelas con escenas de amor tórridas, pero son todas inexpertas e ingenuas. Según van descubriendo su incipiente sexualidad, las vemos enfrentarse a esos cambios de formas muy diferentes, sin dejar de sentirse tan solas y anormales como todos nos hemos sentido alguna vez. Hay algo extrañamente reconfortante en los caminos que van creando a través de la adolescencia, una especie de catarsis al verlas tropezar consigo mismas a pesar de sus mejores esfuerzos por cambiar con elegancia. Es una obra sincera y llena de inseguridades pero, sobre todo, es muy cercana: verte arrastrado, pataleando y gritando, hasta llegar a la edad adulta es una historia muy humana... y muy divertida, cuando ya no te pasa a ti.

Cuando vi *Maquia* por primera vez, no pensé que detectaría en ella tanto ADN de Okada. Aunque era su debut como directora, supuse que la fantasía de la obra no se prestaría tanto a su habitual narración dolorosa y autobiográfica. Pero mientras la eternamente joven Maquia observa cómo el mundo envejece y se desmorona a su alrededor, no pude evitar ver a la niña que miraba por la ventana y veía pasar el mundo, que veía a sus amigos seguir adelante mientras ella se quedaba parada en su sitio, atrapada, puede que por sí misma.

En un hermoso acto de rebeldía, Okada se vuelca en un relato sobre el amor de la maternidad y la búsqueda de uno mismo a través de nuestras interacciones con los demás, en vez de a pesar de ellas. A primera vista, esto podría parecer lo último que Okada escribiría, lo cual lo vuelve aún más maravilloso cuando te das cuenta de que esta es la obra que ha estado construyendo durante toda su vida, una que representa la catarsis, el crecimiento y quizás incluso la sanación de viejas heridas.

Maquia parece verosímil gracias, en gran parte, a las propias luchas de Okada con su familia y la comunidad. Separada de su clan e intentando abrirse camino en el mundo como madre soltera, nuestra protagonista es una forastera, rechazada por su identidad y, finalmente, resentida por un hijo que también se percibe como diferente por mera asociación. Es en esta relación entre ambos, singularmente fracturada, donde Okada crea a una madre sin la santa paciencia con la que el anime suele imbuir a estos personajes. Sus momentos de frustración y debilidad son los que conceden un corazón a la película, y no teme adentrarse en la visión cambiante de Okada sobre la maternidad: una visión que le permite ser más comprensiva, y quizá piadosa, que en sus obras anteriores. En su periplo de niña a mujer, Maquia se convierte en un personaje maravilloso que es digno de nuestra atención y nuestro amor. Y a medida que Mari Okada repasa su propio viaje, según lo traslada a la pantalla a través de una filmografía cada vez más íntima, demuestra con seguridad que ella merece lo mismo.

Amor de gata

Amor de gata

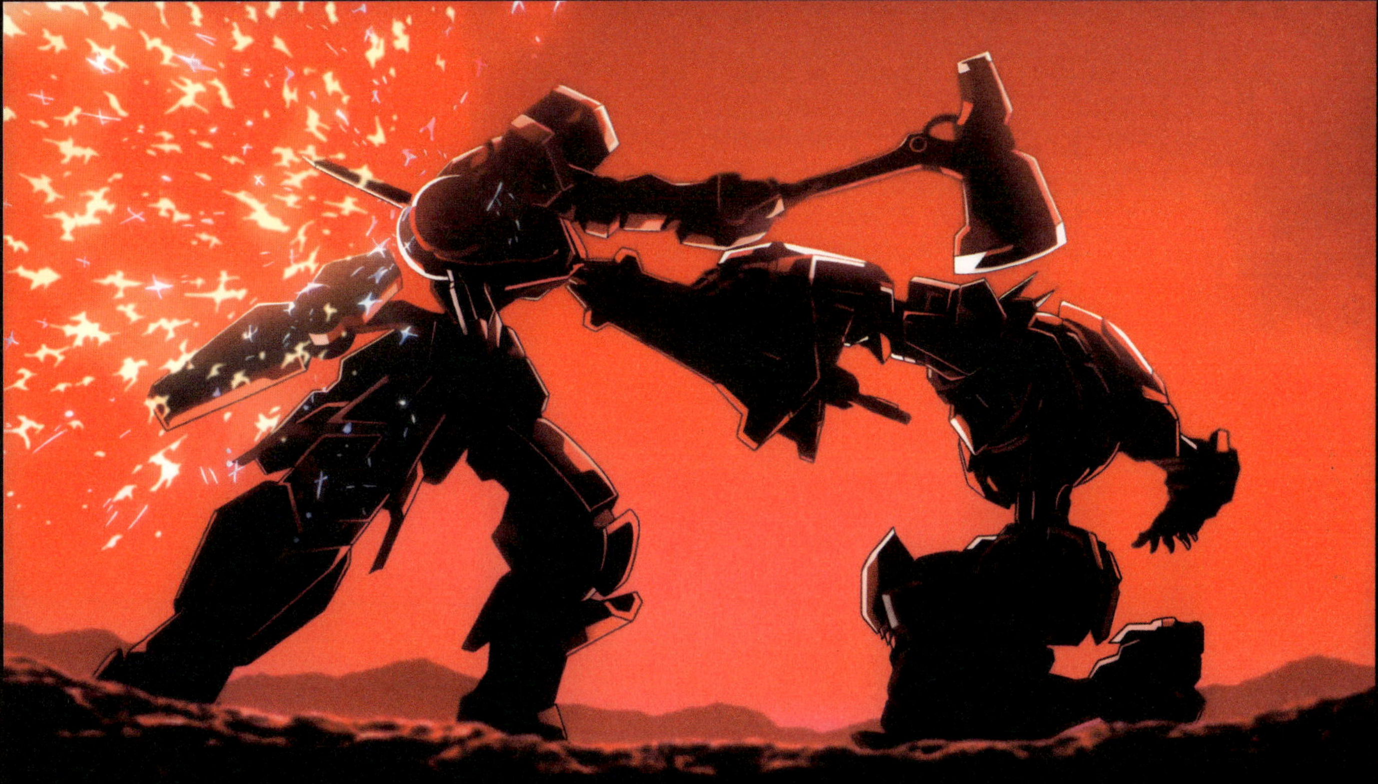

Mobile Suit Gundam: Iron-Blooded Orphans

El himno del corazón
Nuestra salvaje juventud

Her Blue Sky

A Place Further Than The Universe 宇宙そらよりも遠い場所

Estreno: 2018
Formato: TV
Director: Atsuko Ishizuka
Estudio: Madhouse
Género: Aventura

¿Adónde nos pueden llevar nuestros sueños? Para los chicos de *The First Slam Dunk*, la respuesta es un partido de baloncesto que ha llevado tres décadas de preparación. 288

Shirobako demuestra que perseguir tus sueños es tan estresante como gratificante. 228

Jamás pienses que las estrellas que ves son todas las que hay.

Mari Tamaki se siente apática. Está decepcionada de sí misma por no haber realizado nunca un viaje espontáneo, ni siquiera haberse escapado de la escuela, y piensa que está desperdiciando su juventud. Un polvorín de ambición sin mecha que prender, que vive con total tranquilidad —ociosa, anhelando algo más en la vida— hasta que un encuentro casual le presenta a la intensa Shirase, una compañera de clase que está decidida a viajar a los confines más lejanos del mundo... y esa juventud encuentra por fin su llama.

A Place Further than the Universe es una serie sin pretensiones que va creciendo hasta alcanzar un hermoso *crescendo* sobre... bueno, sobre la vida misma. La búsqueda de un lugar para existir desafiando a la naturaleza, uno de los lugares más inhóspitos del mundo: la dura y absolutamente extraña Antártida. Para disfrutar de todas sus bellezas únicas y quizás, solo quizás, encontrarse a uno mismo en el hielo.

Desde el principio, las cuatro estudiantes protagonistas demuestran ser unas chicas a las que da gusto apoyar. Como se conocen demasiado poco como para estar cansadas

宇宙よりも
遠い場所

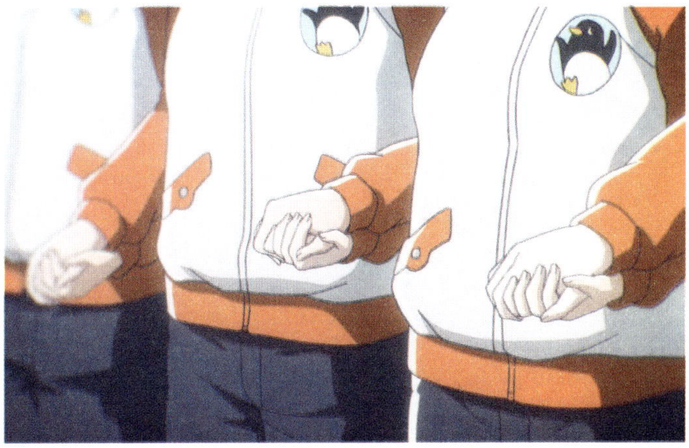

de las demás, resultan refrescantemente honestas consigo mismas, aunque no siempre entre ellas. Cuando los personajes son tan sinceros con sus emociones, es un poco difícil mantener las tuyas bajo control, y su vulnerabilidad ayuda a derribar esos muros que las obras más cínicas han construido a nuestro alrededor a lo largo de los años. Pero incluso en los episodios que nos dejan destrozados se logra disfrutar del equilibrio que ofrecen unos desenlaces edificantes y un sentido del humor siempre perverso.

La serie busca constantemente la armonía en ese sentido: suaviza su desgarradora emoción con toda clase de tonterías y rompe su ritmo glacial con rápidos estallidos de acción y música. Del mismo modo, nuestras protagonistas son cómicas pero sinceras, delicadas pero resistentes, dolorosamente motivadas y curiosamente sin rumbo. Pero estas paradojas en sus naturalezas no son un defecto. Más bien al contrario, son lo que hace que este elenco sea tan humano; caricaturas asombrosamente fieles a algunas de las cualidades más indómitas e inspiradoras de nuestra especie, envueltas en las inseguridades y dudas de la juventud. Cuando por fin las cuatro se reúnen en serio, parece como si un rompecabezas encajara en silencio. Estas chicas distan mucho de ser ideales —son inseguras, están rotas, son ingenuas y testarudas— pero, según avanza la serie, a medida que estas protagonistas pasan de desconocidas a amigas y se convierten en hermanas, se van completando unas a otras.

A Place Further than the Universe plantea nuestro mundo como algo que vale la pena conquistar por nuestro propio bien, para demostrarnos algo solo a nosotros mismos, y emprende su viaje al gélido continente de la Antártida con personajes dispuestos a demostrar tal afirmación. Nuestras cuatro jóvenes protagonistas tropiezan quizá con este nuevo propósito, pero se abalanzan sobre él, desesperadas por dejar huellas frescas en la nieve. Para trazar un rumbo desconocido. Para aferrarse a su efímera juventud... y vivir.

•

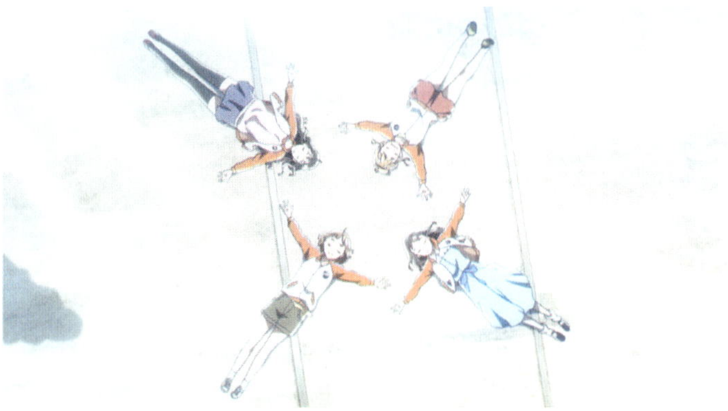

Estreno:	2018	*Género:*	Histórico, aventura
Formato:	TV	*Basado en:*	Manga de Satoru Noda
Director:	Hitoshi Nanba		
Estudio:	Geno Studio,		

Yona, princesa del amanecer es un viaje que vale la pena recorrer, una aventura en un mundo lleno de villanos estrafalarios y aliados más raros todavía. 230

Conviene ser malote en *Detroit Metal City*, la única serie capaz de rivalizar con el humor absurdo de *Golden Kamuy*. 174

Golden Kamuy
ゴールデンカムイ

¿Matar a personas te hace irte al infierno? ¡Pues seguro que me estarán sacando la alfombra roja!

Corre el año 1907. Japón todavía se está recuperando de su brutal enfrentamiento con el Imperio Ruso, y en la tundra glacial de Hokkaido, un héroe de guerra desesperado busca riquezas una década demasiado tarde. La fiebre del oro hace tiempo que se ha apaciguado, pero no tardará en verse envuelto en una búsqueda del tesoro mucho mayor, con un botín tan grande que algunos ya se están matando unos a otros por la mera idea de conseguirlo. Esta sangrienta misión tiñe de rojo el norte blanco de Japón en busca del oro... y como toda buena búsqueda del tesoro, viene con un mapa.

Conocemos a nuestro protagonista, Saichi Sugimoto, mientras intenta sobrevivir en este nuevo mundo. Es un tipo difícil de matar, apodado «Sugimoto, el Inmortal» por su actuación desafiando a la muerte en tiempos de guerra. Y sin embargo, Hokkaido logra ponérselo difícil incluso a él. La región es una zona letal, donde la muerte está presente en cada avalancha, bajo la superficie de cada río de aguas gélidas y en las puntas de cada garra de oso con sed de sangre. Hokkaido, afirma *Golden Kamuy*, te quiere ver muerto. Por eso, cuando Sugimoto oye hablar de una enorme montaña de oro cuyo mapa está tatuado en los cuerpos de 24 presos fugados, sabe que necesitará ayuda para sortear las numerosas trampas de la isla. Asirpa es una joven y tenaz nativa ainu que siente un gran amor y respeto por la tierra en la que ha crecido. Juntos, y acompañados por un elenco de personajes muy memorables que se amplía rápidamente, dan caza a animales peligrosos, criminales aún más peligrosos y a una cantidad alucinante de oro.

Los ainu, el pueblo indígena de Hokkaido, son sin duda el corazón de *Golden Kamuy*,

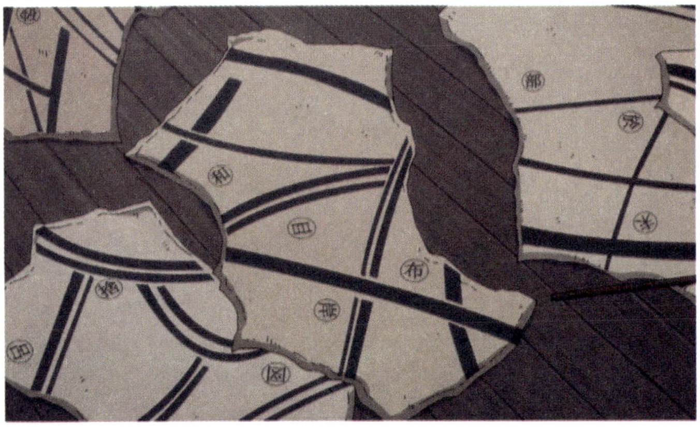

y su rica cultura se explora con todo detalle a lo largo de toda la serie. No es un mero aderezo: por cada pelea frenética, hay una cacería ainu que la acompaña. Cada tenso enfrentamiento entre francotiradores se compensa con una exploración de sus creencias y prácticas espirituales, y la cocina de los manjares locales recibe más atención que todas las escenas de acción juntas. Por su investigación meticulosa de esta etnia, retratada con gran esmero, ver *Golden Kamuy* significa sumergirse en una cultura en vías de extinción, y es una experiencia única y muy reveladora.

Ese cuidado y equilibrio es extensible al elenco de personajes de la serie. Se trata de un reparto enorme, y la compasión y convicción que se ofrece a cada uno de ellos me sorprendió en todo momento. Ya sea el pueril maestro del escape Shiraishi, la misteriosa adivina Inkarmat, el absolutamente desquiciado Tsurumi o el aterrador francotirador Ogata, todos son figuras fascinantes. A los villanos más deliciosamente detestables se les ofrece comprensión, humor y empatía, mientras que a nuestros íntegros y valientes protagonistas se les pone a prueba, y a menudo se los echa en falta. *Golden Kamuy* presta tanta atención al trauma de sus héroes como a sus ridículas payasadas, dejando de lado una historia sobre la guerra en favor de una historia sobre lo que la guerra hace a quienes sobreviven a ella. Explora con ternura su culpabilidad e insinúa la redención incluso para los cabrones más desagradables de la montaña. No importa si es amigo o enemigo, nunca estarás completamente seguro de quién quieres que sobreviva a una escaramuza, una relación peligrosa para una serie que disfruta destrozando a sus personajes de formas cada vez más horripilantes.

Pero incluso más allá de la detallada y desenfrenada sangría que se desata en las batallas, *Golden Kamuy* disfruta siendo vulgar. Tiene un tipo de humor macabro que te repele al principio, y al final acabas gritando cuando te das cuenta de que has terminado riendo con algunos de sus gags más desagradables. Todo ello al servicio de una historia que quiere recordarte que, por muy auténtica que seas en sus bellas representaciones de la cultura ainu y por la profundidad de sus personajes, todos muy humanos, nunca hay que tomársela del todo en serio.

Decidida pero errática, bella y horrible, irónica y completamente desquiciada, *Golden Kamuy* recorre toda la gama posible de tonos y ritmos, dando como resultado algo muy diferente a cualquier cosa que hayas experimentado antes. Es probable que tengas que hacer un esfuerzo para acostumbrarte a su mezcla de humor negro, violencia desgarradora y seriedad solemne, pero una vez que lo consigas, descubrirás un relato verdaderamente espectacular.

•

Guardianes de la noche
鬼滅の刃

Estreno: 2019
Formato: TV
Director: Haruo Sotozaki
Estudio: ufotable
Género: Acción, fantasía
Basado en: Manga de Koyoharu Gotouge

Guardianes de la noche es el mayor referente de los *shōnen* de peleas modernos. 34

Matar demonios es un pasatiempo aún más sombrío y sangriento en la inclemente *Berserk*. 78

Te seguiré hasta los confines del infierno, ¡y juro que te cortaré la cabeza con mi espada!

Atrevida, colorida y sorprendentemente violenta, *Guardianes de la noche* (también conocida como *Demon Slayer* en Hispanoamérica) es una clase magistral de cómo subvertir y dominar un género. De hecho, mientras que su marea de arcos de entrenamiento y enfrentamientos largamente anunciados quedan en consonancia con las convenciones de los *shōnen* de peleas [→⦿34], la popular serie de Koyoharu Gotouge ha ido hacia un lado cuando a menudo esperábamos que fuera hacia el otro, sobre todo en lo que respecta a su impactante y sucinta narración. En un género plagado de interminables relatos de acción, *Guardianes de la noche* —mucho más fugaz, en comparación— fue lo bastante valiente como para decir «hasta aquí».

Esta obra de época sobrenatural nos transporta al Japón de principios del siglo XX, llenando su línea temporal alternativa con demonios sedientos de sangre y cazadores que los eliminan. En medio de este caos, Tanjiro, un joven siempre optimista, regresa a casa para descubrir que su familia ha sido salvajemente asesinada por uno de estos demonios. Su hermana Nezuko, «la única que no está fría», en realidad no se ha salvado sino que se ha convertido en demonio también.

Se trata de una premisa dolorosa pero familiar, donde la angustia da paso a una saga de venganza... pero *Guardianes de la noche* —y Tanjiro, por extensión— nunca se deja

llevar por esa angustia. El joven se une al ejército de cazadores de demonios con la firme promesa de encontrar al monstruo que mató a su familia, pero sigue siendo el chico optimista de siempre, predispuesto a confiar en los demás y deseoso de convertir cualquier encuentro en una sólida amistad. Desde médicas demoníacas hasta bárbaros con cabeza de jabalí, reúne a un grupo variopinto del que no tardarás en enamorarte. Hasta la nueva naturaleza demoníaca de Nezuko resulta simpática... cuando no lo es.

Se trata de una serie con muchos momentos cálidos entre la miríada de colmillos afilados, decapitaciones inmediatas y grotescos horrores corporales. Sin embargo, cuando *Guardianes de la noche* se centra en la violencia, lo hace con aplomo real. Lo que ya era de por sí una historia fresca y llamativa se vuelve del todo incandescente cuando las espadas salen a bailar. Las icónicas «técnicas de respiración» de los cazadores hacen que sus *katanas* atraviesen la pantalla formando arcos vibrantes, unos poderes especiales que parecen sacados de una serie totalmente distinta. Esto confiere a la acción una cualidad sobrenatural, siempre respaldada por la impresionante animación de ufotable.

En ocasiones, da la sensación de que *Guardianes de la noche* ha copiado los deberes de sus compañeros. De hecho, Gotouge ha compartido que pesos pesados del género como *Naruto* y *Bleach* ayudaron a darle forma a su obra, aunque semejante montaña rusa narrativa rara vez parece limitada por los raíles de sus predecesoras. No, se trata de un coloso que ha evolucionado rápidamente, avanzando en direcciones sorprendentes y reforzando su peculiar grupo de héroes y villanos. En poco tiempo, *Guardianes de la noche* logró entrar en un panteón legendario como uno de los mangas más vendidos de la historia, y el estreno de su primer largometraje pulverizó los récords de taquilla. ¿Cómo podría no ser un regalo un fenómeno así, que atrae a una cantidad innumerable de nuevos aficionados e inspira a artistas de todo el mundo a escribir sus propias historias? ¿Cuánto tiempo pasará, me pregunto, antes de que empecemos a preguntarnos qué próximo megahit del *shōnen* se ha inspirado en *Guardianes de la noche*? Este es un camino sin final...

•

Kaguya-Sama: Love is War かぐや様は告らせたい～天才たちの恋愛頭脳戦～

Estreno: 2019
Formato: TV
Director: Mamoru Hatakeyama
Estudio: A-1 Pictures
Género: Comedia romántica
Basado en: Manga de Aka Akasaka

Azumanga Daioh cambia los inteligentes estudiantes por unas cabezas huecas adorables. 108

Code Geass trata sobre otro chico de intelecto superior en su intento por manipular a sus compañeros... con el destino del mundo entero en juego. 152

Mi corazón retumba tan fuerte que no oigo los fuegos artificiales.

Kaguya y Miyuki están enamorados el uno del otro. Sus amigos lo saben, sus compañeros lo saben... incluso ellos saben que se gustan. Desde el principio, esta tierna historia de amor tiene una conclusión previsible, no es lo que se diría un romance legendario. Pero «legendaria» es precisamente la palabra que describe esta comedia romántica de enfoque psicológico en la que el amor es un campo de batalla.

Tanto la noble Kaguya como el superdotado Miyuki son personas obsesivamente orgullosas, obstinadas y decididas a no ser el primero en confesar sus sentimientos y «perder». Así comienza su enfrentamiento intelectual, una guerra librada con astutas manipulaciones para torcer el brazo de su rival y reclamar la victoria sobre la inminente relación.

Debería ser una serie dura de ver, pero *Kaguya-sama* está llena de decisiones inteligentes que hacen que este estancamiento resulte extremadamente divertido. Para empezar, es desternillante y está repleta de personajes entrañables. Aunque Kaguya y Miyuki sean los protagonistas, también se puede decir que son personajes secundarios, y su irritante terquedad requiere a menudo de un empujoncito por parte de una simpática amistad (o de un narrador que no para de juzgarlos). *Kaguya-sama* sabe exactamente cuándo agitar el avispero, y se divierte haciéndolo a todas horas.

El desarrollo tiene algo de sociópata, con planes de intrincada elaboración que hacen que la trama de *Death Note* [→⦿154] parezca insulsa a su lado, pero también tiene algo de dulce y sincero. *Kaguya-sama* entiende el miedo, los nervios en el estómago y las náuseas que provoca el amor juvenil, de una forma que muchos romances de instituto parecen haber olvidado ya. El amor da miedo. El amor es hermoso. El amor es una guerra.

Estreno:	2019	*Género:*	Comedia romántica
Formato:	TV	*Basado en:*	Manga de Natsuki Takaya
Director:	Yoshihide Ibata		
Estudio:	TMS Entertainment		

Aprender a ser amable es difícil (pero muy importante) en el drama de posguerra *La isla de Giovanni*. 220

Una transformación inusual distingue *Midori, échame una mano* del resto de comedias. 130

Fruits Basket

フルーツバスケット

La verdadera bondad no es algo con lo que se nace, sino algo que se trabaja.

Tōru Honda acaba de quedar huérfana. Pero cuando es acogida en casa de sus misteriosos compañeros de clase, no tiene ni idea de las cosas tan extrañas que le esperan. Los hermanos Yuki y Kyo Soma son guapos y algo distantes, pero estos chicos —y su familia cada vez más fascinante— comparten un secreto: al estar poseídos por los espíritus del zodíaco chino, ¡los Soma se transforman en animales cuando reciben un abrazo!

Se trata de una premisa que bien demuestra el encanto de *Fruits Basket*, una longeva comedia romántica tan querida por el público que esta es su segunda adaptación. Pero debajo de la comedia edulcorada que recubre esa tierna convivencia se esconde una naturaleza honesta y, a menudo, oscura. Todos los protagonistas de *Fruits Basket* se han visto afectados por la tragedia, un trauma que se va revelando poco a poco a lo largo de la serie.

No obstante, la tristeza secreta de esta historia nunca estropea su sabor, sino que profundiza en la dulzura que encierra. Esto es gracias a nuestra triunfante protagonista: el optimismo imperturbable de Tōru es contagioso, y aunque hay muchas escenas desgarradoras en los recuerdos de nuestros atractivos protagonistas, siempre quedan matizadas por su vibrante actitud positiva.

Tōru encuentra un hogar (una familia) junto al gato, el ratón y el perro, pero *Fruits Basket* tiene tiempo más que suficiente para explorar a fondo lo que significa ese concepto. Cuando las payasadas dejan paso a los momentos más profundos, somos testigos de los matices que hay en ese vínculo, la fuerza que puedes encontrar en tu interior, o el dolor que sientes cuando una conexión tan poderosa se deforma y se estropea. *Fruits Basket* es tan capaz de arrancar una lágrima como de provocar una carcajada pero, independientemente de lo que decida hacer, el espectador siempre se sentirá cómodo en su compañía, como si fuera su propia familia.

Rilakkuma y Kaoru

リラックマとカオルさん

Estreno: 2019
Formato: TV
Director: Masahito Kobayashi
Estudio: Dwarf Animation Studio
Género: Costumbrista
Basado en: Personaje de Aki Kondo

¡Con esto de ampliar la definición de «anime», seguro que me meto en un lío por haber incluido *Thunderbolt Fantasy* en el libro! 256

Atronadora, ácida y siempre inquieta, *Michiko & Hatchin* parece una respuesta caótica a la calma que transmite *Rilakkuma*. 176

Cada flor se abre en una temporada distinta.

Rilakkuma es una de las (casi) infinitas «mascotas» que vienen de Japón. Creado por Aki Kondo en 2003, se ha convertido desde entonces en la imagen de la empresa de artículos de papelería San-X, adornando bolígrafos, carpetas, llaveros, peluches e incluso trenes. Una serie de televisión no era sino el siguiente paso, bastante previsible, en los planes de dominación mundial de cualquier personaje lo bastante mono como para llevar a la bancarrota a una nación con su merchandising. Pero *Rilakkuma y Kaoru* presentan algo distinto.

Esta breve serie de animación *stop-motion* de trece episodios —cuya escasa duración total pide a gritos que la veamos de un tirón— nos permite existir, solo por un momento, en las cálidas y ajetreadas vidas de estos protagonistas cotidianos. Es una serie relajante, reconfortante e increíblemente divertida, y una medicina para muchos de nuestros problemas del día a día.

Satisfecha con las actividades más mundanas, la atribulada Kaoru se preocupa por una serie interminable de preguntas dolorosamente familiares. ¿Por qué todos mis amigos se están distanciando? ¿Cómo empiezo una relación adulta? ¿Trabajo para vivir o vivo para trabajar? Rilakkuma, su oso de peluche, es el yin del yang de Kaoru. Mientras que ella es un manojo de nervios, demasiado preocupada por cómo la perciben los demás, Rilakkuma es tranquilo, seguro

de sí mismo y se conforma con vivir sin dejarse la piel (con cierre). Su nombre se traduce literalmente como «oso relajado», y hace honor a ese apodo en cada episodio.

Con estos dos protagonistas, la serie equilibra su optimismo desenfadado y su sincera melancolía. A través de los altibajos de la serie, *Rilakkuma y Kaoru* reconoce que no todos los días son una fiesta y que, aunque nuestras vidas están llenas de color, es muy fácil caer en la tristeza. Dwarf Studio utiliza a estos personajes mascota de forma subversiva, haciendo una declaración que no debería pasar inadvertida.

En el pasado, este tipo de reclamos no eran más que eso, simples desfiles de caras reconocibles en simpáticos escenarios destinados a vender productos a los espectadores más incautos. Pero *Rilakkuma y Kaoru* tiene un mensaje que transmitir, y lo hace a costa de su atractivo. No es una serie para niños, en absoluto. Para sacarle el máximo jugo a la serie, la vida tiene que haberte dado ya un par de golpes.

Lo bueno nunca dura para siempre. Esto es, en definitiva, lo que asegura *Rilakkuma y Kaoru*, y lo hace con un toque muy tierno. Es la fugacidad de la belleza lo que la hace bella en realidad. Es la brevedad de la vida lo que la hace tan vibrante. Es el pequeño tamaño del dango lo que lo hace tan dulce.

•

Vinland Saga
ヴィンランド・サガ

Estreno:	2019	*Género:*	Histórico, aventuras
Formato:	Película	*Basado en:*	Manga de Makoto Yukimura
Director:	Shūhei Yabuta		
Estudio:	WIT Studio		

El cariño y el cuidado que emplea Thorfinn al cultivar el grano en vez de pisarlo se puede ver también en *Silver Spoon*. 218

Golden Kamuy es igual de violenta pero viene equilibrada por un humor contagioso que se impone sobre la oscuridad que esconde su historia. 265

Un verdadero guerrero no necesita espada.

Durante mucho tiempo, los vikingos han ocupado un lugar destacado en la cultura popular, como monumento a la violencia que promovían estos nórdicos errantes. Los brutales recorridos que trazaron por Europa marcan el continente como cicatrices, con costas siempre amenazadas por las partidas de asalto de nuestros antepasados marinos y con pueblos y ciudades ocupados por sus sangrientas campañas. La mayor parte de la ficción vikinga ha gozado durante mucho tiempo de esa imagen romántica y reductora del vikingo perfecto: un cruzado con cuernos obsesionado con la batalla, con cumplir su misión y ascender al Valhalla. Por suerte para nosotros, *Vinland Saga*, de Makoto Yukimura, no forma parte de ese tipo de ficción vikinga.

Al inicio de la historia, los daneses belicistas, destructores de costas y saqueadores de aldeas que nos acompañan son todo lo que nos han enseñado a esperar de los vikingos pero, en realidad, son una pieza sangrienta de un rompecabezas mucho mayor. *Vinland Saga* explora a fondo la cultura de este pueblo, dejando que tengan sus cultivos y sus granjas además de matar gente. Aquí son exploradores y mercenarios, luchadores y filósofos, comerciantes y bandidos.

Cuando conocemos a nuestro protagonista, Thorfinn, es un niño consumido por la ira y empeñado en vengarse. Es un mercenario de inquietante desapego, implacable en su misión de acabar con el hombre que asesinó a su padre. A través de esa búsqueda, nos da la bienvenida al mundo que habitan él y sus violentos compatriotas: cazar oponentes

cada vez más fuertes, matar con la esperanza de morir de manera gloriosa y sobrevivir con amargura solo para arrebatar esa vida a otras personas. Los caminos de los héroes de *Vinland* son brutales y frágiles al mismo tiempo, y esta oscura historia no ofrece seguridad a sus héroes, por feos, bellos o maravillosamente complicados que sean todos ellos.

Desde el mismo inicio, a Thorfinn le dicen «no tienes enemigos, nadie tiene enemigos», y ese espíritu es el que espolea la narrativa de la serie: aquí no hay villanos. Ya sea el siempre intrigante Askeladd, el bárbaro Bjorn con pinta de oso, o el demente Thorkell, fanático de las batallas, cada cara que nos sonríe desde las sombras se convierte en un gran favorito en solo unos pocos capítulos. *Vinland Saga* nunca trata de justificar sus comportamientos, a menudo salvajes (de hecho, siempre nos los presentan como algo reprobable), pero nos proporciona suficiente contexto y cultura para que al menos los entendamos de una forma más compleja. Dicho esto, una regla general de la serie es que cuanto más loco está un personaje, más adorable resulta.

Mientras que otras historias similares tiñen sus mundos de sangre para narrar historias en los márgenes de la violencia, *Vinland Saga* cuenta la historia de la violencia misma: cómo moldea las vidas de quienes se deleitan con ella, lo que aporta, lo que cuesta y, en definitiva, cómo podemos expiarla e incluso perdonarla. A lo largo de su trama, plantea y responde estas preguntas en repetidas ocasiones, y su autor ha llegado a conclusiones muy diferentes durante sus años de exploración de un mundo tan perverso. El paradójico deseo del vikingo de la vida y la muerte habla de una dicotomía subyacente en el argumento general; una historia empapada de sangre y vísceras creada por un autor que parece obsesionado con la paz y la compasión. *Vinland Saga* trata de romper ese ciclo de violencia, de sembrar grano en lugar de pisotearlo. Es una búsqueda inagotable de la vida en una serie que, a menudo, no ofrece más que muerte.

•

277

Estreno:	2021	*Estudio:*	WIT Studio
Formato:	TV	*Género:*	Fantasía
Director:	Yōsuke Hatta	*Basado en:*	Manga de Sōsuke Tōka

A los niños les dejan ser niños en la alborotada *Shin Chan*.	52
Siendo la odisea infantil definitiva, *Dragon Ball* traza el camino que debe seguir la amistad y la rivalidad.	38

Ranking of Kings
王様ランキング

Esfuérzate por buscar un lugar en el que puedas brillar y quédate allí.

El rey ha muerto.

El rey Bosse, un monarca imponente de fuerza legendaria, ha dejado un vacío enorme que llenar. Un vacío que su hijo, el pequeño príncipe Bojji, no tiene ninguna esperanza de ocupar. Mientras a su alrededor estalla una maquiavélica lucha por el poder, Bojji emprende un viaje exuberante y lleno de imaginación con el deseo de convertirse en alguien a la altura del intimidante legado de su padre.

A medida que la intriga política da paso a la fantasía épica, *Ranking of Kings* demuestra rápidamente que no tiene ningún interés en seguir las reglas de otros. Los consejeros con lengua viperina se hacen a un lado para que los dioses ofiucos de tres cabezas llenen la pantalla, las pequeñas sombras traicioneras guardan sus puñales para revelar un corazón de oro y una reina regente indignada destroza las expectativas de forma tan magnífica que se convierte en la verdadera reina del anime.

Es esa amalgama la que hace que la serie brille, un contraste que está tan dispuesto a sorprender de forma visual como narrativa. Animada por el WIT Studio (*Vinland Saga* [→⦿274]), *Ranking of Kings* emplea su característico brío para ofrecer una acción trepidante, pero ese dinamismo se combina con unos efectos visuales relucientes y amables. Gracias a su nutrida paleta, sus líneas gruesas y sus personajes hiperexpresivos, el estudio despliega todo su poder como

animador. El resultado es una serie que se destaca no solo con respecto a las anteriores propuestas del estudio sino de gran parte del anime en sí.

Esa maravillosa estética caricaturesca aporta equilibrio a una serie que nunca rehúye los momentos de oscuridad o angustia. Es como si miráramos este mundo deslumbrante a través de los ojos de un niño... pero como ocurre a menudo, esta visión puede verse empañada por las codiciosas maquinaciones de los adultos. La crueldad que se esconde detrás de una imagen tan cálida nos recuerda que nunca hay que juzgar un libro por su portada, una lección que va definiendo *Ranking of Kings* a medida que su reparto evoluciona.

Da gusto ver a Bojji, un niño sordo y diminuto. Como una taza llena hasta el borde, su entusiasmo de mejillas sonrosadas se desborda a menudo y de formas cada vez más entrañables. Tu amor por él florecerá en un instante: un cuchillo que la serie retorcerá en tus carnes mientras disfruta poniendo a prueba al pequeño aventurero. Sin embargo, como el propio principito, no debemos dejar que esos desafíos nos desanimen. Mantén el rumbo, tú que lees; estamos destinados a la grandeza.

•

La cumbre de los dioses 神々の山嶺

Estreno:	2021	*Género:*	Aventura, drama
Formato:	Película		
Director:	Patrick Imbert	*Basado en:*	Manga de Jiro Taniguchi
Estudio:	Folivari		

Los rivales de *Haikyū!!* suelen representarse como montañas a conquistar, y la vista desde esas alturas es espectacular. 226

La rosa de Versalles comparte el linaje de esta película, y cuenta una hermosa historia en el marco de la Revolución Francesa. 17

Para algunos, las montañas no son una meta, sino un camino.

Dividida entre los rascacielos de Tokio y las montañas de Nepal, *La cumbre de los dioses* es una película entre dos mundos. El bullicio de una metrópolis contrasta con la inquietante calma de los acantilados más altos del mundo, y nuestro protagonista, el alpinista y reportero gráfico Makoto Fukamachi, está obsesionado no solo con la escalada sino con la razón por la que escalamos.

Los momentos más destacados de la película son, por supuesto, esas ascensiones, retratadas al mismo tiempo como cuidadosas, bien meditadas y absolutamente aterradoras. Con todo lujo de detalles, vemos cómo se colocan los tornillos, se enganchan los mosquetones y se sueltan las cuerdas con toda la ansiedad que cabría esperar de escenas que suceden por encima de los mil metros. La película nos anima a fijarnos en las sutiles expresiones de un rostro decidido, en la respiración frenética de un alpinista que supera sus límites físicos y mentales, e incluso en las largas y tranquilas caminatas por la nieve entre los acantilados.

En los momentos de silencio absoluto, la película confía en su público para que aprecie tanto su extraordinaria belleza como su ritmo singular. En esa belleza encontramos mil

obras de arte. Cada fotograma congelado de una montaña frente al cielo cambiante es fácil de confundir con una fotografía. No obstante, en su ritmo encontramos una verdad aún más realista: la escalada no es una serie de problemas cada vez más complicados sino una prueba de resistencia, un maratón gratificante salpicado por picos de dificultad y momentos de paz.

Para ser una película tan corta, *La cumbre de los dioses* parece regalarse todo el tiempo del mundo a la hora de apreciar el arte de la escalada, creando una tensión silenciosa a lo largo de un metraje que parece expandirse bajo semejante exigencia. Cuando esa tensión se rompe finalmente, en un único y grave error, no habrá muchos que consigan mantener la calma pensando en los personajes que aparecen en pantalla.

La historia está basada en un manga de Jiro Taniguchi e impregnada del espíritu tranquilo y contemplativo que definió su obra: un artista que nunca olvidó la importancia del silencio. Los personajes de Taniguchi, de clase media y también de mediana edad por lo general, perdidos en Japón y encontrándose a sí mismos a la vez, hablaban un lenguaje universal sobre la experiencia humana. Tal vez sea esta universalidad la que hizo que su obra maestra de alpinismo fuera adaptada por un estudio francés. *La cumbre de los dioses* no se mueve como hacen los animes, y con su rápido diálogo en francés entre bocados de ramen, está claro que tampoco suena a anime. Sin embargo, sabe captar perfectamente la cruda visión de Taniguchi. En su ascenso, puede que divises otra calle japonesa —aunque sea en vertical— por la que nuestros personajes de mediana edad intentan encontrarse a sí mismos.

Al igual que las líneas sencillas de Taniguchi, que escondían un profundo conocimiento del espíritu humano, la película comprende algo inefable sobre el motivo por el que escalamos. Los labios siempre agrietados de sus personajes nunca ofrecen una respuesta, pero esta existe, ciertamente, en cada fotograma gélido y en cada vista sobrecogedora que nos regala.

•

Chainsaw Man
チェンソーマン

Estreno:	2022	*Estudio:*	MAPPA
Formato:	TV	*Género:*	Acción
Director:	Ryū Nakayama	*Basado en:*	Manga de Tatsuki Fujimoto

Si voy a palmar, que sea a manos de una mujer buena. Ese es mi lema.

El puño de la Estrella del Norte también es de las que tiene una buena cantidad de bolsas de sangre esperando a que las hagan estallar. 32

Elfen Lied es otro ejercicio de escalada violenta que será lo más bestia que hayas visto nunca. 122

¿Qué es lo que te da más miedo?

En el mundo de *Chainsaw Man*, donde las representaciones demoníacas de nuestros mayores miedos acechan las calles, esta es una pregunta de suma importancia. Aquí, el miedo es literalmente poder; cuanto más universalmente aterrador sea un concepto, más fuerte será su demonio. Por ejemplo, el Demonio Tomate es un matón de poca monta a la espera de que lo conviertan en kétchup, pero el Demonio Pistola aprovecha un miedo tan generalizado que su poder se sale de la gráfica, capaz de arrasar ciudades enteras con solo apretar el gatillo.

Denji es un aspirante a exterminador de demonios que vive en el umbral de la pobreza y acepta cualquier trabajo sucio con tal de sobrevivir. Así es como acaba enfrentándose a un poderoso demonio y muriendo inmediatamente... pero no sin antes hacer un pacto desesperado con el Demonio Motosierra. Denji renace como Chainsaw Man, con cuchillas que salen de sus extremidades, una capacidad de curación sobrehumana y una insaciable sed de sangre.

Lo que le falta en sutileza, lo compensa con pura imaginación. Mucho antes de escribir *Chainsaw Man*, el autor Tatsuki Fujimoto ya se había convertido en uno de los creadores más imprevisibles de Japón. Sin embargo, esa leyenda toma forma verdadera en esta obra, una mezcla desquiciada de fantasía sangrienta, humor grotesco y horror cósmico. Cada una de sus escenas tan desagradables, hermosas y absolutamente surrealistas es única, y gran parte del atractivo de la serie consiste en ver qué nueva revelación (o monstruosidad rezumante) está a punto de recontextualizarlo todo en este mundo de completa inestabilidad.

Con el poder del Demonio Motosierra, Denji se convierte de repente en un peligro a tener

en cuenta, y es contratado de inmediato por la división especializada de Seguridad Pública, una colección de extravagantes exterminadores liderados por la misteriosa Makima. Desde el estirado Aki hasta la absolutamente inútil Kobeni, el verdadero magnetismo de la serie reside en su extraño elenco de personajes. Sus poderes, sus secretos e incluso su fragilidad conforman el sincero y trepidante espíritu de la serie.

Para una producción que pone tanto empeño en su espectacular acción, resulta refrescante ver una historia tan sangrienta que se preocupa especialmente por la amistad, la familia hallada y la búsqueda de la felicidad en los placeres más sencillos de la vida. Sí, puede que Denji sea un idiota cauteloso, fácilmente manipulado con la promesa de un beso o una tostada, pero también es posible que sea uno de los protagonistas con más aspiraciones del medio. En una subversión del héroe siempre insatisfecho del *shōnen*, que no deja de perseguir nuevos horizontes, Denji se conforma con poco. Sus objetivos son alcanzables, su lealtad es inquebrantable y está contento con la suerte que tiene ahora, por simple que sea. Con un techo sobre la cabeza, una bañera para cantar y tres comidas al día, sabe que está viviendo mejor que nunca. Todos deberíamos sentirnos igual de afortunados.

Estreno:	2022	*Género:*	Cyberpunk
Formato:	TV	*Basado en:*	Juegos de Mike Pondsmith y CD Projekt Red
Director:	Hiroyuki Imaishi		
Estudio:	Trigger		

Gurren Lagann, la obra maestra de Hiroyuki Imaishi, ha demostrado que es un director a tener en cuenta. 166

Aunque no comparte la violencia ni la lujuria de *Cyberpunk*, el trance al que te somete *Interstella 5555* recuerda a su energía fantasmagórica. 118

Cyberpunk: Edgerunners

サイバーパンク エッジランナーズ

No te ganas un nombre como ciberpunk por cómo vives. Te recuerdan por cómo mueres.

Entre las bandas de gatillo fácil y fuerzas del orden con ganas de repartir, el interminable fuego cruzado de Night City implica que es más fácil recibir una bala que un saludo. Esas calles siempre bañadas por la lluvia son el yermo futurista que nos encontramos en *Cyberpunk: Edgerunners*, un trágico *tour de force* de amor, muerte y programas cibernéticos. *Edgerunners* es ciberpunk en mayúsculas: una alternativa más sangrienta y sucia en comparación con la pulcritud de otros compañeros de género como *Ghost in the Shell* [→⦿62].

Rebosante de neones y ultraviolencia explosiva, *Edgerunners* es otra alocada obra maestra del legendario director Hiroyuki Imaishi (*Gurren Lagann*, [→⦿166]). David, nuestro protagonista, es un muchacho que se acaba de quedar huérfano en una ciudad llena de ellos, y Night City ha empezado a cerrarle las puertas en las narices, empujándolo hacia los márgenes de la sociedad. Es en esos márgenes donde operan las bandas, adaptándose con implantes agresivos y entrando en guerra contra las corpos, la policía y, por supuesto, también entre ellas.

Cuando David conoce a Lucy, una guapísima hacker de cabellera fosforescente, se

AFTERLIFE

Faraday
CALL

enamora fuerte de ella, tanto que acaba enamorado de toda su banda. Esta pandilla de coloridos *edgerunners* es una familia de lo más realista, y ver cómo se derrumban sus muros a través de los ojos de un novato es lo mejor de la serie. A lo largo de diez breves episodios, llegamos a preocuparnos por todos ellos, y cada uno ayuda a convertir a David en el hombre —y el complejo protagonista— que llega a ser.

Edgerunners es otra joya de *Cyberpunk 2077*, un famoso videojuego que ha tenido su propio arco evolutivo, con la desarrolladora CD Projekt Red trabajando de forma incansable para hacer realidad todas las promesas que hicieron. Convertido en un clásico moderno, *2077* disfruta ahora de premios y adaptaciones en abundancia, y confía lo suficiente en su mundo como para dejar que esas adaptaciones se atrevan a hacer cosas diferentes. *Edgerunners* es una saga independiente, que muestra su propio rincón deliciosamente depravado de Night City donde hilar su retorcida historia. Repleta de guiños para disfrute de los fans, sigue siendo totalmente accesible para los neófitos: no se necesita experiencia en bailes cerebrales para disfrutar del caos y el encanto de este anime.

Empleando una dirección más comedida, *Edgerunners* podría haber sido un refrito insípido: una adaptación recortada que se aprovechara de los puntos fuertes de *2077* sin llegar a forjar una identidad propia. Por suerte, Trigger se tiró a la piscina de ese rico universo y desató su locura, ampliando el mundo en vez de limitarse a ocuparlo.

Acompañando a una banda de lo más caótica, explorarás las terroríficas, emocionantes e hipnóticas profundidades de los rincones más extraños de Night City, corriendo en medio de su caos mientras sueltas todas las palabrotas posibles del diccionario junto a los inadaptados más adorables del anime. Así que no seas *gonk*: coge tus *chooms*, *klep* una pantalla *preem*, y golpéalo: esta mierda es pura *nova*.

The First Slam Dunk
スラムダンク

Estreno:	2022	*Género:*	Deportes
Formato:	Película	*Basado en:*	Manga de Takehiko Inoue
Director:	Takehiko Inoue		
Estudio:	Toei Animation		

Concisa, divertida y dispuesta a captar toda tu atención: así es como hay que contar una historia. Los artistas de *Shōwa genroku rakugo shinjū* estarían orgullosos. 254

Si *The First Slam Dunk* ha sido tu entrada al mundo deportivo, prepárate para los épicos partidos de voleibol de *Haikyū!!* 226

¿Cuál fue tu momento de gloria? ¡El mío está sucediendo ahora mismo!

The First Slam Dunk es una película especial. No es de extrañar que se convirtiera en un fenómeno de taquilla gracias a su impactante estilo artístico, su impecable ritmo y la esperada sensación de cierre que transmite a sus seguidores. Sin embargo, más allá de su éxito comercial, el largometraje funciona como un microcosmos perfectamente destilado del propio género deportivo [→⦿222].

Es un crimen que la adaptación televisiva de *Slam Dunk* —un mastodonte que duró tres años y más de cien episodios— quedara interrumpida a un torneo de su final. Tres décadas después, *The First Slam Dunk* trata de rectificar por fin esta injusticia, ofreciendo la espectacular conclusión que la serie siempre mereció, bajo la dirección de su creador Takehiko Inoue. Sorprendentemente, no solo se trata de un desenlace apropiado para los fans de siempre, sino también de un punto de partida ideal. Lejos de rechazar a los recién llegados, la película hace honor a su título, ofreciendo una introducción tanto a la serie como al género del anime deportivo en su conjunto.

Centrada por completo en un único partido decisivo, gran parte del drama que ofrece el filme gira en torno a los puntos ganados y a los dolorosos tramos de terreno cedido. La intensidad del tic-tac del reloj hace estragos en los nervios de los veteranos de la serie y los recién introducidos por igual. Ese atractivo universal se ve muy reforzado a medida que la acción se intercala con flashbacks cuidadosamente presentados que exploran las vidas de nuestros cinco protagonistas y los caminos que les han llevado a este momento crucial. Esta narración incisiva y económica garantiza que incluso los espectadores primerizos se vean involucrados en lo que está en juego, completamente atentos al instante en que la sirena final amenace con sonar.

17:23
湘北
(神奈川)
SEIKO
36
2
2ND
0

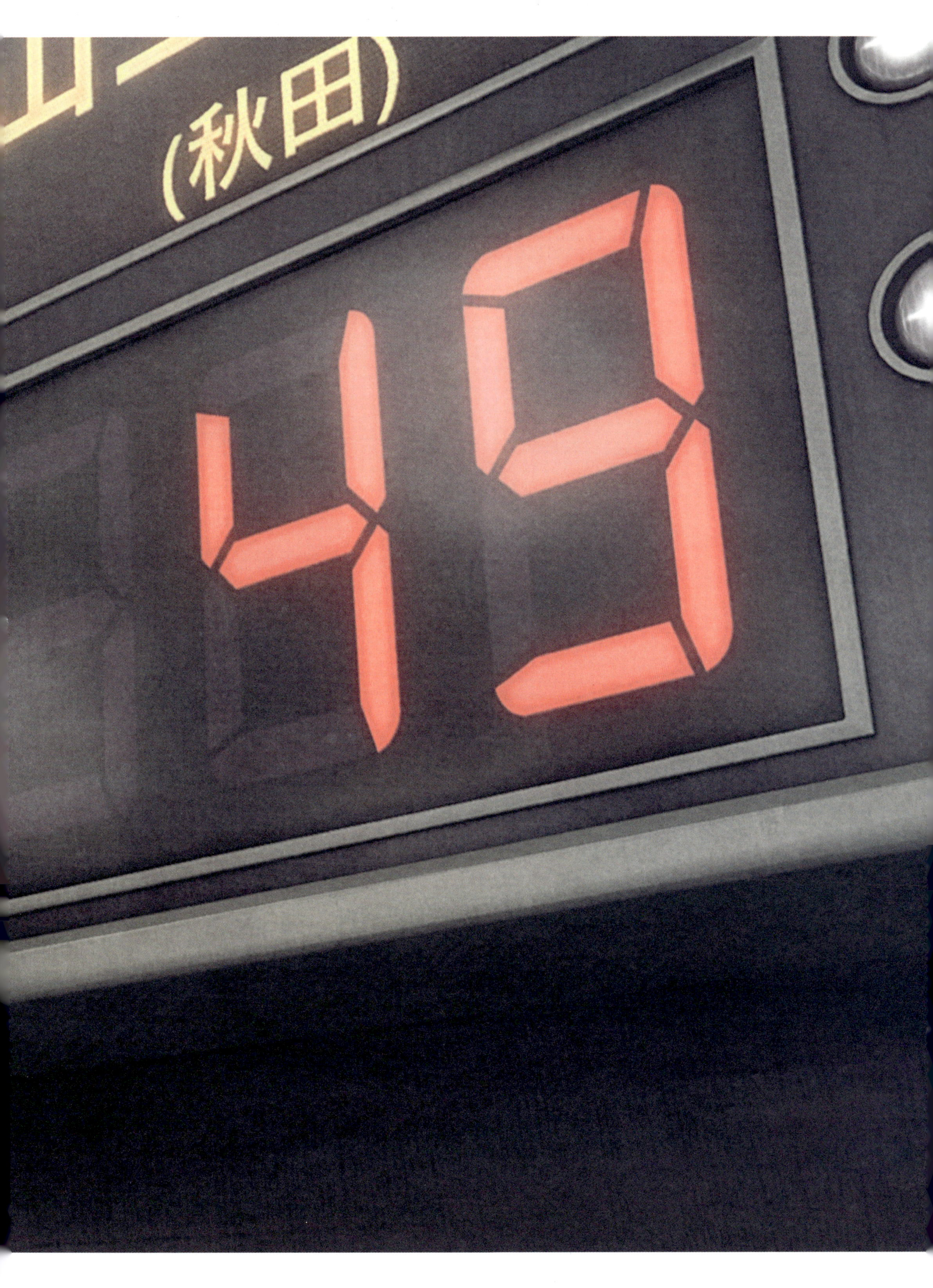
(秋田)
49

Frieren
葬送のフリーレン

Estreno:	2023	*Género:*	Fantasía
Formato:	TV	*Basado en:*	Manga de Kanehito Yamada y Tsukasa Abe
Director:	Keiichirō Saitō		
Estudio:	Madhouse		

La melancolía de vivir más que tus seres queridos se explora también en *Maquia*, el debut como directora de Mari Okada. 258

Descubrir quiénes somos y cómo podemos ser mejores es un impulso crucial en la hermosísima *A Silent Voice*. 240

Vivir es ser conocido y recordado por otros.

El Rey Demonio ha muerto. Su derrota se produjo al final de un periplo de diez años, a manos de un equipo de cuatro poderosos héroes. Su campaña de toda una década los enfrentó a interminables dificultades y probabilidades imposibles. Puso al límite su camaradería y forjó entre ellos unos lazos inquebrantables. Probablemente fue una aventura espectacular... pero no es esta de ahora.

Frieren plantea una pregunta sencilla: ¿qué pasa luego? Es una cuestión que ha perseguido durante mucho tiempo a la fantasía como género, un deseo de permanecer en mundos queridos incluso después de que su amenazante apocalipsis haya quedado como un recuerdo lejano. Por lo general, ese deseo queda insatisfecho, pero *Frieren* está más que encantada de explorar esa idea, observar qué queda después de la calamidad y ver qué ocurre cuando la paz regresa a un mundo que hace tiempo que la olvidó.

La heroína epónima de *Frieren* es una maga elfa con una esperanza de vida extremadamente larga. Como tal, es la protagonista perfecta a la que acompañar en un regreso triunfal por la tierra que ha salvado. Al atar los cabos sueltos de su viaje original —como acabar con un enemigo al que solo pudo sellar en su momento—, la serie cuenta de manera muy inteligente una historia de carácter retrospectivo. En lo que es un maravilloso giro narrativo, estas gestas heroicas se exploran a través de los efectos que han tenido en el mundo.

Para Frieren, el tiempo es algo difuso. En una vida tan larga, los años e incluso las décadas parecen pasar rápidamente, y su misión para salvar el mundo es simplemente

como una gota en un vasto océano. Esa brumosa travesía se capta aquí con gran elegancia, en una serie en la que el tiempo nunca es tan importante como el lugar o la compañía. De hecho, entre los cortes pasan meses, años entre los episodios, pero Frieren se mantiene inmutable.

Rodeada de razas efímeras, Frieren se ha convertido en una maestra de las despedidas. En decir adiós. Si hay un desafío extra en este lujoso epílogo, quizá sea el de bajar esas defensas. Frieren se da cuenta al principio de la serie de que esa fuerza estoica le ha robado sentir la importancia de los momentos, por fugaces que sean, y la ha vuelto más brusca frente a las amistades. Mientras Frieren y su nueva compañía viajan por el mundo, ella trata de recuperar esa vulnerabilidad pasando por toda clase de momentos agridulces.

Contar una historia a favor de la pérdida es una premisa ambiciosa que exige un equilibrio muy cuidadoso. *Frieren* lo consigue empleando unos héroes escritos con cariño, un apartado artístico impresionante y un amable sentido del humor. Explorar este mundo junto a la ocasionalmente infantil Frieren y sus atribulados compañeros es un placer un poco extraño, pero la inquietante tristeza que esconde siempre queda animada por una alegre distracción. Independientemente del número de momentos que podamos disfrutar en nuestras vidas imposiblemente largas y dolorosamente cortas, *Frieren* asegura que vale la pena atesorar cada uno de ellos. Al hacerlo, podremos seguir contando historias fascinantes... incluso mucho después de que nuestra historia haya terminado.

•

Tragones y mazmorras
ダンジョン飯

Estreno: 2024
Formato: TV
Director: Yoshihiro Miyajima
Estudio: Trigger
Género: Fantasía, comedia
Basado en: Manga de Ryoko Kui

Silver Spoon también explora nuestra relación con la comida y la ética de su consumo. 218

Sword Art Online es una historia de fantasía que obliga a sus protagonistas a continuar subiendo una torre para no caer en el abismo. 212

Comer es un acto de optimismo: comemos para seguir viviendo.

El grupo de aventureros de Laios ha tenido un mal día. Hambrientos y cansados, acaban de ser aniquilados por un dragón rojo, un temible monstruo que reside en las profundidades de la enorme mazmorra de su isla. Por si fuera poco, la sanadora del grupo, Falin, hermana de Laios, ha sido devorada por la bestia.

En el mundo de fantasía de *Tragones y mazmorras* (también conocida como *Delicious in Dungeon* en Hispanoamérica), este destino no es tan grave como cabría esperar. En las entrañas de la mazmorra, los aventureros —incluso los que han quedado parcialmente digeridos— pueden revivir mágicamente. Pero para recuperar los huesos de Falin y realizar el ritual, hay que matar al dragón. Para tener alguna oportunidad contra un oponente tan formidable, un ente que existe como una forma aterradora de comprobar las habilidades para superar las partes exploradas o inexploradas en las profundidades de la isla, un grupo debe estar bien descansado. Y debe comer bien.

Así comienza *Tragones y mazmorras*, una guía de viaje gastronómica sobre los mejores platos que puede ofrecer un mundo de fantasía. El tiempo corre en contra de Laios y compañía, que no saben si alguna vez se ha logrado revivir a alguien una vez convertido en excremento. Sin dinero ni raciones que les ayuden en su misión, el grupo se da cuenta de que se ven obligados a hacer lo impensable: matar, cocinar y comerse a los numerosos monstruos que conforman el fascinante ecosistema de la mazmorra.

¿Cómo se cocina un limo? ¿Son nutritivas las armaduras vivientes? ¿Es moralmente reprobable comerse a un enemigo humanoide y, si no lo es, cuál es la mejor forma de cocinarlo? Estas son las

preguntas que obsesionan a la serie y le dan un toque delicioso a la receta tradicional del mazmorreo. Cuando un nuevo monstruo asoma la patita, la cuestión no es si podrán vencerlo sino si podrán comérselo.

La siempre escéptica Marcille, una elfa que nunca ha vivido en la pobreza, y mucho menos ha tenido que comerse un fantasma, será quien se encargue de frenarlos. Su reticencia a todo lo relacionado con la cocina de monstruos es divertidísima de ver en cada episodio, y más aún es verla sucumbir sin remedio y descubrir a regañadientes un nuevo y delicioso plato favorito.

Tragones y mazmorras es un anime al que nunca le da miedo evolucionar. A medida que nos adentramos en la mazmorra, esta va revelando sus cruentos secretos y toda clase de maquinaciones diabólicas, y de vez en cuando se olvida de su lado cómico —solo por un momento— para ofrecer muestras de una violencia brutal e impactante. Se trata de una serie que, a pesar de su acogedora premisa, nunca resulta predecible.

No hay duda de que la comida es la estrella, y la obra nunca deja de ofrecerle el respeto que se merece. La preparación de cada plato está meticulosamente detallada, hay un libro de cocina muy educativo para recetas que nunca probarás, y además se tiene en cuenta cada minucia de la biología ficticia de estos monstruos tan familiares de la fantasía. No obstante, es el pequeño cuarteto de protagonistas el que supone el verdadero y cálido centro de la historia, y también su fuente inagotable de divertidísimas locuras espeleológicas.

•

Uzumaki
うずまき

Estreno:	2024	*Estudio:*	Akatsuki , Fugaku
Formato:	TV	*Género:*	Terror
Directors:	Hiroshi Nagahama, Yūji Moriyama	*Basado en:*	Manga de Junji Ito

¿Puede existir el horror entre los brillos y hechizos de las chicas mágicas? *Puella Magi Madoka Magica* apuesta a que sí con total confianza. 198

Monster no tiene nada de sobrenatural y, aun así, es más terrorífica que cualquiera de las obras de Ito. 132

Esta ciudad se está llenando de espirales...

Surrealista, terrorífico y absolutamente inquietante. Junji Ito es el maestro indiscutible del manga de terror. Los voluminosos tomos que recopilan las historias del dibujante están repletos de terroríficos giros de página, y su impactante arte evoca interminables pesadillas que desearás poder olvidar. Sin embargo, la genialidad de Ito va mucho más allá de las imágenes grotescas, ya que sabe explotar nuestros miedos más irracionales y traicioneros. Sueños que se alargan cada noche, casas con una sola ventana o pequeños agujeros que aparecen en nuestra piel... La carrera de Ito ha sido variada y prolífica, lo que garantiza que cualquier lector encontrará rápidamente una historia que resuene con él de la peor manera posible.

Desde su horror corporal hiperdetallado hasta sus tramas absolutamente desquiciadas, la obra de Junji Ito se ha considerado durante mucho tiempo casi imposible de adaptar al anime. *Uzumaki* es el último de una larga lista de intentos y, aunque su calidad varía entre episodios, esta miniserie demuestra la viabilidad del intento. El impecable estreno pone la vara muy alta, y los siguientes episodios ofrecen sus propios e impactantes giros. Sin embargo, incluso en sus peores momentos se logra transmitir algo del inquietante arte de Ito y de su singular narrativa.

Uzumaki, cuya traducción literal sería «espiral», cuenta la retorcida historia de un pueblo consumido (y maldecido) por esas formas de remolino. Se encuentran en el viento, en los cuencos de ramen, incluso en las puntas de nuestros dedos. Esto está llevando a algunos residentes de Kurozu-cho al borde de la locura, personas que solo están cómodas si se encuentran rodeadas de espirales... o contorsionándose para formar una. A medida que Kirie, una estudiante de secundaria, se adentra en esta creciente obsesión, los que la

rodean se vuelven cada vez más inestables. Peligrosos. La espiral nos atrae cada vez con más fuerza...

Uzumaki no debería resultar tan incómoda como es, pero se trata una enfermedad que traspasa la pantalla. Representada con un exquisito monocromo, la visión de Ito cobra vida de manera cruda y despiadada. Verás espirales por todas partes, escondidas en cada fondo esperando a calar en tu mente para siempre: algo MUY MALO está pasando en Kurozu-cho. De hecho, el pueblo transmite la sensación constante de que estás girando por el desagüe, pataleando y gritando mientras te deslizas hacia su oscuro interior. No me atrevería a revelarte lo que te espera en el fondo de ese vórtice, pero te garantizo que nunca lo olvidarás. *Uzumaki* funciona al negarse rotundamente a disminuir su presión. Hay una tensión palpable y creciente en todos los episodios, aderezada pero nunca interrumpida por unas revelaciones cada vez más gráficas y a veces ridículas... aunque es un ridículo que realza la naturaleza inquietante de la serie. Con su peculiar ritmo, *Uzumaki* desata algo primitivo en nosotros: la carne se arruga bajo la cuchilla antes de que la sangre empiece a salir a borbotones. Los inquietantes dioramas permanecen en pantalla más segundos de lo necesario antes de cambiar de forma precipitada. Ito entiende el poder de la anticipación, de la liberación, y esa maestría se plasma aquí con un detalle angustioso e inolvidable.

El cine japonés de acción real ha disfrutado durante mucho tiempo de una fructífera relación con el terror. Las estrellas del primer cine de importación, sus memorables espíritus y espectros —movidos por la venganza y con sus rostros cubiertos de pelo— dominaron rápidamente el mercado entero. A la animación le cuesta trasladar esta clase de emociones —o sabe que no debe intentarlo— y, por eso, prefiere deleitarse con lo que es desgarrador a nivel psicológico (*Evangelion*, [→⊙64] o lo deliciosamente grotesco, como *Elfen Lied*, [→⊙122]). No obstante, *Uzumaki* se desmarca de esa tendencia y te pide que observes sus innumerables horrores mientras te tapas la cara; son estampas inolvidables que seguirán en tu cabeza mucho después de que la espiral deje de girar.

•

Glosario

Chibi

Estas caricaturas, también conocidas como SD o «super deformed», emplean versiones más pequeñas y redondeadas de personajes ya establecidos para representar momentos simpáticos o cómicos.

Chūnibyō

Literalmente, «síndrome de principios de la secundaria». Este término describe a adolescentes con delirios de grandeza que se imaginan como estrellas de un gran drama, a menudo con superpoderes ocultos.

Comiket

Abreviatura de «Comic Market», la convención de *dōjinshi* más grande de Japón.

Dango

Pequeña bola de pasta de arroz que suele venir rellena con distintos dulces.

Dōjin/dōjinshi

Obras autopublicadas como fanzines o cómics, que se venden de manera independiente (a menudo en convenciones como el Comiket). Gran parte de este material producido por fans se basa en propiedades intelectuales ya establecidas.

Ecchi

Derivado de la «H» de *hentai*, se refiere al contenido pervertido que no llega al nivel de pornografía. Consultar «fanservice».

Era Edo

Periodo de la historia japonesa comprendido entre los años 1603 y 1868, en el que la ciudad de Tokio era conocida como Edo.

Enjo kōsai

Citas compensadas en las que la clientela adulta paga por la compañía (e incluso favores sexuales) de chicas y chicos jóvenes.

Fanservice

Momentos del manga y el anime diseñados con la intención de presentar una escena sexy, como planos sostenidos de ropa interior o encuentros fortuitos con personas desnudas.

Go

Un juego de tablero tradicional para dos personas donde los jugadores luchan por la mayor cantidad de territorio usando «piedras» de colores blanco o negro.

Harem

Premisa narrativa en la que un personaje corteja, o es cortejado, por múltiples intereses románticos.

Hentai

Término japonés para la perversión, adoptado por el público occidental como categoría general para el anime de tipo pornográfico.

Hokusai

Katsushika Hokusai fue un prolífico artista de la era Edo, cuya obra más famosa es *La gran ola de Kanagawa*.

Honoríficos

Los honoríficos japoneses son sufijos que se añaden a los nombres para indicar un determinado grado de familiaridad o respeto. La falta total de sufijos se reserva solo para los allegados más íntimos (normalmente, familiares o parejas sentimentales; ¡perder el sufijo es algo serio en los animes de romance!). Aquí va una lista de los más comunes:

- -san: Equivale a Sr./Sra.
- -sama: Especialmente respetuoso, se emplea con personas de un nivel superior.
- -kun: Indica familiaridad o amistad, normalmente con hombres.
- -chan: Indica familiaridad o amistad, normalmente con mujeres y niños.
- -senpai: Alguien en tu misma posición pero con mayor edad o experiencia.
- -sensei: Un profesor, médico o experto.

Hyakunin Isshu

Colección de cien poemas creados por cien poetas. Ver *Chihayafuru* [→⦿204].

Isekai

Subgénero de la fantasía en el que un personaje es transportado a otro mundo.

Iyashikei

Género narrativo japonés con el objetivo de calmar o sanar espiritualmente a su público.

Josei

Demografía dirigida especialmente a mujeres adultas. El término proviene de la palabra japonesa para mujer.

Juego mortal

Un subgénero de historias donde solo puede quedar uno, popularizado por obras como *Battle Royale*.

Kamehame ha

Un rayo concentrado de energía vital que se ha convertido en el ataque por excelencia de *Dragon Ball* [→⦿38].

Karaage

Comida cocinada en freidora, normalmente pollo.

Karuta

Un juego de cartas japonés que se basa en la memoria y los reflejos. El *karuta* de poesía es una variación en la que los jugadores tienen que emparejar partes de un poema del *Hyakunin isshu*. Ver *Chihayafuru* [→⦿204].

Kodomo

Demografía dirigida especialmente a los niños. El término proviene de la palabra japonesa para niño.

Ma

Traducido como «espacio negativo». Se refiere al vacío intencionado en el arte, como esos momentos de reflexión en una película.

Magical Girl

Género centrado en chicas que usan poderes mágicos.

Mahjong

Juego de mesa con tejas para cuatro jugadores.

Mangaka

Una persona que dibuja manga.

Mecha

Robots gigantes, normalmente controlados por un piloto. Por asociación, género del manga y el anime que trata sobre estos.

Meme

Una idea que se extiende rápidamente entre personas. Hoy en día, los memes suelen ser vídeos o imágenes divertidas con textos ingeniosos que circulan por la red, creando una experiencia compartida.

Moe

Jerga japonesa para describir un fuerte afecto hacia un personaje ficticio. Un personaje «*moe*» es aquel tan simpático e inocente que se emplea para atraer a legiones de fans incondicionales. En Kyoto Animation [→⦿146] son maestros del *moe*.

Novela visual

Un tipo de novela a lo «elige tu aventura». La interacción del jugador suele ser mínima más allá de elegir las opciones de diálogo. Ver *Steins;Gate* [→⦿201].

Onigiri

Una bola de arroz, normalmente con forma triangular, que contiene un relleno (como ciruelas o atún) y va envuelto con un alga seca.

Otaku

Una persona con gran interés o incluso obsesión por aficiones consideradas para frikis. Este término se emplea para describir a los fans del anime.

Rakugo

Arte performativo japonés en el que un narrador explica una historia sobre el escenario, a menudo de tipo humorístico. Ver *Shōwa genroku rakugo shinjū* [→⦿254].

Rakugaoka

Artista de rakugo.

Sakuga

Secuencias de animación de enorme y notable calidad, normalmente reservadas para acción intensa o momentos cruciales de la historia.

Seinen

Demografía dirigida especialmente a hombres adultos, a pesar de que el término significa «joven» en japonés.

Seiza

Postura tradicional japonesa que demuestra respeto al estar de rodillas.

Shinigami

Un dios de la muerte.

Shogi

Juego de tablero japonés que se parece al ajedrez. Ver *El león de marzo* [→⦿252].

Shōnen

Demografía dirigida a los chicos jóvenes. El término proviene de la palabra japonesa para chico.

Shōjo

Demografía dirigida a las chicas jóvenes. El término proviene de la palabra japonesa para chica.

Shunga

Género erótico del arte ukiyo-e, grabados de madera y pergaminos que muestran actos sexuales.

Tatami

Estera de paja que se usa como suelo en las salas tradicionales de estilo japonés. Aunque ahora son menos comunes, las habitaciones japonesas se siguen midiendo en tatamis, por lo general.

Tsundere

Arquetipo popular que se refiere a personajes con un exterior agresivo y directo que esconde en realidad un lado más tierno y afable.

Ukiyo-e

«Pinturas del mundo flotante». Un género artístico japonés de la era Edo presentado en forma de grabados en madera o pergaminos.

Wuxia

Ficción china, normalmente audiovisual, centrada en guerreros con habilidades extraordinarias que se suelen representar con acción con cables para ayudar a la ilusión de esas piruetas atléticas imposibles. *Tigre y dragón* sería un ejemplo moderno.

Yōkai

Término japonés para describir a los seres sobrenaturales y los fenómenos misteriosos, muy comunes en el folclore japonés.

Índice terminológico

Créditos fotográficos

A = arriba; B = abajo; I = izquierda; d = derecha; CI = centro izquierda; CD = centro derecha; AI = arriba izquierda; AD = arriba derecha; BI = abajo izquierda; BD = abajo derecha..

2, 105–107: © Tezuka Productions / Metropolis Film Partners / Bandai Visual; 12: © Go Nagai / Dynamic Planning / Toei Animation; 13: © Mushi Production / Eiichi Yamamoto; 14–15: © Zuiyo Eizo / Nippon Animation; 16: © Go Nagai / Dynamic Planning / Toei Animation; 17: © Riyoko Ikeda / TMS Entertainment; 18–19: © Monkey Punch / TMS Entertainment; 20–21: © Rumiko Takahashi / Shogakukan / Kitty Films; 22–23: © Big West / Studio Nue; 27A, 27BI: © Hideyuki Kikuchi / Yoshitaka Amano / MADHOUSE / VHD PARTNERS; 27CD, 27BI, 28BD, 29A, 29BI, 181BI: © Yoshiaki Kawajiri / Madhouse / JVC; 28AI: © Warner Bros. Entertainment Inc. / Village Roadshow Films (BVI) Limited; 28BI, 29CD, 29BD, 180BI, 181CD, 181BD: © Hideyuki Kikuchi / MADHOUSE / JVC; 30–31: © Rumiko Takahashi / Shogakukan / Fuji TV; 32–33: © Buronson & Tetsuo Hara / Toei Animation; 35A, 37CD: © Kōhei Horikoshi / Shueisha / My Hero Academia Project; 35CI, 88–90: © Eiichiro Oda / Shueisha / Toei Animation; 35BI, 38–39: © Bird Studio / Shueisha / Toei Animation; 35BD: © Masami Kurumada / Shueisha / Toei Animation; 36AI: © Masashi Kishimoto / Shueisha / TV Tokyo / Pierrot; 36AD: © Tite Kubo / Shueisha / TV Tokyo / Pierrot; 36BI: © Hirohiko Araki / Shueisha / JoJo's Bizarre Adventure SO Project; 36BD: © TRIGGER / Kazuki Nakashima / Kill la Kill Partnership; 37A, 268–269: © Koyoharu Gotoge / SHUEISHA / Aniplex / ufotable; 37CD: © Yoshihiro Togashi / Shueisha / Madhouse / Nippon TV; 37BI: © Gege Akutami / Shueisha / Jujutsu Kaisen Project; 40–41: © Youmex / Artmic / Tatsunoko Production; 42: © Sunrise; 43–45: © 1988 Mash•Room / Akira Committee / Kodansha; 47A: © Go Nagai · Ken Ishikawa / Dynamic Planning · Bandai Visual; 47BD: © Sotsu / Sunrise; 48AI: © 2005 BONES / Project EUREKA; 48AD, 211A, 211BD: © Sunrise; 48BI: © Mohiro Kitoh / Shogakukan / Comité de producción de Bokurano; 48BD: © Warner Bros. Entertainment Inc. / Legendary Pictures; 49A: © Sunrise; 49BI: © Sotsu / Sunrise; 49BD: © Sotsu / Sunrise; 50–51: © HEADGEAR / BANDAI VISUAL / TOHOKUSHINSHA; 52–53: © Usui Yoshito / Futabasha / Shin-Ei Animation / TV Asahi / ADK; 55A, 56BD: © 2017 TRIGGER / Yoh Yoshinari / Comité de producción de Little Witch Academia; 55BI: © Toei Animation; 55BD: © Be-Papas / Shogakukan / TV Tokyo / J.C.STAFF; 56AI: © Toei Animation; 56AD: © CLAMP / ShigatsuTsuitachi CO., LTD. / Kodansha / NHK / NEP; 56BI: © Pierrot; 57A: © Toei Animation / ABC-A / ADK; 57BI: © Ikuko Itoh / HAL Film Maker / Comité de producción de Princess Tutu; 57BD: © Arina Tanemura / Shueisha / TV Tokyo / Studio DEEN; 58–59: © Naoko Takeuchi / PNP / Toei Animation; 60: © Kōsuke Fujishima / Kodansha / Bandai Visual; 61: © Tatsuya Egawa / Shueisha / KSS; 62–63: © Masamune Shirow / Kodansha / Bandai Visual / Manga Entertainment; 64–67: © khara / GAINAX / NAS / TV Tokyo; 69A, 69BI, 71CD: © 2006 Yasutaka Tsutsui / MADHOUSE / Sony Pictures Entertainment (Japan) Inc; 69CD, 70BD, 71AD: © MADHOUSE / Rex Entertainment; 69BD, 70BI, 71AI: © 2001 MADHOUSE / Chiyoko Committee; 71B: © MADHOUSE / Comité de producción de Tokyo Godfathers; 72–74: © Katsuhiro Otomo / MADHOUSE / Studio 4°C; 75–77: © Nintendo / Creatures / GAME FREAK / TV Tokyo / ShoPro / JR Kikaku; 78–80: © Kentaro Miura / Hakusensha / BERSERK PARTNERS; 81: © Shuichi Shigeno / Kodansha / OB Planning / Fuji TV; 82–85: © Sunrise; 86–87: © NBCUniversal Entertainment Japan / Yoshitoshi ABe / Yasuyuki Ueda / Triangle Staff; 91–93: © Mamoru Oshii / Bandai Visual / Production I.G; 94–95: © GAINAX / Production I.G / King Records; 96–97: © George Morikawa / Kodansha / VAP / Madhouse / NTV / D.N. Dream Partners; 99A: © Eiko Kadono / Studio Ghibli / Nibariki / Tokuma Shoten; 99CI, 101CI: © Studio Ghibli / Nibariki / Tokuma Shoten; 99BI: © Studio Ghibli / Nibariki / NHND; 99BD: © Studio Ghibli / Nibariki / Tokuma Shoten / Nippon Television Network; 101A, 101CD, 102–104: © Studio Ghibli / Nibariki / Dentsu / Tokuma Shoten / Buena Vista Home Entertainment, Inc.; 101BI: © Studio Ghibli / Nippon Television Network / Dentsu / Hakuhodo / Tokuma Shoten; 101BD: © 1984 Hayao Miyazaki / Tokuma Shoten / Hakuhodo / Topcraft; 108–109: © Kiyohiko Azuma / ASCII Media Works / J.C.STAFF / GENCO / TV Tokyo; 110–111: © CLAMP / Kodansha / TBS / Madhouse / Dentsu; 112–113: © Yoshitoshi ABe / RADIX / Haibane Renmei Committee; 115A, 116, 117BI: © Yasuhiro Yoshiura / Purple Cow Studio Japan / Patema Partners; 115CD, 115BD: © Yasuhiro Yoshiura / Directions, Inc. / Time of Eve Committee; 115BI: © Yasuhiro Yoshiura / Ultra Super Pictures; 117A, 117CD: © Yasuhiro Yoshiura / J.C.STAFF / Proyecto Canta con una chispa de armonía; 117BD: © Yasuhiro Yoshiura; 118–119: © Daft Life Ltd. / Toei Animation; 120–121: © Warner Bros. Entertainment Inc. / Village Roadshow Films (BVI) Limited; 122–123: © Lynn Okamoto / Shueisha / VAP / Genco / ARMS; 124–126: © Harold Sakuishi / Kodansha / BECK Committee / Madhouse; 127–129: © Shimoku Kio / Kodansha / Comité de producción de Genshiken; 130–131: © Kazurou Inoue / Shogakukan / Comité de producción de Midori, échame una mano; 132–133: © Naoki Urasawa / Studio Madhouse / Shogakukan / VAP / Nippon Television; 135T, 135BD: © Shiro / Earth Star Entertainment / Comité de producción de Yama no susume; 135CD: © Chihiro Ishizuka / Kodansha / Comité de producción de Flying Witch; 135BI: © Tsukumizu / Shinchosha / Comité de producción de Girl's Last Tour; 136AI, 138–140: © Yuki Urushibara / Kodansha / Comité de producción de Mushishi / Artland; 136AD: © Atto / KADOKAWA / Comité de producción de Non Non Biyori; 136BI: © Hitoshi Ashinano / Kodansha / Softx / Ajia-do Animation Works; 136BD: © Chie Shinkyu / Tokuma Shoten / Comité de producción de Wakakozake; 137A, 175: © Yuki Midorikawa / Hakusensha / Comité de producción de Natsume's Book of Friends; 137CD: © Afro / Houbunsha / Comité de producción de Yuru Camp; 137BI: © IMAGO / Avex Pictures / Comité de producción de Do It Yourself!!; 137BD: © Yumi Unita / Shodensha / Comité de producción de Usagi Drop / Production I.G; 141–142: © Studio Ghibli / NDHDMT; 144–145: © Taiyō Matsumoto / Shogakukan / Aniplex / Studio 4°C; 147A: © Honobu Yonezawa / KADOKAWA / Comité de producción de Hyouka; 147CD: © Torako / Kyoto Animation / Comité de producción de Chūnibyō; 147BI, 239CD: © VisualArt's / Key / ABC / TOEI / TBS / BS-i / Kyoto Animation; 147BD, 149BI: © VisualArt's / Key / TBS / BS-i / Pony Canyon / Kyoto Animation; 149A: © Ayano Takeda / Takarajimasha / Comité de producción de Sound! Euphonium; 149CD, 238BI, 238BD: © Kakifly / Houbunsha / Sakura High Light Music Club; 149BD: © Kana Akatsuki / Kyoto Animation / Comité de producción de Violet Evergarden; 150–151: © Nagaru Tanigawa / Noizi Ito / Kadokawa / SOS Brigade; 152–153: © Sunrise / Project Geass · MBS; 154–155: © Tsugumi Ohba · Takeshi Obata / Shueisha / NTV / D.N. Dream Partners / Madhouse; 156–157: © 07th Expansion / Ryukishi07 / Comité de producción de Higurashi; 158–159: © Ai Yazawa / Shueisha / VAP / Nippon Television / Madhouse; 161A: © Kosuke Fujishima / Kodansha / TBS / AIC; 161CD: © Wataru Momose / Shueisha / Comité de producción de Romantic Killer; 161BI: © Naoshi Komi / Shueisha / Aniplex / Shaft / MBS; 161BD: © Fumiaki Maruto · Kurehito Misaki / KADOKAWA / Project Saenai; 162AI: © Ken Akamatsu / Kodansha / TV Tokyo / XEBEC; 162AD, 163A © Negi Haruba / Kodansha / Comité de producción de Las quintillizas; 162BI: © Satoru Yamaguchi · Nami Hidaka / Ichijinsha / Comité de producción de Hamefura; 162BD: © Reiji Miyajima / Kodansha / Comité de producción de Rent-A-Girlfriend; 163CD: © Kou Fumizuki / Hakusensha / Ai Yori Aoshi Project; 163BI: © VisualArt's / Key / TBS / BS-i / Pony Canyon / Kyoto Animation; 163BD, 164: © Bisco Hatori / Hakusensha / Comité de producción de Instituto Ouran Host Club; 165: © Nobuyuki Fukumoto / Kodansha / Madhouse / TMS Entertainment; 166–168: © Kazuki Nakashima / Gainax / Aniplex / Konami; 169: © Toei Animation / Comité de producción de Mononoke; 171BI: © Masaki Kajishima / Studio JUMON / Comité de producción de Manyu Scroll; 171BD: © Hiroyuki / Shōnen Gahōsha / Comité de producción de Mangaka-san to Assistant-san to; 173A, 261BD: © Mari Okada, Nao Emoto / Kodansha / Comité de producción de Nuestra salvaje juventud; 173CI: © ActiveSoft / Green Bunny; 173CD: © Yasuomi Umetsu / JVC / Media Blasters / Animate; 173BI: © Chiemi Kine / ASCII Media Works / Comité de producción de Kyō no Asuka Show; 173BD: © Toshio Maeda / Comité de producción de Urotsukidōji / OVA Corporation; 174: © Kiminori Wakasugi / Shogakukan / Comité de producción de Detroit Metal City; 176–177: © Manglobe / Comité de producción de Michiko & Hatchin; 179A: © Mamoru Hosoda / Studio Chizu; 179CI: © Mamoru Hosoda / Madhouse / Kadokawa Herald Pictures; 179BI, 179BD, 181A: © Mamoru Hosoda / Studio Chizu / Toho; 180BD: © Mamoru Hosoda / Madhouse / Warner Bros. Japan; 182–185: © Hiromu Arakawa / Square Enix / Comité de producción de Fullmetal Alchemist: Brotherhood; 186–187: © Nisio Isin / Kodansha / Aniplex / SHAFT; 188–189: © Madhouse / Comité de producción de Redline; 190–191: © Karuho Shiina / Shogakukan / Comité de producción de Llegando a ti; 193A: © Masaaki Yuasa / Science SARU / Toho; 193CI, 193CD: © Masaaki Yuasa / Studio 4°C / Manga Entertainment; 193BI, 196–197: © Tomihiko Morimi / Shōnen Magazine / Madhouse / Fuji TV; 193BD: © Masaaki Yuasa / Science SARU / Production I.G; 194BI: © Go Nagai / Dynamic Planning / Comité de producción de Devilman Crybaby / Science SARU; 194BD, 195A: © 2021 Masaaki Yuasa / Science SARU / Toho; 195CD: © Masaaki Yuasa / Madhouse / TBS; 195BI: © Sumito Ōwara / Shōnen Magazine / Science SARU; 195BD, 224BI: © Taiyō Matsumoto / Shogakukan / Comité de producción de Ping Pong The Animation / Madhouse; 198–199: © Magica Quartet / Aniplex / Madoka Partners; 200: © 2011 Hiroyuki Okiura / Production I.G / Kadokawa; 201–203: © 5bp / Nitroplus / Comité de producción de Steins;Gate; 204–205: © Yuki Suetsugu / Kodansha / Comité de producción de Chihayafuru; 206–207: © Yuki Kodama / Shogakukan / Comité de producción de Kids on the Slope; 209A, 210AI: © CLAMP / Kodansha / Comité de producción de Magic Knight Rayearth; 209CI: © Satoshi Wagahara, 029 / ASCII Media Works / Comité de producción de The Devil is a Part-Timer!; 209CD: © Shingo Natsume / Madhouse / Comité de producción de Sonny Boy; 209BI: © Tappei Nagatsuki, Shinichirou Otsuka / KADOKAWA / Comité de producción de Re:Zero; 209BD: © FUNA / Shōnen Gahōsha / Comité de producción de My Ability; 210AD: © Yuu Kamiya / KADOKAWA / Comité de producción de No Game No Life; 210BI: © Natsume Akatsuki, Kurone Mishima / KADOKAWA / Comité de producción de KonoSuba; 210BD: © Tsuneo Takano / Kadokawa Shoten / Comité de producción de Now and Then, Here and There; 211CD: © Rifujin na Magonote / Media Factory / Comité de producción de Mushoku Tensei; 211BI: © Fuse, Mitz Vah / Kodansha / Comité de producción de Aquella vez que me convertí en slime; 212–213: © Reki Kawahara / abec / ASCII Media Works / SAO Project; 214–217: © Hajime Isayama / Kodansha / Comité de producción de Ataque a los titanes; 218–219: © Hiromu Arakawa / Shogakukan / Comité de producción de Silver Spoon; 220–221: © 2014 Comité de producción de La isla de Giovanni; 223A: © Koji Miura / Shueisha / Comité de producción de Blue Box; 223BI: © Ikki Kajiwara, Naoki Tsuji / Toei Animation / Comité de producción de Tiger Mask W; 223BD: © Tadatoshi Fujimaki / Shueisha / Comité de producción de Kuroko no Basket; 224AI: © Mitsuru Adachi / Shogakukan / Comité de producción de Cross Game; 224AD, 225B: © Shion Miura / Shueisha / Comité de producción de Run with the Wind; 224BD: © Sayo Yamamoto, Mitsurou Kubo / Kodansha / Comité de producción de Yuri!!! On Ice; 225AI: © Yō Moriyama, Chūkin, TMS Entertainment / Comité de producción de Megalo Box; 225AD: © Bandai Namco Pictures / Comité de producción de Birdie Wing; 225CD: © Sumika Yamamoto / Shogakukan / Comité de producción de Raqueta de oro; 226–227: © Haruichi Furudate / Shueisha / Comité de producción de Haikyū!!; 228–229: © Comité de producción de Shirobako; 230: © Mizuho Kusanagi / Hakusensha / Comité de producción de Yona, princesa del amanecer; 231: © Yūto Tsukuda, Shun Saeki / Shueisha / Comité de producción de Food Wars!; 232–233: © 2015 Comité de producción de Miss Hokusai; 234–235: © Comité de producción de El caso de Hana y Alice; 237A: © Kyoto Animation / Comité de producción de Tamako Market; 237CD, 238AI, 239A, 239BI: © Kyoto Animation / Comité de producción de Liz and the Blue Bird; 237BI, 240–241: © Kyoto Animation / Comité de producción de A Silent Voice; 237BD, 239BD: © Naoki Urasawa, Chizu / Comité de producción de The Heike Story; 242–243: © Katsuhiro Otomo / Comité de producción de En este rincón del mundo; 244–245: © ONE / Shogakukan / Comité de producción de Mob Psycho 100; 247A, 247BD, 248BI: © "Your name" Film Partners; 247CI: © "El lugar que nos prometimos" Film Partners; 247BI: © "Viaje a Agartha" Film Partners; 248AI: © "Suzume" Film Partners; 248AD, 248BD: © "El jardín de las palabras" Film Partners; 249A: © Makoto Shinkai / CoMix Wave Films; 249CD: © Makoto Shinkai / CoMix Wave Films; 249BI, 249BD: © 2019 "El tiempo contigo" Film Partners; 250–251: © Ao Jyumonji, Eiri Shirai / Overlap / Comité de producción de Grimgar; 252–253: © Chica Umino / Hakusensha / Comité de producción de El león de marzo; 254–255: © Haruko Kumota, Kodansha / Comité de producción de Shōwa Genroku Rakugo Shinjū; 256–257: © Comité de producción de Thunderbolt Fantasy; 259A, 259CI: © "Maquia" Film Partners; 259BI: © Comité de producción de Anohana; 259BD: © Kazuki Nakashima, TRIGGER / Comité de producción de Kiznaiver; 260BI, 260BD: © "Amor de gata" Film Partners; 260A: © Sotsu, Sunrise; 260CD: © Comité de producción de El himno del corazón; 261BI: © Comité de producción de Her Blue Sky; 262–264: © Comité de producción de A Place Further Than the Universe; 265–267: © Satoru Noda / Shueisha / Comité de producción de Golden Kamuy; 270: © Aka Akasaka / Shueisha / Comité de producción de Kaguya-sama; 271: © Natsuki Takaya / Hakusensha / Comité de producción de Fruits Basket; 272–273: © San-X Co., Ltd. / Comité de producción de Rilakkuma and Kaoru, 274–276: © Makoto Yukimura / Kodansha / Comité de producción de Vinland Saga; 277–279: © Sōsuke Tōka / Shōnen Magazine / Comité de producción de Ranking of Kings; 280–281: © Jiro Taniguchi, Baku Yumemakura / Shogakukan / Comité de producción de La cumbre de los dioses; 282–284: © Tatsuki Fujimoto / Shueisha / MAPPA / Comité de producción de Chainsaw Man; 285–287: © CD PROJEKT RED / Studio Trigger / Comité de producción de Cyberpunk: Edgerunners; 288–291: © Takehiko Inoue / Shueisha / Comité de producción de The First Slam Dunk; 292–293: © Kanehito Yamada, Tsukasa Abe / Shogakukan / Comité de producción de Frieren; 294–295: © Ryōko Kui / Shōnen Gahōsha / Comité de producción de Tragones y mazmorras; 296–297: © Junji Ito / Shogakukan / Comité de producción de Uzumaki.

De la edición en español:
Servicios editoriales: Prisma Media Proyectos S.L.
Traducción: David Heredia Pitarch
Coordinación de proyecto: Marina Alcione
Dirección editorial: Elsa Vicente

Título original: *Ultimate Anime: 100 Essential Films and Series*

Esta edición publicada por acuerdo con Thames & Hudson Ltd, Londres, Reino Unido

Publicado por Dorling Kindersley Limited
20 Vauxhall Bridge Road
SW1V 2SA Londres, Reino Unido
Parte de Penguin Random House

Ilustraciones de cubierta originales de Kyle Fewell
Diseño de Mytil Ducomet

Primera edición: 2025

ISBN 9798217132904

Impreso y encuadernado en China

www.dkespañol.com

MIXTO
Papel | Apoyando la silvicultura responsable
FSC® C136333

Este libro se ha impreso con papel certificado por el Forest Stewardship Council® como parte del compromiso de DK por un futuro sostenible. Para más información, visita www.dk.com/uk/information/sustainability

Joe O'Connell es el creador de Beyond Ghibli, un popular canal de YouTune en el que habla sobre la mejor animación japonesa. Obsesionado con el anime, el manga y los videojuegos, pasa su tiempo capturando Pokémon y haciendo como que ha entendido Neon Genesis Evangelion. Vive con su esposa y su perro en la idílica ciudad de Bath. Jane Austen la odiaba, pero a él le parece que no está mal.

Este libro no existiría sin la ayuda, el apoyo y la paciencia infinita de amigos de todo el mundo. Son mi propia Banda del halcón, gracias a ellos nunca he luchado solo.

Gracias a Darren Wall, Frank Gallaugher, Kate Thomas y toda la gente de Thames & Hudson por hacer de este sueño una realidad.

A Mytil Ducomet y Kyle Fewell por el increíble diseño y las espectaculares ilustraciones.

A Natalia Price-Cabrera por hacer este libro mejor con cada pasada, cosa de la que estoy enormemente agradecido (al contrario que por haberme enseñado a usar el singular colectivo).

A Kerenza Wong por haber estado siempre a mi lado.

A Caleb McPhee por sus ricos conocimientos, su inagotable generosidad y su cálida amistad.

A Patrick Henaghan, Richard Beech, Tom Barrett, Michael May, Joe McDonald y Luke O'Connell por creer en mí desde hace años, mucho antes de que lo hiciera yo.

A Sarah Ryde, Amy Ogawa, D. Feathers, Dani Newman, Alex Beech, Jonathan McCabe, Joe Yang, Felix Vernieuwe, Saku Karjaluoto, Bess Conway y Jordan Clay Ballard por ayudarme de mil y una formas distintas.

Y a la comunidad entera de Beyond Ghibli por habérmelo dado todo en este mundo.

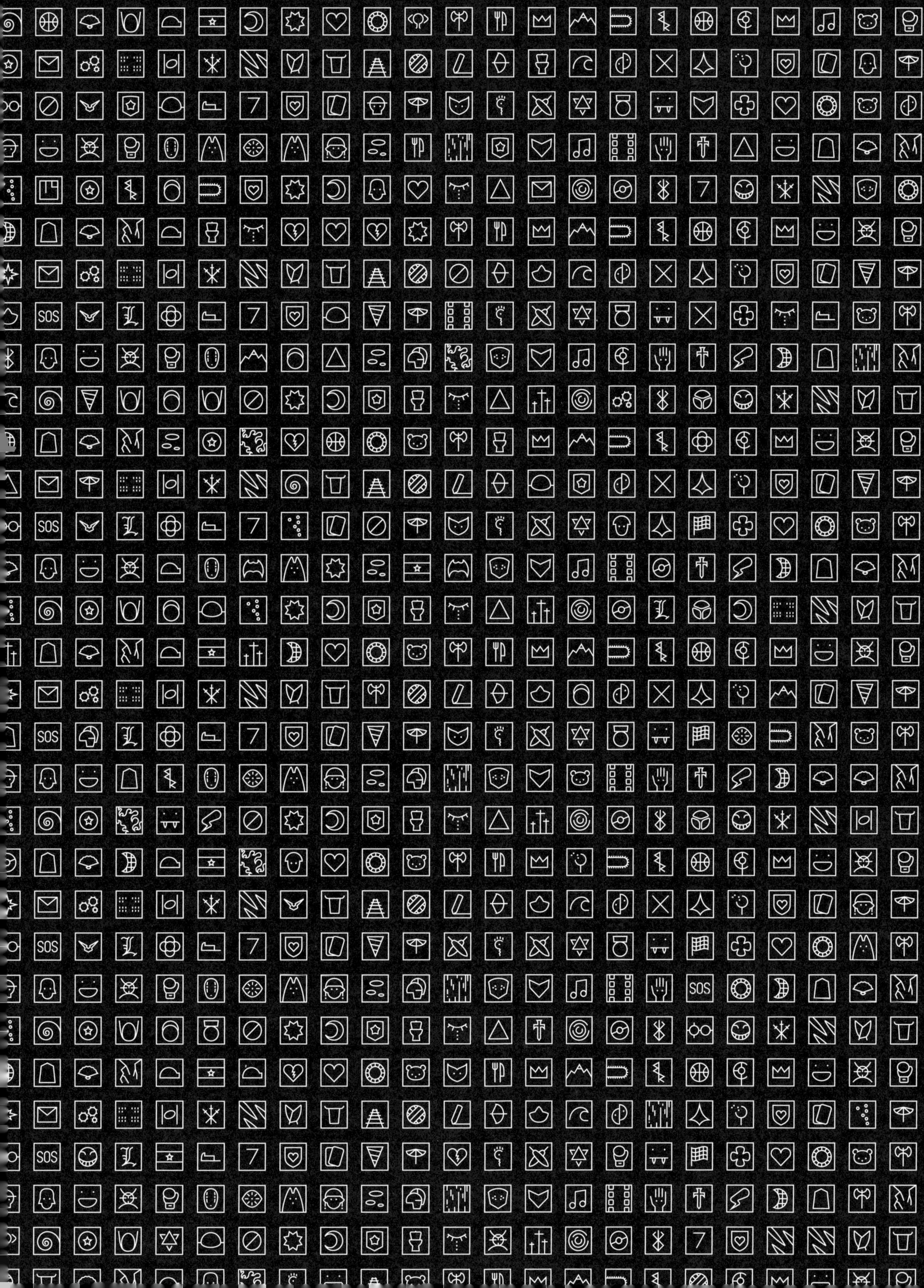